读懂财报
看透公司

李国平 ◎ 著

U0361661

北京大学出版社
PEKING UNIVERSITY PRESS

内 容 简 介

本书通过大量展示我国上市公司的案例，用清晰易懂的语言，在解释基本财务概念的基础上分析财务规则、财务数据之间的关系，以及上市公司财务行为背后的逻辑，帮助读者从公司管理层与大股东的角度解读公司的财务行为，培养读者做出正确的投资决策、规避财务陷阱的能力。

全书分为四个部分，第一部分阐明财务的基本概念；第二部分讲解公司的财务报表并介绍如何分析财务报表；第三部分介绍如何运用财务逻辑识别企业财务造假；第四部分分析如何利用上市公司的财务数据与股市指标，正确判断公司的长期投资价值。

图书在版编目(CIP)数据

读懂财报，看透公司 / 李国平著 . — 北京 : 北京大学出版社 , 2024.1
ISBN 978-7-301-34624-2

Ⅰ . ①读… Ⅱ . ①李… Ⅲ . ①上市公司－会计报表－会计分析 Ⅳ . ① F276.6

中国国家版本馆 CIP 数据核字 (2023) 第 213707 号

书　　　名	读懂财报，看透公司
	DUDONG CAIBAO, KANTOU GONGSI
著作责任者	李国平　著
责 任 编 辑	滕柏文
标 准 书 号	ISBN 978-7-301-34624-2
出 版 发 行	北京大学出版社
地　　　址	北京市海淀区成府路205号　　100871
网　　　址	http://www.pup.cn　　新浪微博:@北京大学出版社
电 子 邮 箱	编辑部 pup7@pup.cn　总编室 zpup@pup.cn
电　　　话	邮购部 010-62752015　发行部 010-62750672　编辑部 010-62570390
印 刷 者	天津中印联印务有限公司
经 销 者	新华书店
	720毫米×1020毫米　16开本　28印张　460千字
	2024年1月第1版　2024年1月第1次印刷
印　　　数	1-4000 册
定　　　价	98.00 元

了解财务的逻辑，看透公司的行为

现代社会是一个经济高度金融化的社会。所谓经济金融化，是说在现代社会中，金融越来越重要，越来越多的社会财富通过金融活动被创造。

我们常说"勤劳致富"，其实，勤劳是一种美德，却很难致富。在现代社会，致富的途径主要有两个。其一是智慧致富，例如，拥有核心技术，以核心技术创业。其二是金融致富与投资致富，在美国著名的《财富》（Fortune）杂志公布的2020年全球个人财富排名前1,000个人中，有144位来自金融与投资业；在全球个人财富达到10亿美元及以上的大约2,500个人中，来自金融与投资业的大约有450个人。这两个数据显示，在所有行业中，金融与投资行业的已致富人数是最多的。

想要通过金融与投资活动实现财富增值，必须在掌握一定财务知识的基础上了解公司财务行为的逻辑，理解与预测公司的决策行为。

经济金融化，一个全球性趋势

在漫长的社会发展进程中，国家的社会财富主要是通过产品生产被创造的。例如，农业社会中，社会财富主要是农业生产创造的，即农民通过种植活动创造财富；工业社会中，社会财富主要是工业生产创造的，即公司通过生产工业品创造财富。

20 世纪 80 年代初，全球经济出现金融化趋势。经济金融化体现在日常生活中的很多方面，最集中的体现是无论是整个国家，还是公司，抑或是家庭与个人，越来越多的财富通过金融渠道与金融活动被创造。

从国家维度看，在全球主要国家的国内生产总值（以下简称 GDP）中，金融业产值所占的比例大幅上升。我国国家统计局公布的数据显示，1979—2017 年，我国金融业增加值年均增长 12.2%，与此同时，GDP 年均增速大约为 9.5%——我国金融业的增长速度远超 GDP 的增长速度。

我国金融业高速增长，金融业增加值占 GDP 的比重从 1978 年的 2.1% 上升到了 2020 年的 8.27%。

很多实体企业进入金融业，办银行、开保险公司、创建基金公司等，更有上市蓝筹公司直接炒股。贵州茅台、五粮液、泸州老窖被称为"茅五泸"，是中国白酒行业无可争议的三大巨头，其中，贵州茅台、五粮液均涉足金融业，是多家银行与保险公司的第一大股东。云南白药是传统中药行业的头部企业、A 股的大蓝筹上市公司，2019 年，它直接进入 A 股市场参与炒股（遗憾的是，2021 年，云南白药因为炒股而遭受了 19.29 亿元的亏损）。此外，以做电商起家的阿里巴巴也大规模地进入金融业，它从金融业中获得的收入占收入总额的大约 40%。

有 2 亿股民，但绝大部分人没有任何财务知识

如今，越来越多的家庭与个人开始重视投资理财等金融活动，努力通过投资理财等金融活动实现个人与家庭财富的增长。

2021 年上半年，我国银行理财的投资者新增 1,975 万人，其中，个人投资者新增 1,966 万人。截至 2021 年 6 月底，全国银行理财产品投资者达 6,138 万人，理财产品存续规模达 25.80 万亿元。

我国股市的投资者数量同样在高速增长。近年来，A 股开户数以每月平均100 万的数量增长。2022 年 2 月 25 日，A 股开户数首次达到 2 亿。2022 年 11 月底，

进一步增加到 2.114 亿。这意味着在我国，差不多每 7 个人中，就有一个人在炒股。这 2 亿余个开户账户中，自然人账户占 99.76%。自然人账户基本上是散户，因此，可以说 A 股中，99.76% 的投资者是散户。

然而，在越来越多的家庭与个人进入金融市场，特别是股票市场，进行投资理财的同时，很多人，甚至可以说是绝大部分人，连有关公司财务的常识都不懂！

这些散户投资者一头扎入股市、频繁买卖股票的勇气是哪里来的？套用网络上的一句流行语，是梁静茹给的吗？（梁静茹有一首代表歌曲，名为《勇气》）

股民：天山生物的股票哪去了？

为什么说很多在 A 股买卖股票的人，其实连有关公司财务的常识都不懂？天山生物的例子很能说明问题。

天山生物（300313）是我国 A 股创业板的上市公司，公司全称为"新疆天山畜牧生物工程股份有限公司"。在公司介绍中，我们可以看到，天山生物的主业是"牛的品种改良业务"，即依托生物遗传技术，为我国畜牧行业提供优质冻精、胚胎等遗传物质及相关服务。

现在，天山生物已经得到了监管部门给予的退市警示，可见它的业绩并不理想。2018 年与 2019 年，它连续亏损两年，其中，2018 年亏损超过 19 亿元。2020 年，虽然它的净利润有 421 万元，但是，扣除非经常性损益后的净利润为 –1,879 万元。事实上，自 2016 年以来，扣除非经常性损益后，它每年都在亏损。

2012 年，天山生物在 A 股创业板上市，发行价是 13 元 / 股。2020 年 8 月之前，它的股价最高点是 2015 年 4 月 30 日的 32.91 元 / 股，最低点是 2020 年 2 月 4 日的 4.08 元 / 股。

从 2020 年年初到 2020 年 8 月 18 日，天山生物的股价一直在 4 ~ 6 元 / 股之间波动。2020 年 8 月 19 日，神奇的事情发生了，它的股价突然从 5.83 元 / 股开始，持续上涨，直至 2020 年 9 月 8 日的 34.66 元 / 股，是公司上市以来的最高价。且在 12 个交易日中，有 11 个交易日，天山生物的股价获得了 20% 的涨停，累计上涨 494.51%。

2020 年 9 月前后，天山生物的股价走势如图 1 所示。

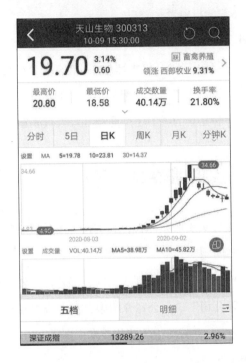

图 1　天山生物股价走势图

天山生物的股价为什么突然暴涨？据媒体报道，2020 年 8 月 19 日之前的 3 个月中，我国的牛肉价格持续上涨了 9 个星期。

天山生物的主业是牛的品种改良业务，那么，它养了多少头牛呢？有媒体报道，天山生物股价暴涨的时候，它总共养了 596 头牛。596 头牛，多吗？我在中央财经大学指导过的研究生中，有一位学生来自新疆，还有一位学生来自内蒙古，这两位学生家里各有 10,000 余匹马。596 头牛的价值能支撑起这么高的股价吗？这点存疑。不过，596 头牛能不能支撑股价上涨 494.51% 不是我要说的重点，下面要说的事情才是重点。

股价连续上涨 20 余天后，2020 年 9 月 8 日，在深圳证券交易所的投资者互动平台上，有投资者向天山生物的董事会秘书提问："贵公司经营年年亏损，何不趁股价上涨之机，把股票全部卖掉，补足亏损，并多养一点牛？"

投资者的这一建议听起来很有道理，是不是？但是，天山生物董事会秘书的回答是："公司未持有公司股票，感谢关注！"

2020 年 9 月 8 日投资者在深圳证券交易所的投资者互动平台上向天山生物的董事会秘书提出的问题与董事会秘书所做的回答如图 2 所示。

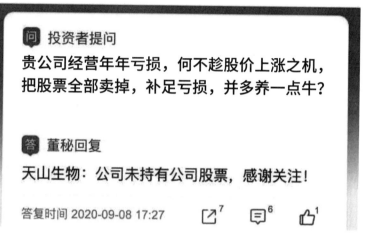

问　投资者提问

贵公司经营年年亏损，何不趁股价上涨之机，把股票全部卖掉，补足亏损，并多养一点牛？

答　董秘回复

天山生物：公司未持有公司股票，感谢关注！

答复时间 2020-09-08 17:27　　　↗7　💬6　👍1

图 2　投资者互动平台上的投资者提问与天山生物的董事会秘书的回答

公司未持有公司股票？这是怎么一回事？投资者对董事会秘书的回答感到很奇怪，于是，2020 年 9 月 9 日，有投资者在投资者互动平台上追问天山生物的董事会秘书："在天山生物的十大股东里面，贵司是第一大股东，持有流通股 5,608 万股，为何董事会秘书 9 月 8 日在投资者互动平台上说公司未持有公司股票？"

2020 年 9 月，上述投资者与天山生物的董事会秘书之间的对话发生时，天山生物的第一大股东为天山农牧业发展有限公司。天山农牧业发展有限公司当时确实持有天山生物的股票 5,608 万股。2021 年 8 月，因为债务问题，天山农牧业发展有限公司持有的天山生物股票全部被司法拍卖，天山生物的第一大股东发生变更。当然，这是后来发生的事情了。

当时，有人把投资者在投资者互动平台上与天山生物的董事会秘书的对话转发到新浪微博上，引来很多评论。有人说："厉害，天山生物已经不持有公司股票了，全仓卖给投机的'接盘侠'了，实在是太牛了！""天山生物与自己脱钩了！"还有人说："公司不是都有原始股吗？天山生物的原始股去哪了？"

那么，投资者提的问题正确吗？董事会秘书的回答奇怪吗？

投资者与天山生物的董事会秘书讨论的问题，以及新浪微博上评论中提出的问题，都是有关公司财务的常识性问题。从新浪微博上的评论中可以看出，至少95%的人不知道这些问题到底是怎么回事，更不知道这些问题的正确答案是什么。

后来，在一个网络平台上，我讲到天山生物的持股问题时，很多人发表评论，试图回答这个问题。绝大部分人的回答是："天山生物持有的股票是限售股，非流通股。"这个回答显然不对，因为董事会秘书的回答是"公司未持有公司股票"。如果持有的是限售股，非流通股，那么，天山生物是持有公司股票的，只是暂时不能出售而已。

显然，发表评论的绝大部分人既没有相关的财务常识，也缺乏基本的财务逻辑。

为什么天山生物的董事会秘书的"公司未持有公司股票"这个回答没有任何问题呢？读完本书，大家会找到答案！

了解财务的逻辑，看透上市公司的行为

人们常说，在股市中，70%的人亏损，20%的人不赔不赚，只有10%的人赚钱。

很多人连有关公司财务的常识都不懂就进入股市买卖股票，因此，股市中70%的人是亏损的这一说法并不令人感到奇怪。

最近几年，A股市场不断爆出财务造假、商誉减值等各种各样的"大雷"，让股民们防不胜防，甚至遭受重大损失。其实，懂一些财务知识，就可以避开这些"大雷"。

A股上市公司财务造假的事情时有发生，知名的康美药业、康得新等公司的财务造假行为更是十分恶劣。但其实，这些公司的造假手段非常简单、粗暴，只要有一些财务知识，就可以识别其造假行为，进而避免踩上它们的造假"大雷"。详细信息，我会在书中为大家进行细致解析。

已故英国著名经济学家琼·罗宾逊（Joan Robinson）是世界级经济学家中少见的女性经济学家，而且是有史以来最著名的女性经济学家。罗宾逊曾经说："学习经济学的主要目的就是不受经济学家的欺骗。"同理，学习公司财务知识的目的之一就是避免上公司的当。

进入股市进行投资之前，一定要懂一些公司财务知识，至少要懂一些公司财务常识。

掌握了财务常识，才能理解公司财务行为与财务数据背后的逻辑，才能从公司管理层与大股东的角度思考问题，了解并预测他们的决策行为，避免陷入他们有意无意地为投资者设置的陷阱，在股市中成为能够赚到钱的那 10% 的股民。

希望这本书，能够实实在在地帮助到大家！

目 录
Contents

第八讲　读懂资产负债表（2）：负债 / 148

第九讲　读懂资产负债表（3）：股东权益 / 163

第十讲　股东权益的变动 / 185

第十五讲　财务报表分析（3）：内容 / 294

第三部分
运用财务逻辑，识别企业财务造假

第十六讲　企业财务造假：动机与手段 / 327

第十七讲　企业财务造假：如何识别 / 360

第四部分

利用财务数据与股市指标，判断公司长期投资价值

第十八讲

每股收益、市盈率与市净率 / 403

第十九讲

价值与价值评估：既是科学，也是艺术 / 418

财务的基本概念

第一讲

会计：企业决策的基础

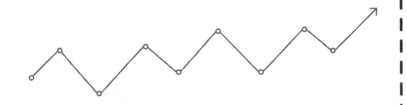

　　在日常生活中，"会计"有两方面的含义，一是指会计工作，二是指会计工作人员。在本书中，"会计"指会计工作，而且是以营利为目的的企业的会计工作。

　　会计是企业管理活动的重要的组成部分之一，能为企业内部的管理层与外部的投资者提供决策所需要的信息。因此，会计不仅是企业管理者进行管理决策的基础，也是投资者进行投资决策的基础。

　　会计分为财务会计与管理会计两大部分，两者在方法、目的、作用、监管规则等方面存在很大的不同。在这一讲里，我们在对会计的目的与作用进行介绍的基础上，比较、分析财务会计与管理会计的异同。本书第二讲至第十九讲的内容都是关于财务会计的，不再讲管理会计方面的知识。

会计是对企业经营成果的总结

　　会计是一项经济管理活动。这一经济管理活动的具体内容是以货币为计量单位，使用专门的方法，按照一定的规则，对企业的各种经济活动进行统一的计量，从而对企业的经济活动进行连续、系统、全面的反映和监督，并向政府部门、股东、债权人等有关方面提供企业的经营信息。

会计是一项经济管理活动

　　管理是政府机关、事业单位、企业与社会团体等各类组织中普遍存在的活动。管理，是在一定的环境条件下，通过计划、组织、指挥、协调与控制等手段，对组织所拥有的各种资源（人力、物力、财力与信息）进行有效的配置与使用，以高效地实现预定目标的过程。

　　企业是以营利为目的的。在企业中，管理就是有效地利用企业的各种资源，实现企业预定的目标。

　　一方面，企业的人力、物力、财力与信息等各种资源都是非常有限的，都是稀缺资源，都要高效地加以利用，因此，企业需要通过管理活动对这些资源的使用加以规划，充分发挥它们的作用。

　　另一方面，企业会为自己的经营活动设立目标，并对目标是否实现进行评估。例如，2018 年 11 月 19 日，格力电器董事长董明珠公开宣布，按计划，到 2023 年，格力电器的营业收入要达到 6,000 亿元。这就是格力电器的经营目标。不同的企业可能有不同的目标，有的企业以卖出尽可能多的产品或者获得尽可能多的客户为目标，而有的企业以赚取尽可能多的利润为目标。同一个企业在不同的发展阶段，目标也可能不一样。处于创业阶段的企业可能会以卖出尽可能多的产品为目标，进入成长期后，则可能以赚取尽可能多的利润为目标。此外，有的创业企业以获得尽可能多的流量为目标，不在乎是否赚钱。

在企业管理活动中，无论是制定规划、设立目标，还是对目标的实现状况进行评估，都需要信息，而会计能够提供这些信息。例如，2023年，格力电器评估董明珠在2018年11月宣布的要达到6,000亿元营业收入的目标是否实现时，就需要格力电器的营业收入方面的信息，这些信息，必须由会计部门提供。因此，会计不仅是企业管理活动的重要的组成部分之一，还要为管理活动提供信息基础。

会计向监管部门、股东等各相关方提供信息

除了企业的管理层，其他很多利益相关方也需要了解企业的经营信息。股东、政府部门、银行等债权人、供应商、客户都是企业的利益相关方，也都有需要或者兴趣了解企业的经营状况。对于上市公司而言，向这些利益相关方，特别是向股东提供企业的经营信息是它们的法定义务。

首先，股东有权了解企业的经营状况。按照法律法规，企业必须定期向股东发布财务报告。例如，所有公开发行股票的公司都要定期向股东发布半年财务报告（半年报）与年度财务报告（年报）。

其次，政府部门有权力了解企业的经营状况。例如，税收部门需要了解企业的经营状况，以确定企业是否依法纳税。在必要的时候，监管部门需要了解企业的经营状况，以确定企业是否按照法律法规向投资者提供完整、真实、准确的信息。

再次，银行等债权人需要了解企业的经营状况，以确定是否继续给企业提供贷款；供应商与客户也需要了解企业的经营状况，以确定是否继续同企业进行交易。如果对作为合作伙伴的对方企业的经营状况没有了解，那么很可能遭受亏损。例如，三棵树是A股上海证券交易所主板的上市公司，它的主营业务是建筑涂料（墙面涂料）、木器涂料，以及胶黏剂的研发、生产和销售。三棵树的客户中有恒大集团、华夏幸福等房地产企业。2021年，恒大集团、华夏幸福等房地产企业相继爆发债务问题，无法按时偿还银行贷款与供应商货款等款项。2021年12月7日，三棵树发布公告，截至2021年9月末，公司对恒大集团、华夏幸福、

蓝光发展等主要客户的应收款项单项计提坏账准备共计 2.67 亿元。也就是说，这些房地产公司很可能付不起拖欠三棵树的 2.67 亿元货款，三棵树已准备把这 2.67 亿元货款全部当作亏损进行处理。

最后，对于上市公司来说，证券分析师、媒体、公众等，都可能有兴趣了解其经营状况。

会计对经济活动进行统一的计量

计量，即按照法律法规或者其他规则，使用一定的技术手段，按照统一的货币单位，进行准确、可靠的测量。

会计是对企业所有的经营活动进行统一的计量，而计量的结果反映企业的经营成果。那么，问题来了，为什么要对企业所有的经营活动进行统一的计量，又如何对企业所有的经营活动进行统一的计量呢？

我们分 3 点进行解答。

第一，会计是为企业内部的管理层与股东、政府部门等外部利益相关方提供关于企业经营活动的信息的。

企业的经营活动及其信息非常庞杂，一是因为企业的经营活动繁多，二是因为每项经营活动都会产生大量的相关信息。企业管理层的精力与时间非常有限，他们既没有必要，也不可能去了解企业每一项具体经营活动的情况，更没有必要掌握关于企业每一项具体经营活动的信息。同样，股东、政府部门等外部利益相关方也没有必要了解企业的每一项经营活动。事实上，股东、政府部门等外部利益相关方很可能不具备相关的专业知识，不懂企业的经营活动。

为了让企业内部管理层以及股东等外部利益相关方快捷、简明地了解企业的经营活动，会计需要对企业各式各样的繁杂的经营活动进行统一的度量，并将度量结果汇总起来，以简明扼要的数据形式提供给企业内部的管理层与股东等外部利益相关方。

第二，企业要以货币为单位计量各种经营活动，并以数字形式表示出来。

一方面，企业对经济活动度量的结果要让尽可能多的人能够看懂。那么，以什么方式呈现，能够让尽可能多的人容易看懂呢？当然是数字，因为几乎所有人都能够理解数字的含义。因此，企业要将所有经营活动的结果，例如，营业收入、净利润等，以数字的形式表示出来。

另一方面，会计对企业经济活动的计量通常以货币为单位。经济活动的计量方式有实物量、劳动量与货币量。在农村，农民的经济活动常以实物量计量，例如，2021年辛苦耕种了一年，总共收获了1千克水稻或者玉米；以劳动量计量通常是以工时计算，例如，工人总共工作了多少个小时。以货币量计量，则是将生产成果统一用货币进行计算，并以货币形式表示出来。在中国，企业的营业收入、净利润等经营业绩都是以人民币为单位进行计量的。例如，2019年，格力电器的总资产为2,792亿元、负债总额为1,623亿元、营业收入为1,705亿元、净利润为223亿元。用货币量计量的原因之一是会计是对经济活动进行计量，而经济活动最终主要体现在货币上；原因之二是用货币量计量能够让尽可能多的人容易理解，因为几乎所有人都熟悉货币。

第三，会计要按照一定的规则来进行。

会计包括两大部分，财务会计与管理会计。会计，特别是财务会计，对经济活动的计量要按照统一的规则来进行。财务会计所遵守的规则主要是《中华人民共和国会计法》（以下简称《会计法》）、《企业会计准则》（以下提及其中的具体内容时，简称会计准则）等，在我国，《企业会计准则》是由财政部制定并颁布的。我们将在第二讲中讲会计准则。

为什么会计对经济活动的计量要按照统一的规则来进行呢？

一方面，防止企业操纵数据，提供虚假信息。会计是以货币为单位，对企业的经营活动进行计量的，在计量过程中，可以弄虚作假的地方非常多。

举个例子，某企业是制造汽车的，需要钢材作为原材料。该企业在2019年购买了1万吨钢材，当时的价格是3,000元/吨，总共花了3,000万元。一直到2021年，这1万吨钢材也没用，仍然在仓库里。也就是说，这1万吨钢材还是该企业的原材料存货。2020年，钢材的价格上涨到了4,000元/吨，这1万吨存货的市场价值便变成 4,000 万元。但是，2021 年，钢材的价格下跌到 2,000 元／吨，这 1 万吨钢材的市场价值便变成 2,000 万元。存货是企业的资产，因此，每年年底编制财务报表时，该企业都需要将这 1 万吨钢材作为资产列在资产负债表上。那么，这 1 万吨钢材到底应该算多少钱呢？是按 2019 年购买时候的 3,000 万元成本价计算，还是按 2020 年的 4,000 万元市值计算，抑或是按 2021 年的 2,000 万元市值计算？如果没有一个统一的规则，企业很可能会选择对自己有利的价格，一会儿按市价计算，一会儿按成本价计算。这样，企业就可以操纵数据，提供的数据很难是真实、准确的。

另一方面，让企业提供的信息具有可比性。按照统一的规则进行计量，可以让不同企业的信息具有可比性，也可以让同一家企业不同年度的经营业绩具有可比性。

举个例子，格力电器与美的集团都是家电行业的企业，都是制造家用电器的。假设一种情况，2021 年 12 月 30 日，格力电器与美的集团都卖掉了价值 100 亿元的货，但是，一分钱的货款都没收到，而且都估计要到 2022 年 1 月 30 日才能收到货款。在我国，企业的会计年度是自然年度，因此，格力电器与美的集团 2021 年的年报都以 2021 年 12 月 31 日为截止日期。那么，格力电器与美的集团应该怎么处理这 100 亿元的销售呢？也就是说，在一分钱货款都没有收到的情况下，格力电器与美的集团是否可以，或者说应该将这 100 亿元算作 2021 年的销售收入呢？格力电器可能认为，既然这价值 100 亿元的货已经卖掉了，就应该算作 2021 年的销售收入，但是，美的集团认为，是否算作销售收入应该以收到全部货款为准，既然这 100 亿元的货款还没有收到，就不能算作 2021 年的销售收入。此时，若没有统一的规则进行计量，就无法对格力电器 2021 年度的经营业绩与美的集团 2021 年度的经营业绩进行比较了。

同样的，如果没有统一的规则，也无法对同一家企业不同年度的业绩进行比较。在上面的例子中，假设格力电器在 2021 年将这 100 亿元算作当年的营业收入，而在 2022 年不算其营业收入，那么，就无法对格力电器 2022 年的业绩与 2021 年的业绩进行比较了，也无从判断格力电器的业绩是变好了还是变差了。

财务会计是给外人看的，管理会计是给管理层看的

企业的会计系统分为两大部分，一个是财务会计，另一个是管理会计。20世纪中期，管理会计从以财务会计为主的传统会计中分离出来，发展成与财务会计并立的会计分支。在目的与作用等方面，管理会计与财务会计存在很大的差异。

财务会计与管理会计的相同之处

财务会计与管理会计在以下几个方面存在相同之处。

第一，在目的上，虽然财务会计与管理会计各有侧重，但两者存在相同之处。一是两者都是对企业的经济活动进行全面、综合、连续与系统性的核算，并以货币为单位总结与反映企业的经营状况；二是两者都为管理层的经营决策提供信息。

第二，在内容上，财务会计与管理会计都是关于企业经营信息的收集、总结、分析与报告。不过，财务会计的对象主要是关于财务信息的，而管理会计的对象不仅包括财务信息，也包括非财务信息。

第三，在信息来源上，虽然财务会计与管理会计的具体信息来源有所不同，但两者都依据企业基本的会计信息系统，从这一系统中获得信息。

财务会计与管理会计的不同之处

财务会计与管理会计之间更多的是不同，两者之间的不同表现在很多方面。

第一，目的各有侧重。财务会计的主要目的是让外部人员了解企业的经营状况，而管理会计的主要目的是帮助管理层进行决策。

虽然财务会计也可以为企业内部管理层的决策提供信息，但其主要目的是让股东、政府部门、债权人、一般公众等外部使用者了解企业的财务状况与经营成果。具体而言，财务会计的重要目的是让现有股东与潜在投资者了解企业的经营状况，从而进行投资决策。例如，格力电器发布 2020 年的财务报表后，格力电器的股东可以根据财务报表中显示的格力电器 2020 年的经营状况决定是否继续持有格力电器的股票，潜在投资者则可以决定是否购买格力电器的股票。

管理会计的主要目的是为管理层决策提供信息，为分析与评价企业的经营状况、管理层与员工的业绩，以及企业的竞争力提供依据，进而帮助企业进行最优决策、改善经营管理、提高经济效益。例如，管理会计与财务会计都会进行成本核算，以确定产品的成本，但财务会计进行成本核算的目的主要是计算企业的经营成果（净利润等），而管理会计进行成本核算的目的主要是进行成本控制，或者从成本的角度决定是否从事某种产品的生产等，经过成本核算，企业可能发现将某种产品或者服务外包给第三方，能够更好地提升企业的经济效益。

第二，信息的使用对象不同。财务会计信息的使用对象主要是股东等外部人员，而管理会计信息的使用对象主要是企业内部的管理层。

财务会计所收集并提供的信息主要是给企业外部的利益相关方使用的。企业外部的利益相关方包括股东、监管部门、税务部门、潜在的投资者、债权人、股市分析师、供应商、客户、一般公众等，财务会计所收集并提供的信息能够让他们了解企业的经营状况与经营成果。企业外部的利益相关方各有各的目的，例如，企业现有的股东会根据这些信息决定是否继续持有企业的股票，而债权人会利用这些信息来决定是否继续为企业提供贷款。

管理会计所收集的信息完全是给企业内部的各级管理者使用的，为各级管理者进行决策提供支持。管理会计所收集的信息很可能是不能对外公布的，甚至可能是企业的商业机密。例如，管理会计所进行的单位产品的成本及成本构成的核算结果就是商业机密，是不能让外人知道的。

第三，信息的报告形式不同。监管部门对上市公司的财务信息报告形式做出了专门的规定，财务会计信息的报告形式主要是财务报表，管理会计信息的报告形式则多种多样。

财务会计信息的报告形式主要是财务报表，财务报表通常包括资产负债表、利润表、现金流量表，以及所有者权益变动表。财务报表通常是按照标准的财务报表模式编制的。

管理会计信息的报告形式多种多样，包括成本报告、产品利润报告、预算报告、绩效评价报告等。由于管理会计信息主要供企业内部使用，报告形式没有标准的模式，企业可以按照自己认为合适的模式编制。

第四，信息内容、来源与信息准确性要求不同。财务会计对信息的要求非常严格，管理会计则没有严格的要求。

在内容上，财务会计提供的是财务信息，包括企业的财务健康状况、盈利状况、现金量等。在信息来源上，财务会计的信息几乎完全来自企业的会计信息系统。财务会计强调已发生的经营活动的财务结果，因此，财务会计的所有信息都是实实在在已经发生的商业活动所产生的信息，是历史信息。财务会计必须依照会计准则收集并整理财务信息，以确保信息具有客观性、可验证性与精确性。

在内容上，管理会计提供的信息包括财务信息与非财务信息。例如，管理会计提供的信息包括产品、运营等方面的信息。在信息来源上，管理会计的信息来源除了企业的会计信息系统，还有证券公司等外部机构的预测等其他多种来源。管理会计的信息包括已经发生的商业活动所产生的信息，以及对未来所做的各种预测，这些预测可以是企业内部的预测与估计，也可以是外部机构的预测与估计。例如，证券公司、咨询机构、媒体等的预测都可以作为管理会计的信息提供给企业管理层，作为决策的参考。管理会计关注的是影响企业未来发展的信息，因此，根据管理的需要，可以使用多种方法获取并计算数据，例如，可以使用计量模型获取并计算数据。

第五，受监管程度不同。财务会计受到严格的监管，而管理会计几乎不受监管。

财务会计会受到严格的监管，财务会计数据的收集、计算与报告等必须严格遵守《会计法》与《企业会计准则》。财务会计之所以要受到严格的监管，是因为财务会计信息主要是给股东、政府部门、债权人等外部利益相关方使用的。如果不进行严格的监管，企业可能弄虚作假，欺骗这些外部使用者。

相应地，为了保证财务会计信息的规范性，企业必须按法律法规建立财务会计制度、设置财务组织机构、配备财务人员。个体工商户也可能被税务部门要求建立财务会计制度、配备财务会计人员。

管理会计的信息收集、整理与报告不受外部监管部门的监管，原因之一是这些信息是给企业管理层使用的，如果企业在管理会计信息上弄虚作假，导致企业管理层做出错误决策，受到损害的仅仅是企业自己。当然，如果企业管理层的这种弄虚作假行为损害了股东的利益，股东可以解雇企业管理层，甚至起诉企业管理层。原因之二是管理会计信息中，可能有很多企业的商业机密，不能公开，在企业合法合规经营的情况下，企业甚至可以拒绝向监管部门公开这些信息。

相应地，监管部门对企业是否建立管理会计制度与组织机构没有任何要求。企业可以根据自身需要，决定是否建立独立的管理会计制度与组织机构。

第六，核算的对象不同。财务会计核算的对象是整个企业，而管理会计可以仅针对企业的某个部门。

财务会计核算的对象是整个企业，关注的是企业作为一个整体的经营状况，所提供的信息是关于企业整体的财务信息。例如，格力电器 2020 年的财务报告显示，2020 年，格力电器的营业收入是 1,705 亿元、净利润是 222 亿元，这是格力电器整体的营业收入与净利润。

管理会计核算的对象通常是企业的分部，注重的是企业内部各分部的经营状况与经营信息。例如，管理会计提供的可能是企业某个产品、某项经营活动、某个部门、某个厂区，或者某个生产线的经营数据。

三

成本核算：成本领先战略的基础

在企业的会计体系中，除了前面讲过的财务会计与管理会计，还有一个组成部分，成本会计。无论是财务会计还是管理会计，都需要成本会计提供的成本信息。

成本领先：三大基本竞争战略之一

迈克尔·波特（Michael Porter）是美国哈佛大学商学院的教授，以研究国家竞争战略、企业竞争战略而闻名于全球。在竞争战略这个领域，波特享有盛名。此外，波特"五力"论也很有影响力。在中央财经大学参加MBA（工商管理硕士）论文答辩时，我总会听到大量学生在论文中引用"五力"论，虽然有些学生的论文根本与"五力"论这个理论无关。

竞争战略，就是如何确立企业及其产品在市场上的领先地位，并维持这一地位。

波特认为，成本领先、差异化经营和集中化经营是3种基本的企业竞争战略。成本领先战略，就是某企业与竞争对手生产同样质量的产品，但成本比对手的成本低；或者与竞争对手生产同样的产品，成本与对手的成本一样，但产品质量比对手的产品质量高。

企业要实施成本领先战略，必须弄清楚产品的成本到底是多少，以及成本的构成是怎样的。成本会计与成本核算的目的，就是弄清楚企业产品的总成本及其构成，是企业实施成本领先战略的基础，也是企业极其重要的管理活动之一。

成本会计

成本会计是企业会计体系中的重要的组成部分之一。成本会计是以货币为计量单位，对企业及其分部在产品生产经营过程中发生的成本耗费进行预测、决策、控制、核算、分析和考核的一种管理活动。成本会计的工作内容包括成本预测、成本决策、成本计划、成本控制、成本核算、成本分析、成本考核、成本检查等，记录、计量和报告整个企业及其分部的成本信息。

成本会计与管理会计在很多工作内容上存在交叉，这种交叉主要表现为管理会计包含了成本会计的很多内容。例如，管理会计在对未来经营状况的预测分析中包含了对成本的预测，在决策分析中包含了成本决策，在全面预算中包含了成本费用预算，在责任会计中包含了责任成本预算与控制等。此外，作为管理会计主要内容的各种成本核算法（标准成本法、作业成本法等）也属于成本会计的内容。不过，从成本会计的角度看，也可以是成本会计中包含了管理会计的内容。因此，有人建议将成本会计与管理会计合二为一。

值得关注的是，虽然成本会计与管理会计的内容存在交叉，但成本会计不仅为管理会计提供信息，也为财务会计提供信息。

在成本会计与财务会计的关系上，财务会计要计量并报告企业各种资产的价值与盈利状况，而无论是资产价值的确定，还是利润的计算，都需要成本核算所提供的信息。成本核算的结果会录入财务会计编制的财务报表中，例如，资产负债表中，存货是企业的资产，包括在产品存货、产成品存货，这些存货，都是根据成本会计核算得到的成本列入资产负债表的；同样，利润表中的"销货成本"，也来自成本会计的成本核算。

在成本会计与管理会计的关系上，根据成本数据进行的成本预测、成本决策、成本控制、成本考核等的目的，是为企业管理层内部决策提供依据，以及对内部人员进行业绩评价，这属于管理会计的范畴。

成本核算错误可能导致企业倒闭

在生产经营过程中，企业会发生人力、物力、财力等各种资源的耗费，这些资源的耗费是企业生产经营的成本。

成本核算，即将企业的各种成本按照一定的对象进行汇总和分配，以计算企业生产经营所发生的总成本和单位产品的成本。

企业的生产过程从原材料与劳动力的投入开始，到产品完工，成为产成品结束。企业一旦开始生产经营活动，就需要投入原材料、劳动力等资源，就会发生原材料与人力资源等的消耗，即产生成本。成本核算是从资源消耗的发生开始，到算出完工产品的总成本和单位成本结束的整个成本计算过程。

成本核算有很多不同的方法，包括作业成本法、分步成本法、分批成本法等。对于同一件产品，可以用不同的核算方法进行成本核算，得到的结果可能不一样。这样，就出现了一个问题，使用哪种核算方法得到的结果最准确呢？

例如，我在中央财经大学任教，目前，中央财经大学本科生的学费大约为 5,500 元 / 年，4 年的学费总共约 22,000 元，那么，培养一个本科生 4 年的总成本是多少呢？

培养一个本科生涉及很多不同的成本，包括教职员工的工资、管理费、基础设施（教学楼、行政办公楼、实验室、图书馆、体育场馆、医院等）的投资与运营费用等。如果进行本科生培养成本核算，这些成本要先汇总起来，再分配到每个专业，甚至每个学生的头上去。

如果实验室的运行费用为 6,000 万元 / 年，那么，这 6,000 万元 / 年应该如何分摊到每个专业、每个学生头上呢？有很多方法，这些方法就是成本核算方法。我们可以简单粗暴地按人数平均分摊，但是，这种分摊方法可能不准确，也可能不公平。原因之一是有些专业不需要使用实验室，这些专业的学生可能说，我们专业不需要实验室，我在学校读了 4 年书，根本没使用过实验室。原因之二是虽然很多专业需要使用实验室，但这些专业中的学生使用实验室的次数与时长不一样，有些学生可能会说，我在学校读了 4 年书，只使用了两次实验室。综合考虑这些问题，我们可以按每人每年使用实验室的次数来分摊实验室的运行成本，或者按每人每年使用实验室的时长来分摊实验室的运行成本等。使用不同的方法，会得到不同的结果，而成本会计，是要找到一个最准确、最公平、最合理的核算方法。

　　成本核算不准确可能导致产品定价错误，而产品定价错误可能导致企业产品卖得越多，亏得越多。例如，一个产品的成本是 100 元，加上 20% 的毛利润，它的销售价格应该是 120 元 / 个。假设该企业的成本核算不准确，将成本核算为 80 元 / 个，加上 20% 的毛利润，销售价格就是 96 元 / 个。企业把这个产品推到市场上，非常畅销，老板很开心，开足马力，拼命生产并销售这个产品。结果，卖得越多，亏得越多，最终可能导致企业倒闭，而老板始终想不明白，为什么产品那么畅销，自己却越亏越多。

第二讲

复式记账与会计准则

　　很多人、很多家庭有记账的习惯。记账就是把一个人或者一个家庭发生的所有收入与开支，按照一定的方法记录下来。对个人或者家庭的收入与开支进行记账，可以让自己了解个人或者家庭的收支状况，以便量入为出，确保家庭的财务健康。

　　企业的财务会计也是从记账开始的。不过，与个人或者家庭的记账不同，企业的记账要严格遵守相关的法律法规，按照国家会计制度中规定的会计科目，运用复式记账法，按照经济活动发生的先后顺序，对各项业务进行分门别类地记载。

　　那么，企业是如何记账的？上面一段文字提到了"会计科目""复式记账"等概念，那么，什么是会计科目、复式记账？企业记账应该遵守什么样的规则呢？

会计科目与会计账户

企业的经营活动非常庞杂，每天都进行大量的、各种各样的交易活动，并因此产生数量极其庞大的财务信息。为了方便地处理这些财务信息，需要对它们进行分类。在财务会计中，我们通过设立会计科目与会计账户来对这些财务信息进行分类处理。

什么是会计科目

企业的经营活动非常多，且大多具有不同的性质，因此，需要对性质不同的财务活动进行分类并加以处理。会计科目就是根据企业经济活动的具体内容与性质，对它们进行分类处理的类别名称。

我们来看一个简单的例子。

假设 2021 年 6 月 1 日，格力电器花了 5,000 万元，从包头钢铁（集团）有限公司（以下简称包钢集团）购买了 1 万吨钢材，即价格为 5,000 元 / 吨，但并没有立刻把货款付给包钢集团。这是一个很常见也很简单的经济活动，这一经济活动中，包含两个性质不同的财务信息，一是这 1 万吨钢材已经成为格力电器的原材料存货，存货就是资产；二是格力电器欠着包钢集团 5,000 万元的货款，这是格力电器的应付账款，而应付账款是负债。资产与负债的性质完全相反，因此，需要将它们分开处理。

在财务会计中，我们通常将会计科目分为六大类，即资产类、负债类、股东权益类、损益类、成本类与共同类。格力电器从包钢集团购买钢材这个简单的例子涉及了两大类会计科目，即资产类与负债类。

上述六大类会计科目中，每一类会计科目都包括总分类科目与明细分类科目。总分类科目相当于一级科目，明细分类科目相当于二级科目或者三级科目。例如，资产类会计科目里面，"在建工程""原材料""库存商品""应收账款""商誉"等，都是总分类科目。

在我国，总分类科目一般由财政部统一制定。目前，我国的总分类科目大约有 160 个，资产类中大约有 70 个总分类科目，是六大会计科目中总分类科目最多的；负债类中大约有 30 个总分类科目。

实际工作中，企业并不一定需要创建并使用所有总分类科目，因为有些总分类科目只有银行、保险、石油天然气等特殊行业需要使用。例如，"存放中央银行款项"这一总分类科目通常只有银行需要使用，因为通常只有银行会将资金存放在中央银行（在我国，中央银行为中国人民银行）。至于明细科目，企业可以根据自己的特点与需要，自行设置。

什么是会计账户

会计科目提供了对企业经营活动及其产生的财务信息进行分类处理的依据，但是，会计科目仅仅告诉我们怎么对财务信息进行分类，而无法具体反映企业经营活动的结果。

在企业经营过程中，任何一项经营活动的发生都可能导致企业会计要素的变动（会计要素是资产、负债、股东权益、收入、成本、费用等要素，关于会计要素，会在第三讲中具体讲到）。从数量上看，这种变动体现为"增加"或者"减少"。例如，在格力电器向包钢集团购买钢材的例子中，格力电器购买了 1 万吨钢材这一经营活动的结果体现在两个方面，一是原材料存货这一类资产的增加，二是应付账款这一类负债的增加。会计科目只是告诉我们应该将购买钢材这一活动及其产生的财务信息归入资产类科目，并将货款尚未支付这一活动及其产生的财务信息归入负债类科目，但是无法将资产与负债到底增加了多少记录下来并显示出来。

为了将企业经营活动的结果反映出来，我们需要设立并运用会计账户。会计账户是根据会计科目设置的，具有一定的格式和结构，用来记录企业的经营活动，反映企业的资产、负债、股东权益、成本等会计要素的变动及其结果的工具。

对于这段话，我们可以从以下两个方面来理解。

一方面，会计账户是依据会计科目设置的。会计科目是会计账户设立的依据，而会计账户是会计科目的具体体现。会计账户要根据会计科目的分类进行相应的设置，因此，会计账户也分为六大类，即资产类账户、负债类账户、股东权益类账户、共同类账户、成本类账户和损益类账户。每一类会计账户中，可根据总分类科目和明细分类科目开设相应的账户。例如，会计科目的资产类科目中有"在建工程""原材料""库存商品""应收账款""商誉"等总分类科目，相应地，会计账户的资产类账户中就有"在建工程""原材料""库存商品""应收账款""商誉"等账户。

我们可以这样来理解会计科目与会计账户之间的关系——日常生活中，我们将衣物分为上衣、裤子、内衣、袜子、鞋子等，这种分类就是会计科目；我们分别为每一类衣服设置一个衣柜，这些衣柜就是会计账户。如果没有上衣、裤子等分类，就无法分别为每一类衣服设置一个衣柜了。

另一方面，会计账户的格式与结构通常是"T"形的。最上面是账户名称，例如，"原材料"，账户名称下面，分为左边与右边，分别用来记录企业的经营活动及其导致的本账户中的金额变动，其中，一边记录账户中金额变动的增加额，另一边记录减少额。因为会计账户的这个结构很像英文大写字母"T"，所以通常被称为"T形账户"。

借方与贷方

前文讲了T形账户分为左边与右边，分别用来记录账户中金额的增加或减少状况，其中，左边称为"借方"（Debit），右边称为"贷方"（Credit）。在这里，"借""贷"并不是谁欠了谁，它们只是符号，没有实际的意义。

我们先说T形账户的左边。左边为借方，用来记录两个方面的变动，一是资产、成本（损失）、费用类账户的增加，二是负债、股东权益、收入类账户的减少。例如，格力电器支出 5,000 万元从包钢集团购买了 1 万吨钢材，钢材是原材料，而原材料是资产，格力电器的原材料增加了 5,000 万元，因此，要在格力电器的"原材料"账户的左边计入 5,000 万元。

接下来看 T 形账户的右边。右边为贷方，用来记录两个方面的变动，一是资产、成本（损失）、费用类账户的减少，二是负债、股东权益、收入类账户的增加。跟左边相对照，可以看出来，右边跟左边是刚好相反的。例如，格力电器支出 5,000 万元向包钢集团购买了 1 万吨钢材，但是，尚未将 5,000 万元的货款付给包钢集团，此时，这 5,000 万元是格力电器的应付账款，应付账款是负债。格力电器的负债增加了 5,000 万元，因此，要在格力电器的负债类账户中的"应付账款"账户的右边计入 5,000 万元。

假设 2021 年 10 月 1 日，格力电器用掉了 2,000 吨钢材，价格为 5,000 元 / 吨，总价值为 1,000 万元；同时，格力电器支付了 2,000 万元的货款给包钢集团。这时，要在"原材料"账户的右边计入 2,000 万元，这样，"原材料"账户左右两边相抵，余额为 3,000 万元，表示格力电器还有价值 3,000 万元的钢材原材料。同时，要在"应付账款"账户的左边计入 2,000 万元，这样，"应付账款"账户左右两边相抵，余额为 3,000 万元，表示格力电器还有 3,000 万元的应付账款没有支付。把格力电器的"原材料"账户的余额与"应付账款"账户的余额合并，我们会发现，两边刚好相互抵销，格力电器总资产的净变动额为 0。

有人可能会说，格力电器的 1 万吨钢材是 2021 年 6 月 1 日购买的，当时的价格是 5,000 元 / 吨，同年 10 月 1 日的时候，钢材价格已经上涨到 8,000 元 / 吨，"原材料"账户怎么还按 5,000 元 / 吨的价格计算呢？对于这个问题，后面在讲会计准则的一般原则中的历史成本原则时，我们会讲到。

复式记账：工业革命的基础

财务会计中，我们通常运用复式记账（Double Entry Bookkeeping）的方法来记录每一笔经济业务。

复式记账、金融革命与工业革命

虽然韩国人认为复式记账是 9 世纪时由高丽人（今天的朝鲜人）发明的，但是，更为普遍的观点是复式记账是在 1300 年前后由意大利人发明的。在美洲大陆被发现之前的几百年中，以意大利为中心的地中海沿岸是欧洲商业最繁荣的地区，在这里，意大利商人发明了复式记账。后来，随着美洲大陆被发现，欧洲的商业中心逐渐从地中海沿岸转移到以荷兰等西欧国家为中心的大西洋沿岸。

我们都知道，18 世纪初，西方发生了工业革命。其实，在工业革命之前，西方发生过"金融革命"。金融革命的主要内容是中央银行、股份制公司，以及可兑换纸币等一系列金融制度的创建。例如，1601 年，荷兰人创建了人类历史上第一家股份制公司——荷兰东印度公司；1694 年，英国人创建了第一家现代意义上的中央银行——英格兰银行，而英格兰银行随即发行了可兑换纸币——英镑。

很多学者认为，没有金融革命，就不会有工业革命，而复式记账是金融革命得以发生的重要基础之一。所以，可以认为复式记账的发明是工业革命得以发生的重要基础之一。

工业革命最先发生在大西洋沿岸，英国的工业革命最为典型。为什么工业革命没有最先发生在商业曾经非常繁荣的地中海沿岸？为什么最先进行"地理大发现"的西班牙、葡萄牙没有成为工业革命最为典型的国家呢？

这是很有意义的问题，也是学者们至今没有完全弄明白、仍在研究的问题。

那么，为什么复式记账被认为是工业革命得以发生的重要基础之一？这个问题已可以回答。回答这个问题，需要了解什么是复式记账，以及复式记账的特点与优点。

什么是复式记账

复式记账，即对于每一笔经济业务，都要以相等的金额在两个或者两个以上相互联系的账户中进行登记。对于这句话，我们要重点关注两个地方，一是在两个或者两个以上相互联系的账户中，分别以借、贷的方式进行登记，所以，称为"复式记账"；二是金额是相等的，即借方的金额与贷方的金额必须一致。

我们以格力电器向包钢集团购买钢材为例，说明复式记账具体是如何操作的。假设2021年6月1日，格力电器向包钢集团购买了1万吨钢材，价格为5,000元/吨。

第一种情况，格力电器用现金购买这1万吨钢材，应该如何记账呢？因为原材料是存货，也就是资产，所以，应该在"原材料"账户的左边（借方）计入5,000万元，即资产增加了5,000万元。这价值5,000万元的钢材不是天上掉下来的，而是格力电器用5,000万元现金购买的，格力电器的现金必然减少5,000万元。现金也是资产，资产的减少计入账户的右边（贷方），因此，应该在"库存现金"账户的右边计入5,000万元，即库存现金减少了5,000万元。

结果如下。

原材料、现金都是资产，一个资产账户（"原材料"账户）增加5,000万元，另一个资产账户（"库存现金"账户）减少5,000万元。金额完全相等，一增一减，两个账户加在一起，公司的资产总额没有发生任何变化。但是，资产的构成发生了变化，即原材料增加了，现金减少了。

第二种情况，格力电器赊购这1万吨钢材，应该如何记账呢？购买原材料这一资产变动跟第一种情况一样，即"原材料"账户的左边（借方）计入5,000万元。因为是赊购，格力电器欠包钢集团5,000万元的货款，所以格力电器产生了5,000万元的应付账款。应付账款是负债，因此，格力电器要在负债类的"应付账款"账户的右边（贷方）计入5,000万元。

结果如下。

原材料是资产，应付账款是负债，资产增加 5,000 万元，负债也增加 5,000 万元，格力电器的总资产与总负债同时增加，净资产总额（净资产总额为资产总额减去负债总额后的净额）没有任何变化。

第三种情况，格力电器购买钢材时，付了 3,000 万元现金，剩下的 2,000 万元还没有支付，即还有 2,000 万元的应付账款。这种情况下，首先，购买原材料这一资产变动跟第一种情况一样，即"原材料"账户的左边（借方）计入 5,000 万元。其次，在"库存现金"账户的右边（贷方）计入 3,000 万元，即格力电器的现金减少了 3,000 万元。最后，在"应付账款"账户的右边（贷方）计入 2,000 万元。

结果如下。

首先，原材料增加了 5,000 万元，但现金减少了 3,000 万元，由于原材料与现金都是资产，格力电器的总资产的净增加额为 2,000 万元。其次，格力电器的应付账款增加了 2,000 万元，应付账款是负债，所以格力电器的总负债净增加了 2,000 万元。最后，资产的净增加额与负债的净增加额相等，相互抵销，公司的净资产总额没有任何变化。

复式记账的特点与优点

有人可能会说，复式记账这么麻烦，不如用流水账记一笔。

看看复式记账的特点与优点，我们就知道为什么复式记账远比流水账先进，以及为什么现代社会普遍运用复式记账法记账了。

复式记账的特点之一是会运用财务会计中的一个最基本的等式，即资产 = 负债 + 股东权益。这个等式表明，资产的任何变动，必然导致负债发生变动，或者股东权益发生变动，抑或者负债与股东权益同时发生变动。反之亦然，负债的变动，或者股东权益的变动，抑或者它们的同时变动，必然导致资产的变动。

在格力电器购买钢材的例子中，我们已经看到了资产的变动导致负债的变动的情况。接下来，我们看看负债的变动是如何导致资产的变动的。假设格力电器在 2021 年 11 月 1 日向中国工商银行贷款 100 亿元，而且这 100 亿元在当天到账。这样，等式右边格力电器的负债增加了 100 亿元，同时，格力电器的银行存款（等式左边的资产）必然相应地增加 100 亿元。

复式记账的特点之二是有借必有贷，借贷必相等。这句话的意思是借方的任何变动必然伴随贷方的变动，而且，变动的金额是完全相等的。当然，这种变动不是发生在同一个账户中。例如，格力电器购买了 5,000 万元的钢材后，它的"原材料"账户的借方增加了 5,000 万元，与此同时，它的"应付账款"账户的贷方会增加 5,000 万元。

复式记账的优点之一是它不仅可以让我们了解每一项经济业务的来龙去脉，而且在全部经济业务登记入账以后，可以通过账户记录全面、系统地查看经济活动的过程和结果。在上面的例子中，我们可以一目了然地弄清楚格力电器这 100 亿元的资金是哪里来的、目前状态是什么。

复式记账的优点之二是我们随时可以根据"资产＝负债＋股东权益"这个等式进行试算平衡，以确定账户记录的完整性和正确性。试算平衡就是测试上述等式两边的余额是否相等，如果哪天发现等式两边的余额不等，那么，当天的账户记录中肯定存在差错。复式记账可以让我们很容易地找到差错到底在哪儿。

为什么复式记账的发明是工业革命得以发生的重要基础之一

生产经营决策需要数据的支持，而数据要具有完整性、准确性、及时性。

复式记账的发明之所以被认为是工业革命得以发生的重要基础之一，原因在于复式记账的特点与优点——依托这些特点与优点，复式记账能够为企业决策提供完整、准确、及时的数据。

在我们日常的家庭生活中，以及家庭小作坊式的生产经营中，每天进行的交易次数少，种类也不多，用很简单的流水账就可以记录下来，并且可以迅速核对记录的准确性。例如，我们可以想一下，今天家里买了什么东西、买了多少东西？

对于大多数人来说，可能不用记账，简单回想一下，就可以想起来今天家里买了什么东西、买了多少东西、花了多少钱等。

但是，在以企业为单位进行的大规模的工业化生产过程中，每天进行的交易数量巨大，而且种类繁多，简单的流水账不仅不可能保证记录的准确性，而且不可能供记录者对记录的准确性进行快速核对。此时，复式记账的特点与优点可以为企业的决策提供完整、准确与及时的数据，从而为以企业为单位进行的大规模的工业化生产提供财务制度上的基础。

例如，阿里巴巴、联想控股这样的企业，每天可能要进行数千万笔，甚至上亿笔交易，而且交易的种类千差万别。有的交易是购买原材料，有的交易是解雇或者聘请员工，种类繁多，无法逐一列举。复式记账能够让管理层在很短的时间里弄清楚企业到底做了哪些事情，资金是从哪来的、花哪去了，仓库里面还有多少存货，银行里面还有多少存款等。

会计准则：朱镕基题词"不做假账"

中国 A 股上市公司做假账的问题由来已久，且相当普遍，例如，康美药业等公司的假账问题极其恶劣。做假账一直是中国会计行业难以根治的病症，不仅不少上市公司在财务报表中做假，甚至一些审计机构也会与之狼狈为奸。

朱镕基题词："不做假账"

国务院前总理朱镕基一向惜墨如金，很少题词，但是，2001 年 4 月 16 日，在上海国家会计学院视察时，朱镕基亲笔为会计学院题写了校训"不做假账"。据说，朱镕基最初的题词是"凡我校友，不做假账"，后来，他发现这样说不对，不能仅要求国家会计学院的校友不做假账，所有的会计人员都不能做假账，于是，他把"凡我校友"4 个字删除了。2002 年 11 月 19 日，第十六届世界会计师大会在我国香港举行，朱镕基发表演讲时，再次要求"所有会计人员必须做到诚信为本，操守为重，坚持原则，不做假账"。

2022 年，距离朱镕基题词已经过去了 20 多年，但是，中国 A 股上市公司做假账的现象仍然屡见不鲜，有些做假账的手段令人意想不到。例如，2022 年 1 月 14 日，中国证券监督管理委员会（以下简称证监会）调查人员发现深圳的一家名为"堂堂会计师事务所"的审计机构在开展审计工作之前，与审计对象——上市公司 *ST 新亿签订了协议，承诺不出具"否定意见"或"拒绝（无法）表示意见"。也就是说，审计尚未开始，审计结论就已经商量好了。*ST 新亿全称为"新疆亿路万源实业投资控股股份有限公司"，股票代码 600145。因为在 2018—2019 年连续伪造营业收入与利润，*ST 新亿已在 2022 年 4 月 21 日被强制退市。

2016—2020 年，ST 新亿的财务数据与审计机构出具的审计意见见表 2-1。从表 2-1 中可以看出，2016—2020 年，ST 新亿财务数据的审计意见没有一个是"标准无保留意见"。

关于审计意见，我们在本书第六讲进行讲解。

表 2-1 　2016—2020 年，ST 新亿（600145）财务数据与审计意见

年份	净利润（万元）	营业收入（万元）	审计意见
2016	-318.2	1,269.8	保留意见
2017	1,023.5	34,155	保留意见
2018	-2,464.6	1,338.3	拒绝（无法）表示意见
2019	1,239.1	1,038.2	保留意见
2020	-12,926	345.9	保留意见

数据来源：ST 新亿历年年报

朱镕基要求会计人员"坚持原则"，这个原则中，最重要的是遵守会计准则。如果一个企业严格遵守了会计准则，那么，它的财务数据基本上是真实、准确的，不太可能出现故意造假的现象。

在第一讲中，我们说过财务会计要按照统一的规则来进行。财务会计所遵守的规则主要是《企业会计准则》。在我国，《企业会计准则》是由财政部制定并颁布的。

会计准则的目的与作用

会计准则是会计工作必须遵循的基本规则，是会计核算工作的规范。会计准则用于对经济业务的具体会计处理做出规定，以指导和规范企业的会计核算，保证会计处理的公允、合理与客观，以及会计信息的质量。

如何理解这一段关于会计准则的介绍呢？我们用一个例子来说明。

在第一讲中，我们讲过格力电器与美的集团的例子。假设 2021 年 12 月 30 日，格力电器与美的集团都卖掉了价值 100 亿元的空调机，且都一分钱货款也没收到，而且估计要到 2022 年 1 月 30 日才能收到货款（在我国，企业的会计年度是自然年度，即企业会计年度报表开始日期是每年的 1 月 1 日，截止日期是每年的 12 月 31 日）。在这种情况下，如果没有一套规则来告诉我们，对于某一项经济活动，

应该怎么进行会计处理，就可能产生以下两方面的问题。

第一，企业为了自己的需要，选择对自己有利的方法来处理。例如，在格力电器与美的集团的例子中，格力电器可能为了让2021年的营业收入大幅增长、让净利润大幅增长、帮助管理层获得大量的年终奖，选择将这100亿元的未到账销售收入算作2021年的销售收入；而美的集团可能为了让自己在2021年少缴税，选择不将这100亿元的未到账销售收入计入2021年的销售收入。

第二，企业的财务信息缺乏可比性。在上面的例子中，格力电器与美的集团都在2021年12月30日这一天卖掉了价值100亿元的空调机。如果格力电器选择将这100亿元的未到账销售收入算作2021年的销售收入，而美的集团选择不将其计入2021年的销售收入，那么，我们就不可能对格力电器与美的集团的经营业绩进行客观、真实的比较了，也就无法知道2021年，是格力电器经营得更好一些，还是美的集团经营得更好一些了。

会计准则的目的有两个。

第一，确保对于同样或者类似的经济业务，同一家企业在任何时候都按同样的方式进行处理，从而保证同一家企业不同时期的财务信息具有可比性。例如，确保格力电器2010年的营业收入、净利润等财务数据与2021年的营业收入、净利润等财务数据具有可比性。

第二，确保对于同样或者类似的经济业务，所有企业按照同样的方式进行处理，从而保证不同企业在同一时期的财务信息具有可比性。例如，确保格力电器与美的集团在2021年的营业收入、净利润等财务数据具有可比性。

会计核算的基本原则

我国的会计准则包括基本准则、具体准则和应用指南三部分。

基本准则确立了会计核算的基本原则。我国《企业会计准则》确立了13项会计核算的"一般原则"，这13项一般原则为客观性、实质重于形式、相关性、可比性、一贯性、及时性、明晰性、权责发生制、配比、谨慎性、历史成本、划分收益性支出与资本性支出、重要性。新会计准则（财政部在人民大会堂发布的一项条例，于 2007 年 1 月 1 日起在上市公司中执行，其他企业鼓励执行）对一般原则进行了删减与合并，例如，在新会计准则中，权责发生制作为会计核算的基础，并入会计的基本假设。

这 13 项一般原则从会计信息质量、会计要素的确认与计量、会计方法的选择 3 个方面确立了会计工作应该遵守的基本原则。这里选择性地介绍其中的几个原则。

第一，客观性原则。

客观性原则是指会计核算应当以实际发生的交易或事项为依据，如实反映企业财务状况、经营成果和现金流量。

在会计核算的各个阶段，都应遵循客观性原则。会计核算的客观性包括真实性、可靠性、可验证性 3 个方面，这是对会计核算工作和会计信息的基本质量要求。真实性要求会计核算的结果应当与企业实际的财务状况和经营成果一致；可靠性是指对于经济业务的记录和报告，应当做到不偏不倚，以客观事实为依据，不受会计人员主观意志的左右，避免错误并减少偏差（企业提供会计信息的目的是满足会计信息使用者的决策需要，因此，必须做到内容真实、数字准确和资料可靠）；可验证性要求会计核算的结果与财务信息是可以查验、得到证实的。

第二，历史成本原则。

依然以格力电器为例。我国的会计年度为自然年度，即会计年度为每年的 1 月 1 日到 12 月 31 日，企业年度财务报表的截止日期是 12 月 31 日。假设格力电器在 2021 年 6 月 1 日购买了 1 万吨钢材，当时的价格是 5,000 元 / 吨，总价为 5,000 万元。到 2021 年 12 月 31 日，钢材价格上涨到 10,000 元 / 吨，这 1 万吨钢材的市值达到了 1 亿元，而且，这 1 万吨钢材还在格力电器的仓库里，没有动用。那么，格力电器在编制 2021 年的财务报表时，应该怎么算呢？

按照历史成本原则，格力电器在编制 2021 年的财务报表的时候，必须按照 5,000 元 / 吨的价格记录并报告 1 万吨钢材的价值。

历史成本原则指任何资产的计价应以取得该资产时的实际成本为依据，不得按公允市场价值计价；除有特殊规定，不得调整其账面价值。

按照会计准则，实际成本是购置费用，以及使资产达到可使用状态的相关的合理支出，这些合理支出包括设备的运输费、安装费等（简单起见，本书将固定资产的实际成本等同于购置成本）。

根据"资产＝负债＋股东权益"这一等式，在资产按照实际成本计价的情况下，负债与股东权益必然按照实际成本计价。按照实际成本计价具有两个方面的优点，一是从原始凭证中获取资产价值，既客观，又方便，还具有可验证性——按市场价值计价，可能存在主观性，甚至可能导致价格被操纵；二是保证所有企业在任何时间都采用统一的计价方法，从而保证不同企业的资产、负债计量结果的可比性。

不过，按照实际成本计价也存在缺点，因为在物价大幅度变动的情况下，历史成本无法反映资产的真实价值。例如，在格力电器的例子中，随着钢材的价格从5,000元/吨上涨到8,000元/吨，1万吨钢材的市场价值从5,000万元上涨到8,000万元。格力电器还是按5,000万元计价，显然低估了钢材的价值，从而低估了自身的总资产。

除了历史成本计价法，还有重置成本计价法、计划成本计价法、净值计价法等，这些计价法各有其适合的使用场合。

第三，收益与成本确认的权责发生制原则。

依然以格力电器为例。我国的会计年度为自然年度，即会计年度为每年的1月1日到12月31日。假设在2021年12月30日，格力电器卖出了价值100亿元的空调机，但是，货款未收到，而且估计要到2022年1月30日才能收到货款。那么，格力电器是否可以，或者说，是否应该将这100亿元的未到账销售收入算作2021年的销售收入呢？

更复杂的是，格力电器在2021年12月30日通过核算发现，一是卖掉的这批价值100亿元的空调机在生产过程中消耗了从包钢集团购买的1,000吨钢材；二是这1,000吨钢材是2021年1月10日购买的，5,000元/吨，货款总共500万元；三是格力电器还没有将货款付给包钢集团，而且格力电器准备在2022年

1月15日付款。那么，这500万元的钢材成本到底是算2021年的成本，还是算2022年的成本呢？

在会计中，资产是能够带来经济收益的有形的财产与无形的权利。资产能够给资产的拥有者或者实际控制人带来收益，但收益与风险总是相伴而行的，任何资产都有风险。例如，资产可能因为意外事件而损毁。根据权责发生制原则，当一项资产的收益权与承担风险的责任因为达到了法律或者合同规定的条件而从A方转移到B方时，就构成了销售。那么，A方就应该确认销售收入。

因此，根据权责发生制原则，格力电器必须将这100亿元的未到账销售收入算作2021年的销售收入，因为这价值100亿元的空调机的收益权与承担风险的责任已经转移到了买家头上。也就是说，以后这批空调机的价格是上涨还是下跌，都跟格力电器没关系了，空调机价格上涨产生的收益完全归买家，价格下跌导致的损失也完全由买家承担，就算发生火灾导致空调机被烧毁，后果也完全由买家承担。因此，这已经构成了销售，这一销售发生在2021年，而不是发生在2022年。

相应地，格力电器必须将500万元的钢材消耗成本算作2021年的成本——这500万元的成本是因为生产这批空调机发生的，应该与这批空调机的销售收入匹配。

根据这个例子，我们就明白什么是权责发生制了。根据权责发生制原则，凡在本期发生，即应归属于本期的收入，无论是否在本期实际收到货款，都应算作本期的收入；凡在本期发生、应从本期收入中扣除的成本费用，无论是否在本期支付了现金，都应算作本期的成本费用。

与权责发生制对应的是收付实现制。根据收付实现制，会计核算以现金是否已经收到或付出作为计算标准来确定本期收益和成本费用。计算企业的现金流量时，通常采用收付实现制。由于计算收入时采用的是权责发生制，而计算现金流量时采用的是收付实现制，企业的利润总额与现金总额很可能不一致。关于利润与现金不一致的问题，我们在后续内容中进行讲解。

在格力电器的例子中，如果采用收付实现制，那么，格力电器在2021年12月30日的100亿元未到账销售收入，就不能算作2021年的销售收入，而是算作

2022 年的销售收入。

第四，划分收益性支出与资本性支出原则。

我们看一个例子。假设 2021 年格力电器在珠海的总部大楼总共支出 5,000 万元的水电煤气费，同时，格力电器支出 10 亿元盖了一栋新楼，这栋楼的设计使用寿命为 30 年。虽然这两笔钱都是支出，但它们的作用与性质是不一样的。5,000 万元的水电煤气支出给格力电器带来的效益在 2021 年就已经全部实现了，而用 10 亿元盖的大楼可以使用 30 年，将在未来的 30 年中持续性地给格力电器带来效益。

划分收益性支出与资本性支出原则就是要对不同性质的支出进行区分，即要将收益性支出与资本性支出区分开，采取不同的会计处理方法。

第一，要对两者进行区分。收益性支出是指其所带来的效益在本会计年度全部实现的支出，如水电费、差旅费、保险费、办公费、利息费、人工费等支出；资本性支出是指其所带来的效益要延续若干会计年度的支出，如固定资产购建支出、无形资产支出等。

第二，要对两者进行不同的会计处理。由于收益性支出给企业带来的效益在本年度内全部实现，因此收益性支出的付款责任应全部由本会计年度承担，即应在本年度内将收益性支出全部确认为费用，并在计算营业利润的时候全部从公司的毛利润中扣除；资本性支出给企业带来的效益会持续至少两个会计年度，即它至少会在两年内持续给企业带来收益，因此，付款责任应该由所有的获益年度共同承担，即应在相应的若干年度内将资本性支出分期、分次、分别确认为成本。对收益性支出与资本性支出进行区分，实际上是为了合理地确认各期的成本与费用。

那么，在格力电器的例子中，5,000 万元的水电煤气支出是收益性支出，应该全部从 2021 年的收入中减去；盖大楼支出的 10 亿元是资本性支出，应该在盖成后的 30 年中进行折旧。

企业可以利用收益性支出与资本性支出的划分来操纵利润。关于收益性支出与资本性支出的划分，以及如何利用对两者的划分来操纵利润，我们在后续内容中进行讲解。

阿里巴巴：净利润降幅为什么差这么多

各国有各国的会计准则，此外，还有国际会计准则。各国的会计准则之间，通常存在差异。会计准则的不同，导致不同国家的企业的财务数据不存在可比性。

中国与美国的会计准则存在很多不同

美国的会计准则通常被称为 GAAP（Generally Accepted Accounting Principles），中国与美国的会计准则存在很多不同，这里简单说两个不同之处。

其一，中国的会计准则允许转回流动性资产的减值损失，而美国的会计准则不允许。

举个例子，说明资产价值损失及其转回。假设格力电器在 2020 年 2 月卖了价值 2 亿元的空调机给商家 A，但一直没收到货款，而且，格力电器估计这 2 亿元的货款（应收账款）很可能收不回来了。于是，在 2020 年的财务报表中，格力电器将这 2 亿元的货款作为坏账，从当年的税前利润中扣除。这样，2020 年，格力电器的净利润就少了 2 亿元。但是，2021 年 6 月 1 日，商家 A 将这 2 亿元的货款全部付给了格力电器，那么，在 2021 年的财务报表中，格力电器需要将这 2 亿元的销售收入加回来，这就是资产减值的转回。中国的会计准则允许格力电器在 2021 年转回这 2 亿元的销售收入，但是美国的会计准则不允许。

其二，中国的会计准则允许将符合条件的开发支出资本化，而美国的会计准则不允许。

企业通常会有研究与开发（R&D）支出（以下简称研发支出），有些企业的研发支出非常多，例如，华为每年的研发支出超过 1,000 亿元。研发通常分为两个阶段，第一阶段是研究阶段，这一阶段是为获取并理解新的科学或技术知识而进行的独创性的有计划调查；第二阶段是开发阶段，这一阶段是将研究阶段获得的研究成果应用于某项计划或设计，试图生产出新的或者有重大改进的产品等。例如，研究病毒是如何传播的，属于研究阶段；在了解病毒传播方式的基础上，开发阻断病毒传播的药物，属于开发阶段。

要了解中美会计准则的这一不同之处，首先要了解费用化与资本化。我们讲过收益性支出与资本性支出，所有收益性支出都要费用化处理，而资本性支出需要资本化处理。关于费用化与资本化，在后续内容中，我们还会进行讲解。

举个例子说明开发支出资本化。假设格力电器在 2021 年总共投入了 100 亿元的研发资金，其中，研究阶段投入 40 亿元，开发阶段投入 60 亿元。根据中国的会计准则，研究阶段投入的 40 亿元必须全部费用化，即这 40 亿元要全部从格力电器 2021 年的税前收入中扣除，从而导致格力电器 2021 年的净利润减少 40 亿元；对于开发阶段投入的 60 亿元，符合规定条件的可以进行资本化处理，如果这 60 亿元全部符合条件，那么，格力电器可以对这 60 亿元全部进行资本化处理，这意味着格力电器不用将这 60 亿元从 2021 年的税前收入中扣除。根据美国会计准则，格力电器必须将这 100 亿元的研发支出全部从 2021 年的税前收入中扣除。

阿里巴巴：净利润到底是下降 75% 还是 25%

中国的会计准则与美国的会计准则存在很多不同，导致两个国家的企业的财务数据有时并不具有可比性，甚至可能出现比较奇怪的现象：同一企业，按照中国的会计准则进行会计核算，在 2021 年是赚钱的，但按照美国的会计准则进行会计核算，在 2021 年是亏损的。

例如，2022 年 2 月 24 日，阿里巴巴发布的 2022 财年第三季度财务报表显示，按照美国的会计准则，它在 2022 财年第三季度的营收为 2,425.8 亿元，同比增长 10%；净利润为 204.29 亿元，同比下降幅度高达 75%。但是，按照中国的会计准则，它的净利润为 446.24 亿元，同比下降幅度只有 25%。

由于中美两国的会计准则不一样，中国企业要去美国上市，必须按照美国的会计准则编制财务报表。

第三讲

了解财务的基本概念（上）：会计要素

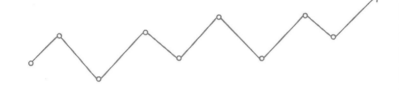

在第三讲、第四讲、第五讲这3讲中，我们讲解财务的基本概念。在本讲中，我们讲解被统称为"会计要素"的基本财务概念。

美国的会计准则规定了10个会计要素。我国的《企业会计准则》规定了6个会计要素，即资产、负债、股东权益、收入、费用（成本）和利润。本讲主要讲解什么是会计要素，以及资产、负债等6个被统称为"会计要素"的基本财务概念。

会计要素：如何看待贷款买房子、车子

在一个关于财务的网络课程中，我曾经说，房子、车子都是我们的家庭资产。有一位听众在评论区留言："房子、车子可不是资产哦！"

看到听众的这个评论，我很好奇，他为什么会说房子与车子不是资产呢？这位听众没有具体说明。我猜测他是觉得，如果房子与车子是贷款买的，贷款是负债，在还清贷款之前，贷款买的房子与车子也是负债，不是资产。

在生活中，确实有一些人抱有这一看法：贷款几百万元，甚至上千万元买了一套房子，用几十年的时间才能还清贷款，这不就是负债吗？

那么，房子与车子到底是不是资产呢？贷款买的房子、车子，到底是资产，还是负债呢？

会计课上，老师肯定会明确地告诉你，房子与车子是资产，贷款买的房子与车子也是资产，不是负债。

这个说法真的对吗？

要弄清楚这个问题，首先要弄清楚会计是如何划分资产、负债的。更确切地说，是要弄清楚什么是会计要素。

会计要素是会计报表的基本构成要素，是对会计对象进行的基本分类，是会计对象的具体化。

如何理解这句话呢？

什么是会计要素

财务会计是对企业财务信息进行收集、归类、总结与报告的，那么，企业进行信息收集、归类、总结与报告的对象就是会计对象。例如，格力电器对与公司原材料、在产品、产成品等各种存货有关的信息进行收集、归类、总结与报告，那么，原材料、在产品、产成品等各种存货就是会计对象。与此同时，格力电器可能有尚未支付给原材料供应商的应付货款、尚未支付的税款等，需要对应付货款与应付税款等方面的信息进行收集、归类、总结与报告，因此，应付货款、应付税款等也是会计对象。

企业的会计对象不仅种类与数量繁多，而且具有不同的性质。在格力电器的例子中，存货包括原材料存货、在产品存货与产成品存货三大类，而应付账款包括尚未支付的货款、尚未支付的税款等，存货是资产，应付账款是负债，负债与资产的性质是完全相反的。

企业需要对种类繁多且性质不同的会计对象进行分类，以方便会计核算，而会计要素就是对会计对象的分类。我国的会计准则将会计对象分为六大类，即资产、负债、股东权益、收入、费用（成本）和利润。原材料、在产品、产成品等各种存货属于资产，而应付货款、应付税款等应付账款属于负债。

会计要素的目的与作用

根据会计要素对会计对象进行分类这一操作，既为会计核算提供了基础，也为财务报表的编制提供了基本架构。

六大会计要素中的资产、负债和股东权益是资产负债表的构成要素，它们反映企业在某一特定时间点的财务状况。六大会计要素中的收入、费用（成本）和利润则是利润表（也叫损益表）的构成要素，它们反映企业在某一特定时期内的经营成果。

资产：贷款买的房子与车子是不是资产

资产是最基本的会计要素之一，与负债、股东权益共同构成"资产＝负债＋股东权益"这一最基本、最重要的会计等式。这一会计等式是财务会计的基础，为资产负债表提供了基本框架。

回到本讲最初的问题，房子与车子到底是不是资产呢？特别是贷款买的房子、车子，到底是不是资产呢？

什么是资产

按照我国会计准则的定义，资产（Assets）是由企业过去的交易或者事项形成，并由企业拥有或者控制的资源，该资源预期会给企业带来经济利益。对于会计准则中的资产的定义，我们可以从以下几个方面来理解。

第一，资产预期会给企业带来经济利益，即资产具有直接或间接给企业带来经济利益的潜力。

首先，这种潜力既可以来自企业日常性的生产经营活动，也可以来自企业非日常性的活动。例如，格力电器用钢材生产空调机，这是格力电器日常性的生产经营活动，格力电器把空调机卖掉后能够得到销售收入，因此，钢材是格力电器的资产。假设珠海市政府在某个地方给格力电器无偿拨了一块地，让格力电器建造厂房，这块地是格力电器从政府那里获得的补贴，能够给格力电器带来收入，因此，也是格力电器的资产。这种补贴只是偶尔有，不可能经常性地发生，这就是非日常性的活动。

其次，资产给企业带来的经济收益可以有不同的体现，一是现金或者现金等价物，二是可以转化为现金或者现金等价物的某种东西，三是可以让企业减少现金或者现金等价物的支出的某种东西。例如，上述珠海市政府拨给格力电器的是土地，不是现金，但土地可以转化为现金——如果政府不拨土地给格力电器，格力电器可能需要自己花费 100 亿元去买地，有了政府划拨的这块地，格力电器就不用自己花钱买地了，这就是让格力电器减少了现金的支出。

最后，如果某个东西预期不能给企业带来经济利益，就不能将它认定为企业的资产；前期已经认定为资产的东西，如果不能再为企业带来经济利益，也不能继续将其认定为企业的资产。假设格力电器在 2015 年购买了 10 万个芯片，用来安装在空调机上，到了 2021 年，还有 4 万个芯片没有用完，但是，2021 年，市场上有了更先进的芯片，导致格力电器在 2015 年购买但还没有使用的这 4 万个芯片完全被淘汰，那么，2021 年，格力电器就不能将这 4 万个芯片认定为资产了。

第二，资产应该是企业拥有或者控制的资源，即企业享有该资源的所有权，或者虽然不享有该资源的所有权，但该资源能被企业控制。

认定企业是否拥有某资产时，需要看企业是否拥有该资产的所有权。不过，在有些情况下，虽然某资产不为企业所拥有，即企业并不拥有该资产的所有权，但企业控制着该资产，能够从该资产中获取经济利益，那么，企业也可以将该资产认定为企业的资产。例如，在融资租赁中，承租方可以将租入的资产认定为自己的资产。融资租赁是租赁的一种，它的特点是租赁标的具有比较高的价值，租赁期比较长，在租赁期间，由承租方承担标的的维修、保养，租赁到期的时候，通常由承租方以比较低的价格买下该标的。例如，北京地铁公司以融资租赁的方式向中国铁建重工集团租入了一台价值 1 亿元、有效使用寿命为 16 年的大型盾构机，租期 15 年。在这个融资租赁中，盾构机的所有权仍然属于中国铁建重工集团，但它的控制权在北京地铁公司手中。在 15 年的租赁期几乎为设备的整个有效寿命期的情况下，北京地铁公司应该将这个盾构机认定为自己的资产。

第三，资产是由企业过去的交易或者事项形成的，即资产是由实实在在已经发生的交易形成的。

一方面，只有过去的、已经实实在在发生的交易或者事项才能形成资产，企业预期在未来发生的交易或者事项不能形成资产。资产只能由企业过去的交易或者事项形成，而过去的交易或者事项包括购买、生产、建造行为，以及其他行为。企业有购买某个设备的意愿或者计划，但是购买行为尚未发生，是不符合资产的定义的，即不能将目标设备认定为企业的资产。假设格力电器计划在2024年6月1日购买1万吨钢材，那么，2024年6月1日前，这1万吨钢材不是格力电器的资产，因为这个交易还没有发生。

另一方面，导致资产得以形成的过去的交易或者事项应该是可以具体确认的，也就是说，资产与形成它的那些交易或者事项之间存在对应关系。假设格力电器于2021年6月1日从包钢集团购买了1万吨钢材，这1万吨钢材就成了格力电器的资产，而对应的形成这一资产的具体交易是2021年6月1日格力电器与包钢集团之间进行的可确认的交易。

第四，资产是可以独立确认并加以计量的，即每项资产都应该是可以独立认定并确定其价值的。

一方面，资产应该可以独立于企业存在，并独立保持其价值。如果企业因为破产而清算，某资产就不存在了，或者会丧失其价值，该资产就不能算作资产。

另一方面，每项资产的价值是可以独立计量的。例如，我们经常讲一个企业的品牌值多少钱，但是，在财务会计中，品牌不能算作企业的资产，不会出现在企业的资产负债表上，因为品牌不能独立于企业存在，其价值不可以独立计量。关于为什么品牌不能算作企业的资产，我们会在有关无形资产的章节中详细讲解。

资产的种类

划分资产类型的标准有很多，按照不同的标准，可以对资产进行不同的分类。

按照资产的流动性与周转状况，可以将资产划分为流动资产与非流动资产。流动资产是指企业可以在一年或者超过一年的一个营业周期内变现、出售或者消耗的资产。变现，即以某种方式变为现金。例如，已经完工并可以出售的产成品就是流动资产，一旦企业将产成品卖掉，就变成了现金。非流动资产是不能在一年或者超过一年的一个营业周期内变现、出售或者消耗的资产。在我国，一个完整的营业周期就是一个会计年度，通常等于一个自然年度，即从每年的 1 月 1 日开始到 12 月 31 日结束。

按照资产的形式，可以将资产划分为货币性资产与非货币性资产。

按照资产的形态，可以将资产划分为有形资产与无形资产。

……

在财务会计中，通常按照资产的流动性与周转状况进行划分。关于资产的种类的更多知识，我们在后续章节中详细讲解。

自创商誉不能认定为企业的资产

在商业财经媒体的报道中，我们经常会看到"自创商誉"这个词，例如，媒体会说某公司的自创商誉有 100 亿元。

自创商誉是企业通过经营形成的获取超额利润的能力，包括品牌知名度、先进的技术、先进的管理水平、稳定的客户资源等。

自创商誉确实能够给企业带来经营利益，但是，在财务会计中，不存在"自创商誉"这一会计对象，企业不能将自创商誉认定为自己的资产。因此，企业资产负债表中没有自创商誉这一项。

关于为什么自创商誉不能被认定为资产，我们在后续章节中详细分析。

贷款买的房子与车子是不是资产

回到本讲最初的问题，房子与车子到底是不是资产呢？

我们已从 4 个方面解释了资产的定义，而房子与车子具有"资产"的这 4 个特征，因此，房子与车子都是资产。

例如，资产的第一个特征是它们能够给资产所有人带来预期收益，房子与车子都是能够给其所有人带来预期收益的。有人可能会说，我自己住的房子，没有给我带来收益呀；车子我自己用，也没有给我带来收益呀。这个问题，我们可以从以下两个方面来理解。

一是如果没有买房子，就要租房子，要付房租给房东，而买了房子，就省了房租——节省的房租就是收益；如果没有买车子，就需要乘坐公共交通工具，或者打车，都需要支付交通费——节省的交通费就是收益。

二是房子与车子会给其所有人带来很多生活上的便利。例如，自己开车，想去哪就可以去哪，活动半径扩大了不知道多少倍，这就是经济学中的"便利收益"。

另外3个特征，大家可以自行代入分析。

有人可能会说，房子、车子都是贷款买的，贷款还没还清呢，因此，它们不是资产，是负债。这个看法完全是错误的。

认为贷款买的房子是负债的人，不懂什么是负债。

关于什么是负债，我们接下来进行讲解。

负债：贷款买的房子与车子是不是负债

现实生活中，确实有人会认为贷款买的房子与车子是负债。这些人认为贷款是负债，在贷款还清之前，房子与车子是抵押给银行的，因此，都是负债。

要回答"贷款买的房子与车子是不是负债"这个问题，首先要弄清楚会计的第二大要素，负债。

负债是最基本的会计要素之一，与资产、股东权益共同构成"资产 = 负债 + 股东权益"这一最基本、最重要的会计等式。这一会计等式是财务会计的基础，为资产负债表提供了基本框架。

什么是负债

按照我国会计准则的定义，负债是指企业过去的交易、事项形成的现时义务，履行该义务，预期会导致经济利益流出企业。

从定义中可以看出，负债是与资产相对应的。资产导致经济利益流入企业，而负债导致经济利益流出企业。对于会计准则中的负债的定义，我们可以从以下几个方面来理解。

第一，负债是企业承担的现时义务，即负债是企业当前承担的义务。

负债必须是企业承担的现时义务，这是负债的基本特征之一。现时义务指企业在目前的条件下已经承担的义务；未来发生的交易或者事项形成的义务，不属于现时义务，不应当确认为负债。

在这里，义务可以是法定义务，也可以是推定义务。其中，法定义务指具有约束力的合同或者法律法规规定的义务，在法律意义上，法定义务通常需要强制执行。假设格力电器向中国工商银行贷款 100 亿元，按时付利息给中国工商银行，并在贷款到期的时候将本金偿还给中国工商银行，都是格力电器的法定义务。推定义务指企业多年来的习惯做法、公开承诺，或者公开宣布的政策导致企业将承担的责任，这些责任使有关各方形成了企业将履行义务、承担责任的合理预期。例如，格力电器在2021年3月6日发布《关于家用空调十年免费包修的公告》，宣布对2021年3月1日起销售的格力家用空调提供10年免费包修服务。格力电器的这一公告是它公开宣布的政策，因此，为售出商品提供的包修服务属于格力电器的推定义务，格力电器应当将"十年免费包修"认定为自己的一项负债。

第二，清偿负债将导致经济利益流出企业，即导致企业经济利益的减少。

只有履行后会导致经济利益流出企业的义务才可以认定为企业的负债，即只有在义务的履行导致企业经济利益减少的情况下，才能将该义务认定为企业的负债。如果履行义务并没有导致企业经济利益的减少，或者导致企业经济利益减少的可能性很小，就不能将该义务认定为企业的负债。

当然，在履行义务、清偿负债时，导致经济利益流出企业的形式是多种多样的，包括以现金形式偿还，以实物资产形式偿还，以提供劳务形式偿还，以部分转移资产、部分提供劳务形式偿还，将负债转为资本等。例如，2021年，国内大型房地产开发企业恒大集团就以多种形式偿还了债务，包括现金偿还、以房抵债、将负债转为恒大集团的股份等。

第三，负债是由企业过去的交易或者事项形成的。

负债应当由企业过去的交易或者事项形成，即只有过去的交易或者事项才能形成负债，企业预期在未来发生的承诺、签订的合同等交易或者事项，不形成负债。

假设格力电器在2021年6月1日向中国工商银行借款100亿元，这100亿元就是负债，因为这一借款交易已经发生了，属于过去的交易或者事项；如果格力电器在借款当天与中国工商银行达成了2个月后借入50亿元的借款意向，这50亿元在借款当天不是负债，因为借款交易尚未发生，不属于过去的交易或者事项。

第四，负债以法律、有关制度条例或合同契约的承诺为依据。

负债是企业在一定时期内必须偿还的经济债务，偿还日期及偿还金额在负债产生或成立之时就已由合同、法规做出了明确的规定，是企业必须履行的义务。例如，格力电器在2021年3月6日发布《关于家用空调十年免费包修的公告》，宣布对 2021 年 3 月 1 日起销售的格力家用空调提供 10 年免费包修服务。这个公告是具有法律效力的合同，因此，格力电器必须履行其在公告中做出的承诺。履行这些承诺会导致经济利益从格力电器流出，故这些承诺是格力电器的负债。

第五，流出的经济利益的金额能够可靠地计量。

履行义务、偿还债务会导致企业经济利益的流出，即导致企业经济利益的减少，这种经济利益减少的金额，应该是可以可靠地计算出来的。

例如，根据格力电器在 2021 年 3 月 6 日发布的《关于家用空调十年免费包修的公告》，格力电器需要对 2021 年 3 月 1 日起销售的家用空调提供 10 年免费包修服务。虽然这些维修还没有发生，但是，根据以往的经验，格力电器可以比较准确地推算每年的维修费用支出区间。

第六，负债有确切的债权人和偿还日期，或者债权人和偿还日期可以合理地加以估计。

有些负债的债权人与偿还日期是非常明确的。例如，银行贷款的债权人是银行，贷款利息的支付日期与本金的偿还日期在贷款合同里面有明确规定。

有些负债的债权人与偿还日期事先并不确定，如果可以作出合理估计，要作出合理估计。对于某些不能合理估计，但是有可能在将来发生损失的事项，可以作为或有负债在资产负债表附注中写明，或用其他方式予以揭示。"或有"是"也许会有"的意思，"或有负债"是由于某种约定的条件或允诺的责任，在将来可能成为企业负债的负债，但当前并不是负债。例如，格力电器的上述 10 年免费包修承诺构成格力电器的负债，但是，对于有多少客户会要求免费包修、免费包修将导致格力电器付出多大的代价等问题，格力电器事先并不知道确切答案，根据以往的经验，格力电器也难以对有多少客户会要求包修做出可靠的数额推算，那么，格力电器可以将免费包修承诺导致的债务认定为或有负债。

负债的类型

按照负债的期限长短，负债通常被划分为流动负债和长期负债两类。

流动负债指企业将在一年内或者超过一年的一个营业周期内偿还的债务。在我国，一个完整的营业周期就是一个会计年度，通常等于一个自然年度，即从每年的1月1日开始，到12月31日结束。流动负债主要包括短期借款、应付票据、应付账款、预收货款、应付工资、应交税金、应付利润、其他应付款、预提费用等。例如，应付账款通常要在60天之内偿还。

长期负债指偿还期在一年或超过一年的一个营业周期以上的债务，包括长期借款、应付债券、长期应付款等。例如，两年期的银行贷款属于长期负债。

贷款买的房子不是负债

前面说了，贷款买的房子，即使贷款还没有还清，也是资产。

有人可能会说，我还欠着银行几百万元的住房抵押贷款，你说房子是资产，不是负债，那这几百万元的贷款算什么？

房子是房子，贷款是贷款，不要混为一谈。"贷款买的房子是负债"，这种看法把完全不同的两个交易混淆了。假设张三从中国工商银行贷款1,000万元，买了一套房子，这中间，有两个完全不同的交易——买房子是一个交易，张三购置资产，是张三与开发商之间的事情；贷款是另一个交易，张三承担负债，是张三与银行之间的事情。一旦房子的收益与风险从开发商头上转移到了张三头上（张三收房了），房子就成了张三的资产，而银行贷款不受影响，始终是张三的负债。房子是资产，贷款是负债，不能因为房子是贷款买的，就把两者混为一谈。房子与银行贷款，分别属于两个不同的会计要素。

说得更专业一点，将两个交易混淆的人不懂资产负债表，缺乏财务常识。会计中，有一个基本等式：资产＝负债＋股东权益，等式的左右两边要始终相等。股东权益也叫净资产，是把所有债务还清后，剩下的属于股东的资产。假设张三向中国工商银行贷款 1,000 万元，买了一套价值 1,000 万元的房子，那么，房子是资产，张三的资产增加了 1,000 万元，即等式的左边增加 1,000 万元。1,000 万元的贷款是负债，张三的负债也增加了 1,000 万元，即等式的右边也增加 1,000 万元。这样，上述等式的左右两边同时、分别增加 1,000 万元，两边始终是相等的。如果贷款买的房子是负债，那么，等式的左边不变，右边增加 2,000 万元，两边就不相等了。显然，将贷款买的房子作为负债是错误的。

四

股东权益：贷款买的房子升值了怎么算

假设张三从中国工商银行贷款 1,000 万元，加上自有的 500 万元买了房子，买房子总共花了 1,500 万元，一年之后，该房子升值到了 1,800 万元，那么，这升值的部分算什么呢？

这升值的部分是完全属于张三的，为股东权益（也称所有者权益）。

股东权益是完全属于股东所有的资产

股东权益是最基本的会计要素之一，与资产、负债共同构成"资产 = 负债 + 股东权益"这一最基本、最重要的会计等式。这一会计等式是财务会计的基础，为资产负债表提供了基本框架。

根据"资产 = 负债 + 股东权益"这一等式，我们可以推演出来，资产–负债 = 股东权益。因此，股东权益是企业资产扣除负债后，剩下的属于企业所有者的部分。也就是说，假设企业现在解散，企业将所有债务还清后，剩下的资产就是股东权益，是属于股东（所有者）的净资产。由此可见，股东权益也称为净资产。如果企业的股东权益是负数，即资产总额小于负债总额，那么，就出现了我们通常所说的"资不抵债"的情况。这时，企业实际上已经处于破产状态了。不过，是否真的宣告破产，需要经过法律程序。

在个人独资企业与合伙企业中，所有者就是业主；在公司中，所有者就是公司的股东，因此，公司的股东权益也称为所有者权益。

关于股东权益，我们在第九讲中详细讲解。

房产净值与房产净值贷款

在前文的例子中，张三从中国工商银行贷款 1,000 万元，加上自有的 500 万元买了房子，买房子总共花了 1,500 万元，一年之后，该房子升值到了 1,800 万元。

张三的银行贷款为 1,000 万元，房子上涨到了 1,800 万元，用房子的市价（1,800 万元）减去贷款（1,000 万元），张三房子的净值为 800 万元。有人可能会说，张三投入了 500 万元存款，净值应该只有 300 万元呀。不对，在计算这个净值的时候，我们只扣除抵押贷款部分，自己投入的存款不扣除。

上面说的这个净值叫作"房产净值"（Home Equity），是完全归张三所有的。前文讲过，这个净值属于所有者权益，是所有者的资产。

房产净值是属于所有者的资产，因此，在美国，老百姓是可以用房产净值作为抵押品，向银行等金融机构申请贷款的。这种以房产净值作为抵押申请的贷款叫"房产净值贷款"。

五

企业的经营成果：收入、费用与利润

收入、费用、利润是利润表的构成要素，这三者结合，能够反映企业在某一特定时期内的经营成果。

 什么是收入

按照我国的会计准则，收入是企业在日常经营活动中形成的、会导致股东权益增加的、与所有者投入资本无关的经济利益的总流入。对于这个定义，我们可以从以下几个方面来理解。

第一，收入是在企业的日常经营活动中形成的，不包括偶发的交易或者事件产生的收益。

收入必须是企业通过日常性的生产经营活动，从销售产品与服务中获得的。偶发交易或者事件产生的收益叫利得，利得包括营业外收益、政府补贴带来的收益等。假设格力电器将一台闲置不用的大型机器卖掉，得到了 1,000 万元的收益，这 1,000 万元的收益属于固定资产处置收益。固定资产处置收益是偶发性交易带来的收益，因为固定资产是企业生产经营所必须有的，企业只会偶尔将闲置不用的固定资产卖掉，不可能经常性地出售固定资产。

第二，收入会导致股东权益的增加，即收入会导致企业净资产的增加。

股东权益增加，可以是因为收入导致了企业资产的增加，可以是因为收入导致了企业负债的减少，也可以是因为收入同时导致企业资产的增加与企业负债的减少。与收入相关的经济利益的流入应当导致股东权益的增加，不会导致股东权益增加的经济利益的流入不符合收入的定义，不能认定为收入。假设格力电器向中国工商银行贷款 100 亿元，这一贷款能够导致价值 100 亿元的经济利益流入格力电器，使格力电器的资产增加 100 亿元，但是，这一流入并不能导致格力电器

的股东权益增加。为什么呢？因为这一贷款同时导致格力电器的负债增加了100亿元，资产与负债同时增加100亿元的结果是格力电器的净资产没有任何变化。

第三，收入是与所有者投入资本无关的经济利益流入。

所有者（业主或股东）向企业投入资本会导致经济利益流入企业，进而导致股东权益的增加，但是，所有者投入企业的资本不是企业的收入。例如，2021年12月22日，中国移动通过公开发行股票筹集了560亿元的资金，中国移动的股东权益增加了560亿元。这560亿元不能算作中国移动的收入，因为它与中国移动的日常经营活动没有关系，是中国移动的股东把他们的资金投入进去产生的。

第四，收入只包括本企业经济利益的流入，不包括为第三方或客户代收的款项。

这一点很容易理解，因为无论是为谁代收款项，这些款项都不属于代收企业。

收入的分类

按企业从事日常经营活动的性质不同，收入可以划分为销售商品收入、提供劳务收入和让渡资产使用权收入。

按企业经营业务的主次不同，收入可以划分为主营业务收入和其他业务收入。主营业务收入是指企业为完成其经营目标所从事的经常性活动所实现的收入。企业的主营业务范围通常会列在企业的营业执照上，例如，格力电器的主营业务是生产销售空调机、自营空调机出口业务，及其相关零配件的进出口业务。其他业务收入是指企业从为完成其经营目标所从事的与经常性活动相关的活动中获得的收入。如果格力电器从事相关材料销售、代购代销等经营活动，那么，从这些经营活动中获得的收入，就是它的其他业务收入。

收入的来源

通常，企业的收入来源是主营业务与其他业务。

主营业务的收入来源包括3个方面。一是销售商品获得收入。例如，格力电器从销售空调机中获得收入。2020 年，格力电器从空调机销售中获得的收入占公司主营业务收入的比例达到 70%。二是提供劳务获得收入。例如，劳务派遣公司从提供劳务中获得收入。三是让渡资产使用权获得收入，即企业将自己的资产交给别人使用，收取费用。例如，中国工商银行将 100 亿元资金作为贷款借给格力电器使用，每年向格力电器收取 10% 的利息，这每年 10 亿元的利息就是中国工商银行通过让渡资产使用权获得的收入；大悦城控股集团股份有限公司将它开发的商业广场大悦城出租给商家，收取租金，也是通过让渡资产使用权获得收入。

其他业务也是企业的收入来源，其他业务收入是企业从主营业务以外的其他日常业务中获得的收入。其他业务虽然不是企业的主营业务，但与企业的主营业务相关。一般来说，企业营业执照上的兼营业务就是它的其他业务。

费用

费用是企业在日常经营活动中发生的、会导致股东权益减少的、与向所有者分配利润无关的经济利益的总流出。根据费用的定义，可以看出费用与收入是相对应的。对于这个定义，我们可以从以下几个方面来理解。

第一，费用是企业在日常经营活动中发生的经济利益的流出，不包括偶尔发生的交易或者事件导致的经济利益的流出。

在财务会计中，偶尔发生的交易或者事件导致的经济利益流出叫损失。例如，企业的某个大型设备账面价值为 1,000 万元，因为这个设备长期闲置不用，企业将它卖掉，但是只卖了 800 万元，这样，企业处置这个设备便遭受了 200 万元的亏损。这一亏损不是费用，而是损失。

第二，费用会导致股东权益的减少。

收入会导致股东权益的增加，对应的，费用会导致股东权益的减少。对于这一点，大家可以参考前文对收入的讲解。

第三，费用是与向所有者分配利润无关的经济利益流出。

收入是与所有者投入资本无关的经济利益流入，而费用是与向所有者分配利润无关的经济利益流出。介绍收入时，我们讲过，所有者向企业投入资本，会导致经济利益流入企业，从而导致企业的股东权益增加。与之相反，向所有者分配利润会导致经济利益流出企业，从而导致企业的股东权益减少。例如，贵州茅台在 2020 年度向股东进行了 242 亿元的现金分红，这导致 242 亿元的现金从贵州茅台流出。这 242 亿元不是贵州茅台的费用，因为它与贵州茅台的日常经营活动完全没有关系，而是作为红利分配给了股东。

利润

利润是指企业在一定会计期间（例如，一个会计年度）的经营成果。企业的利润可用公式计算得到：利润 = 收入-费用 + 利得-损失。

从上面的公式中，我们可以看出，利润的认定主要依赖对收入、费用、利得和损失的认定，利润的金额主要取决于收入、费用、利得与损失的金额。如果企业实现了盈利，即利润大于零，企业的股东权益会相应地增加；如果企业发生了亏损，即利润为负数，企业的股东权益会相应地减少。

按照构成的不同，企业的利润可以分为营业利润、利润总额与净利润。

首先是营业利润。营业利润是企业利润的主要来源，是企业通过销售商品、提供劳务，或者转让资产使用权等日常经营活动获得的。营业利润可用公式计算得到：营业利润 = 主营业务利润 + 其他业务利润-（销售费用 + 管理费用 + 财务费用）。其中，主营业务利润可用公式计算得到：主营业务利润 = 主营业务收入-（主营业务成本 + 主营业务税金及附加）。主营业务利润也被称为毛利润。

其次是利润总额。利润总额是企业在一定时期内通过生产经营活动实现的最终财务成果。利润总额可用公式计算得到：利润总额 = 营业利润 + 营业外收入 - 营业外支出。对于"营业外收入"与"营业外支出"，我们在第十一讲第六节详细讲解。

最后是净利润。净利润是毛利润减掉所有费用及税额后剩下的利润。

利润的多少，尤其是净利润的多少，是衡量企业经营业绩好坏的重要标准之一，是评价企业管理层业绩的重要指标之一，也是投资者进行投资决策时的重要参考之一。例如，格力电器的净利润从 2016 年的 155 亿元增长到 2018 年的 262 亿元后，下降到 2020 年的 222 亿元，格力电器的股价相应地从大约 18 元 / 股上涨到 2019 年年底的大约 70 元 / 股，随后开始下跌，在 2021 年年底下跌到了大约 36 元 / 股。

第四讲

了解财务的基本概念(中)：
成本、费用、支出与损失

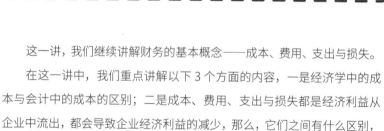

　　这一讲，我们继续讲解财务的基本概念——成本、费用、支出与损失。

　　在这一讲中，我们重点讲解以下 3 个方面的内容，一是经济学中的成本与会计中的成本的区别；二是成本、费用、支出与损失都是经济利益从企业中流出，都会导致企业经济利益的减少，那么，它们之间有什么区别，为什么会计中要对它们进行区分；三是我们前面讲过，在财务会计中，企业的支出分为资本性支出与收益性支出，那么，这两个类别的支出有什么区别，为什么要对它们进行区分。

恋爱 5 年后发现两个人不合适：5 年的青春成本怎么办

在日常生活中，我们经常用到"成本"这个词。成本有很多类型，有些成本比较容易处理，有些成本则会让人感觉棘手。

例如，格力电器为赚取利润制造并销售空调机，而制造空调机要使用钢材。假设 2021 年格力电器总共使用了 1 万吨钢材，那么，这 1 万吨钢材就是格力电器付出并消耗的资源，这 1 万吨钢材值多少钱，是可以计算出来的。如果这 1 万吨钢材值 5,000 万元，那么，格力电器的钢材成本就是 5,000 万元。在这个例子中，成本比较容易处理，从销售收入里面扣除就可以了。

再看一个例子。张三跟李四谈恋爱，谈了 5 年之后，张三发现两个人不合适。张三很郁闷，因为两个人不合适，继续在一起，不愉快会多于愉快。但是，如果分手，两个人都付出了 5 年的时间与精力，这 5 年的青春就白白消耗了。在这个例子中，张三与李四在 5 年中花费的时间、精力与青春就是 5 年的恋爱成本，张三该怎么处理这些成本呢？

恋爱成本是一种沉没成本。处理沉没成本，即使是经济学家，有时候也会犯迷糊。

根据上面的例子，我们可以将成本定义为"为达到一定目的而付出或者应该付出的资源的价值"，而资源的价值，是可以用货币加以计算的。

事实上，对于什么是成本，并没有一个统一的定义。同时，在经济学与财务会计中，成本的定义是不一样的。

接下来，我们讲解什么是机会成本、经济成本、会计成本与沉没成本。明确这些不同成本的差异，不仅有助于我们了解财务、进行投资决策，也有助于我们处理日常生活中的问题。

机会成本与经济成本

在日常生活与工作中，机会成本无处不在。那么，什么是机会成本呢？机会成本与经济成本是什么关系呢？

我们看一个简单且常见的例子。假设你于 2021 年 7 月大学本科毕业，有两个选择，一是选择读全日制的学术硕士研究生，学制为两年；二是选择去某个互联网企业工作，收入为 30 万元 / 年，即两年可以获得 60 万元的收入。显然，如果你选择读研究生，就必须放弃去互联网企业工作的机会，即失去了 60 万元的收入。那么，去互联网企业工作并获得 60 万元的收入，就是读研究生的机会成本。换一个角度想，两年研究生阶段的学习很可能有助于你工作后更快地获得晋升。例如，本科毕业的员工从普通员工晋升到部门经理平均需要 10 年时间，而硕士毕业的员工平均只需要 6 年时间。如果你选择工作，机会成本就是失去了日后更快地获得晋升的机会。因此，你需要衡量，读研究生与就业，哪个选择的机会成本更低。

我们再看一个例子。假设你手里有 1 吨钢材，你可以用这些钢材制造 1 辆汽车，也可以用它生产 200 辆自行车。如果你选择用这些钢材制造 1 辆汽车，那么，制造 1 辆汽车的机会成本是放弃生产 200 辆自行车；同样，如果你选择生产自行车，那么，生产 200 辆自行车的机会成本是放弃制造 1 辆汽车。假设 1 辆汽车的价值为 20 万元，而 200 辆自行车的价值为 10 万元，那么，用货币数量来衡量机会成本，1 辆汽车的机会成本是价值为 10 万元的自行车，而 200 辆自行车的机会成本是价值为 20 万元的汽车。显然，你应该制造汽车，因为这样你的机会成本为 10 万元，小于生产自行车的 20 万元机会成本。

由此可见，机会成本是因为从事一项活动并从中获得收益而放弃另一项活动并从中获得收益的机会，或者利用一定资源获得某种收入时所放弃的另一种收入。另一项活动应取得的收益或另一种收入就是正在从事的活动的机会成本。

在企业经营与日常生活、工作中，存在两种不同类型的机会成本。

一是显性成本，即看得见的实际成本。例如，企业购买原材料的款项、给工人付的工资、向银行借款而支付的利息等。显性成本会在企业的账面上体现出来，并且最终会被汇总起来列在企业的资产负债表与利润表中。例如，假设格力电器在 2021 年 6 月 1 日以赊购的方式购买了 1 万吨钢材，总价为 5,000 万元，那么，格力电器的应付账款余额会增加 5,000 万元。如果到 2021 年 12 月 31 日，格力电器还没有付款，那么，格力电器 2021 年度的资产负债表中的负债部分就会包含这 5,000 万元的欠款。

二是隐性成本，即我们或者企业以自有的资源投入某项活动，但是并没有获得相应的报酬的部分成本。例如，2021 年 12 月 22 日，中国移动通过公开发行股票筹集了 560 亿元资金。这 560 亿元资金是中国移动的股东们将自己的钱投入了中国移动。通常情况下，使用别人的资金，是要付给别人利息的，假设我们向银行贷款买房，每年要付给银行 5% 的利息，这 5% 的利息就是我们为使用银行的资金付出的成本。但是，中国移动的股东们并没有从中国移动那儿获得利息，因此，中国移动的股东们承担了隐性机会成本。假设中国移动的股东们将这 560 亿元存入银行，银行每年会付给他们 5% 的利息，此举就意味着中国移动的股东们每年承担了 560×5%=28（亿元）的隐性机会成本。

关于隐性机会成本，再举一个例子。假设你在大悦城里开了一家商店，你既是老板，也是员工，全店劳动力只有你一个人，到年底，你把店面租金、进货支出、税收等扣除之后，有 100 万元的利润，那么，这 100 万元就是你的净利润吗？不是，因为还有一个成本没有扣除，这个成本就是你的劳动力的机会成本。这个机会成本是多少呢？假设你不是自己开店，而是去某个互联网公司上班，每年能够从公司获得 40 万元的收入，那么，你的劳动力的机会成本就是 40 万元，你在大悦城开店的净利润其实只有 100 万元-40 万元 =60 万元。这个 40 万元的机会成本，就是隐性机会成本。如果没有考虑这个隐性机会成本，就会高估净利润。

从上面对机会成本的介绍中，我们可以看出，无论是企业的生产经营，还是个人的日常生活与工作，都存在机会成本的问题。我们应该选择机会成本最小的活动，利用有限的资源获得最高的回报。

经济成本是经济学意义上的成本，或者说是经济学中的成本。经济成本是投入的各种资源总的机会成本，包含显性机会成本与隐性机会成本。在企业中，经济成本是企业经营过程中的全部成本，几乎涉及企业所有的经营内容和领域。

会计成本

会计成本是会计中的成本，是企业在经营过程中所实际发生的一切成本。会计成本是客观的、有形的支出，可以以货币进行计量，在企业的账户上记录并反映出来。

按照我国的财务制度，企业的成本指的是生产成本，而生产成本是企业为生产产品或提供劳务产生的各项成本与费用。生产成本包括两部分，即直接支出和制造费用。直接支出包括直接原材料成本、直接劳动力成本、间接原材料成本与间接劳动力成本。所以，企业的生产成本 = 直接支出 + 制造费用 = （直接原材料成本 + 直接劳动力成本 + 间接原材料成本 + 间接劳动力成本）+ 制造费用。

什么是直接原材料成本、直接劳动力成本、间接原材料成本、间接劳动力成本与制造费用呢？我们以格力电器为例进行说明。

格力电器的主营业务是制造并销售空调机，直接原材料通常是生产产品的主要材料，假设制造空调机的主要原材料是钢材、芯片等，那么，钢材、芯片等主要原材料的成本就是格力电器的直接原材料成本；空调机生产车间一线工人的工资与补贴，是直接劳动力成本；间接原材料，通常是生产产品的辅助材料，在制造空调机的过程中，格力电器需要使用塑料片之类的辅助材料，这些辅助材料的成本就是间接原材料成本；空调机生产车间有管理人员，以及卫生、安保人员，这些人员的工资与补贴，是间接劳动力成本（他们的工资与补贴之所以是间接劳动力成本，是因为管理人员与卫生、安保人员并不直接从事空调机的生产工作，而是为空调机的生产工作提供支持的）；在制造空调机的过程中，空调机生产车间会消耗水电煤气等，产生水电煤气费，此外，空调机生产车间会有维修费、材料搬运费，以及车间管理人员的办公费等各种费用，这些费用就是制造费用。

会计成本核算与成本领先战略

会计成本只包括显性成本，不包括任何隐性成本，因此，会计成本的范围远小于经济成本的范围。从经济学的角度看，会计成本大幅度低估了企业的实际成本。

在企业的会计核算中，有两种经济成本没有被加以考虑。

其一，有些经济成本，我们虽然已经意识到它们的存在，但没有把它们当作独立的成本来进行核算。例如，股东投入资本，虽然我们知道这一经济成本的存在，但是，企业的会计核算并没有对它进行考虑。在中国移动的例子中，中国移动的股东们在 2021 年 12 月 22 日投入了 560 亿元。按照 5% 的年利率计算，中国移动每年要为这 560 亿元的资金付出 28 亿元的资金成本。根据中国移动的资产负债表，截至 2021 年 12 月 31 日，中国移动的股东权益总额为 1.175 万亿元，这 1.175 万亿元的股东权益都是中国移动的股东们投入中国移动的资金。如果按照 5% 的年利率计算，中国移动每年应该为这 1.175 万亿元的资金支付 587.5 亿元的资金成本。如果将这个资金成本算进来，中国移动每年的利润要减少 587.5 亿元。中国移动 2021 年度的年报显示，中国移动 2021 年度的净利润为 1,159 亿元。如果减去这 587.5 亿元的资金成本，中国移动 2021 年度的净利润只有 571.5 亿元。

其二，有些经济成本，我们可能根本没有意识到它们的存在，自然没有对它们进行成本核算。例如，企业的组织机构臃肿、流程烦琐，降低了企业的运行效率；董事长权力过大，导致企业决策失误等，都是企业的成本。但是，大多数企业没有意识到这些成本，更没有将这些成本纳入成本核算。

在第一讲中，我们提到，以研究竞争战略闻名于全球的美国哈佛大学商学院教授迈克尔·波特将成本领先作为基本的企业竞争战略之一。成本领先战略，就是某企业与竞争对手生产同样质量的产品，但成本比对手的成本低；或者与竞争对手生产同样的产品，成本与对手的成本一样，但产品质量比对手的产品质量高。

显然，企业在进行决策时，不仅要考虑到会计成本，更要考虑到经济成本。

只有在会计成本与经济成本上同时取得成本优势，企业才能在总成本上取得优势，真正做到成本领先。

恋爱中的沉没成本

企业经营与现实生活、工作中，存在大量的沉没成本。例如，本讲在开篇处讲了张三跟李四谈恋爱的问题。谈了 5 年之后，张三发现两个人不合适，但是，如果分手，两个人都付出了 5 年的时间与精力，这 5 年的青春就白白消耗了。张三该怎么办呢？

如果张三知道什么是沉没成本，就应该选择立即分手。为什么呢？第一，在这件事情上，两个人付出的 5 年的时间与精力、5 年的青春都是沉没成本，已经不可能挽回了，白白消耗了就是白白消耗了，最好的结果就是及时止损。第二，决定两个人是否应该继续在一起的考量点只有一个，就是两个人在一起是否愉快，如果不愉快，就应该立即分手。两个人已经付出了的 5 年的时间与精力、5 年的青春跟两个人是否应该继续在一起没有任何关系，如果两个人因为舍不得已经付出了的 5 年的时间、精力与青春而决定继续在一起，只会让两个人遭受更大的损失。

根据上面的例子，我们总结如下。

第一，什么是沉没成本呢？如果某项支出已经发生，并且无论你做出何种选择，都无法收回这一支出，这一支出就是沉没成本。这里说的支出可以是任何形式的资源消耗，可以是资金，可以是时间与精力，也可以是青春等。

第二，沉没成本跟当前与未来的决策没有任何关系，不应该让它影响当前与未来的决策。一旦某些支出成为沉没成本，那么，就应该让它过去，立即止损。

沉没成本的一个典型例子是学费。在中央财经大学的 MBA（工商管理硕士）课堂上，我跟学生们说，你们交的 20 万元学费就是沉没成本，因为一旦开学了，除非有特殊原因，就算你们一节课都不上，学校也不会将学费退回给你们。是否来李国平的"公司理财"课堂上课，跟已交的 20 万元学费已经没有任何关系了。

是否来李国平的"公司理财"课堂上课，只取决于一点，那就是在李国平的"公司理财"课堂上，你能否学到东西。如果你认为"我交了20万元的学费，因此，就算在李国平的课堂上睡大觉，我也要去教室"，那么，期末考试我多扣你5分，因为你没有理解什么是沉没成本。如果你觉得在李国平的课堂上学不到任何东西，于是在家睡大觉，期末考试我给你加5分，因为你理解了什么是沉没成本。

沉没成本是经济学意义上的成本，不是财务会计中的成本，不会出现在企业的会计账户中。但是，在企业的决策过程中，经常会遇到有关沉没成本的问题，如果不能正确处理沉没成本，可能会给企业造成损失。

在现实生活中，个人、企业与政府都可能在沉没成本上犯错。如果有人说"花了那么多的资金、时间与精力，不继续做下去，就都打水漂了，太浪费了，太可惜了"，他很可能没有认识到那些都是沉没成本。

有时候，我们虽然明知某项支出已经是沉没成本了，但依然难以正确地处理它，导致它继续影响我们的决策，是因为我们在感情上难以割舍。事实上，因为感情因素的存在，即使是非常了解沉没成本的经济学家也不一定能够十分理性地处理沉没成本，不一定能够避免沉没成本对决策的干扰。

成本核算与确认

前面我们讲解了成本类型，按照我国的财务制度，对企业而言，成本指的是生产成本。一旦企业从事生产，就会将成本计入相关账户，开始成本核算。

怎样进行成本核算

在产品已经完工并可以销售时，财务会计部门会将产品的各项生产成本汇总并进行处理，形成产品的总的生产成本。一旦产品销售出去，产品的生产成本就成为销货成本，销货成本会最终结转到利润表中。

我们用一个简化了的例子来说明。假设在 2021 年 6 月 1 日，格力电器开工制造批次为"A20210601"的空调机，为制造这个批次的空调机，格力电器投入了 100 吨钢材、1 万个芯片。钢材的购买单价是 5,000 元 / 吨，芯片的购买单价是 500 元 / 个，那么，在 6 月 1 日这一天，格力电器的"在产品"（正在进行加工的产品）账户中的"在产品"实际包括价值 50 万元的钢材与价值 500 万元的芯片。钢材与芯片的购买成本都是格力电器空调机的直接原材料成本。我们前面讲过，会计成本是按历史成本记录的，所以，钢材与芯片的成本都按原始采购价格计算。生产中，总共有 300 位一线工人参与制造这个批次的空调机，每位一线工人的工资总共为 2 万元，因此，格力电器的"在产品"账户会包括总共 600 万元的直接劳动力成本。假设格力电器的塑料片等间接原材料成本为 100 万元、间接劳动力成本为 50 万元、制造费用为 100 万元，格力电器的"在产品"账户中的"在产品"实际包括 100 万元的间接原材料成本、50 万元的间接劳动力成本与 100 万元的制造费用。如此计入后，格力电器"在产品"账户的余额总共为 1,400 万元。在产品是企业的资产，而不是成本，因此，"在产品"账户有 1,400 万元，意味着格力电器有 1,400 万元的在产品资产。

假设在 2021 年 10 月 1 日，批次为"A20210601"的空调机全部完工，可以拿去出售了，在产品就成了产成品（已经完工，可以出售的产品）。这时，格力电器的财务会计部门会将"在产品"账户中的 1,400 万元全部结转到"产成品"账户中，"产成品"账户中的金额增加 1,400 万元。产成品也是资产，因此，"产成品"账户有 1,400 万元，意味着格力电器有 1,400 万元的产成品资产。由于"在产品"账户的金额已经全部转入"产成品"账户，"在产品"账户的余额就变成了 0。"产成品"账户增加 1,400 万元的资产，同时，"在产品"账户减少 1,400 万元的资产，相互抵销，格力电器的资产总额没有任何变化。

产成品是企业的资产，格力电器现在有价值 1,400 万元的产成品，即格力电器新增了 1,400 万元的产成品资产。但是，这 1,400 万元的资产并不是凭空多出来的，格力电器的净资产没有任何增加。为什么这么说呢？根据上面的成本记录，我们可以看到，在生产过程中，一方面，格力电器消耗了 50 万元的钢材、500 万元的芯片、100 万元的间接原材料，以及 100 万元的制造费用，即格力电器总共消耗了价值 750 万元的资产；另一方面，格力电器新增了 650 万元的应付工资等负债。这两项都导致格力电器的资产减少，而且，两项之和刚好是 1,400 万元。所以，格力电器的净资产没有任何增加。

什么时候确认成本

在格力电器这个例子中，虽然为生产这个批次的空调机，格力电器已经消耗了价值 1,400 万元的资源，但现在还不能将其确认为成本。那么，格力电器什么时候可以将这 1,400 万元的资源消耗确认为成本呢？

假设这个批次总共生产了 10,000 台空调机，到 2021 年 12 月 31 日，格力电器将其中的 6,000 台卖掉了，售价 2,000 元 / 台，获得了 1,200 万元的销售收入，于是，格力电器的"销售收入"账户的金额增加 1,200 万元。假设每台空调机完全一样，那么，每台空调机的单位生产成本就是 1,400 万元 ÷ 10,000 台 =1,400 元/台，卖掉的 6,000 台空调机的总生产成本就是 840 万元。这时，格力电器的财务部门可以将这 840 万元结转到"销货成本"账户，即格力电器确认了 840 万元的成本。直到这个时候，格力电器才确认成本——"销货成本"账户的金额增加 840 万元，同时，"产成品"账户的金额减少 840 万元。2021 年年底编制财务报表时，格力电器的财务部门将"销售收入"账户的金额与"销货成本"账户的金额都结转到 2021 年度的利润表中，于是，利润表的第一行是销售收入 1,200 万元，第二行是销货成本 840 万元，第三行是毛利润＝销售收入 1,200 万元–销货成本 840 万元＝360 万元。尚未卖掉的价值 560 万元的产成品，会列在格力电器 2021 年度的资产负债表的存货行中。

在这个例子中，格力电器的总生产成本为 1,400 万元，但是，2021 年的利润表中只报告了 840 万元。是格力电器在隐瞒成本吗？当然不是。那为什么这么做？这是因为 2021 年格力电器虽然生产了 10,000 台空调机，但在 2021 年当年只卖掉了 6,000 台，还有价值 560 万元的 4,000 台没卖掉，留在"产成品"账户中。因为这 4,000 台还没卖掉，所以对应的 560 万元还是存货，不能确认为成本。

根据这个例子，我们可以发现，在利润表中，成本确认的原则之一是成本是与导致成本产生的产品挂钩的，而非与成本发生的时间挂钩。这是成本与费用的一个关键区别。这一点，我们下面马上就要讲到。

上述格力电器的例子是被大幅度简化的，在实际工作中，生产中涉及的材料、人工等不仅很多，而且很繁杂，成本的记录、归集、分摊、汇总、确认与结转也会复杂很多。不过，企业生产成本核算与确认的基本过程、方法与逻辑与上面所讲述的相同。

费用

在第三讲中，我们讲过什么是费用，并介绍了费用的特征。在财务会计中，费用是企业在日常经营活动中发生的、会导致股东权益减少的、与向所有者分配利润无关的经济利益的总流出，是可以用货币计量的。对费用的定义的具体解释，可以看第三讲。

费用的一个关键特点是它给企业带来的效益仅与本会计年度相关，因此，全部由本年度的收益补偿，即从本年度的销售收入中全部扣除。如何理解费用的这一特点呢？

第一，费用是企业资源的消耗，这种消耗会给企业带来效益，且与费用相关的资源消耗给企业带来的所有收益会在本会计年度全部实现，即这些资源的价值全部消耗了。假设 2021 年格力电器支出 10 万元购买纸、笔、文件夹等各种办公用品，购买办公用品的这 10 万元就是费用。在会计上，这 10 万元办公用品的价值在 2021 年就假定全部消耗了。

第二，因为与费用相关的资源消耗给企业带来的效益在本年度全部实现了，所以资源消耗的代价应该全部由本年度承担，即费用全部由本年度的收益补偿。怎么补偿呢？在会计中，就是将费用全部从本年度的销售收入中扣除。例如，2021 年，格力电器购买办公用品支出的 10 万元是费用，这 10 万元费用就要全部从 2021 年的销售收入中扣除。有人可能会说，全部扣除不是很正常吗？难道还有别的处理方式？还真有别的处理方式，比如折旧与摊销。采用折旧与摊销的方式来处理，即格力电器将这 10 万元分几年摊销，每年从销售收入中扣除一部分。例如，分 10 年摊销，每年从销售收入中扣除 1 万元。不过，若严格按照会计准则，费用不能用折旧与摊销的方式处理，只能用全部扣除的方式处理。

由于费用只与当前会计年度相关，必须在当前会计年度中处理，所以，费用通常叫作期间费用，即从 1 月 1 日开始到 12 月 31 日结束的本年度这一期间的费用。

在财务会计中，费用通常包括 3 种，即管理费用、财务费用、销售费用。前文所讲的办公用品费用属于管理费用。

四

成本与费用：都是花钱，有什么不一样

根据前文的讲解，我们已经知道，成本与费用都是从企业中流出的经济利益，会导致企业经济利益的减少。简单地说，成本与费用都是企业花钱。那么，成本与费用有什么区别呢？为什么要做区分呢？

成本与费用：相同之处与不同之处

成本与费用的关系可以从以下两个方面理解。第一，费用分为广义费用与狭义费用，广义费用包含成本，即营业成本与期间费用，不过，在财务会计中，费用通常仅指狭义费用，即期间费用。第二，成本与费用都是企业经济资源的耗费，简单地说，成本与费用都是企业花钱，都会导致企业资产的减少。

在财务会计中，费用通常仅指狭义费用，即期间费用，因此，成本与费用有很大的不同。它们的不同之处主要在于成本与产品挂钩，而费用与会计周期挂钩。

成本所针对的是一定的成本计算对象，成本计算对象是产品或者服务。成本的特点在于，第一，它是与一定种类和数量的产品或服务相联系的，是制造这些产品或者提供这些服务所消耗的资源的价值，在确认成本时，我们完全不用考虑这些资源的消耗发生在哪一个会计期间；第二，成本是与收入相匹配的，即只有在将产品卖掉并获得销售收入时，才会确认成本，如果产品已经完工，但没有卖掉，那么，它会继续作为企业的资产留在"产成品"账户中。

回到前文格力电器的例子。2021 年，格力电器为生产 10,000 台空调机，消耗了价值 1,400 万元的资源，但当年只卖掉了 6,000 台空调机，这 6,000 台空调机总价值为 840 万元，因此，格力电器在 2021 年只能确认 840 万元的成本。虽然剩下的价值 560 万元的资源消耗也发生在 2021 年，但因为产品没有卖掉，2021 年不能确认为成本。假设直到 2030 年，格力电器才卖掉这剩余的价值 560 万元的空调机，那么，格力电器应该在 2030 年才完全确认这批空调机的成本。

费用是与会计期间挂钩的，它所针对的是一定的会计期间，与产品或服务没有任何关系。费用发生在哪个营业周期或者会计周期，就应该确认为哪个营业周期或者会计周期的费用。

回到前文格力电器的例子。2021 年，格力电器支出 10 万元购买办公用品，这 10 万元就是费用。因为它发生在 2021 年，所以必须确认为 2021 年的费用，在计算 2021 年的营业利润的时候，从当年的毛利润中全部予以扣除。

为什么要区分成本与费用

严格区分成本与费用，是为了避免企业混淆成本与费用，操纵利润。

我们还是用例子来说明。假设在 2021 年 1 月 1 日，公司 A 以 8% 的年利率从中国工商银行贷款 100 亿元，那么，公司 A 应该在 2021 年付给中国工商银行 8 亿元的利息。贷款利息属于财务费用，是费用，不是成本。按照我国的会计准则，2021 年 12 月 31 日，公司 A 计算 2021 年度的利润时，应该将这 8 亿元的财务费用从当年的销售收入中全部扣除。假设 2021 年，公司 A 的毛利润为 300 亿元，那么，公司 A 在 2021 年度的营业利润 = 毛利润 300 亿元-财务费用 8 亿元 =292 亿元。

如果公司 A 将这 8 亿元的财务费用当作生产成本，那么，它就可以不将这 8 亿元确认为 2021 年的销货成本。这样，在公司 A 2021 年的毛利润还是 300 亿元的情况下，因为本来应该算作财务费用的 8 亿元被偷偷地挪走了，8 亿元的财务费用就不再存在了，它在 2021 年的营业利润可以为 300 亿元。与将 8 亿元的利息当作财务费用相比，将 8 亿元的利息当作成本的结果就是公司 A 的营业利润多了 8 亿元，相应地，2021 年，公司 A 的净利润也会多 8 亿元。这种做法不仅会让企业的利润凭空增多（虚增利润），而且会让企业的资产凭空增多（虚增资产），这是违规的。

不严格区分成本与费用还可能会导致一个漏洞的出现，即有些企业出于某种动机（例如，少缴税）故意少算利润时会反向操作，将成本当作费用处理。

支出

支出是企业在生产经营过程中发生的经济利益的流出。支出的目的通常有两个，一是获得某项资产，例如，企业 A 为了购买 1 万吨钢材而支出 5,000 万元；二是偿还债务，例如，企业 A 为偿还中国工商银行的贷款而支出 10 亿元。

支出具有以下 5 个方面的特征。

第一，支出具有经常性，即支出是企业生产经营活动中的经常性业务。只要企业有生产经营活动，就必然发生支出，因为企业必须购买原材料，要为原材料支付货款；企业必须聘请工人，要向工人支付工资。

第二，支出具有特定的目的性，即支出是企业为了达到特定的目的而进行的，或者说支出具有主动性，即支出是企业为达到某个目的而主动采取的行动。例如，支出的目的包括购买材料、聘请工人、偿还债务等。不管是哪项支出，都是企业管理层有目的的行为，是企业管理层为了实现企业整体目标而主动进行的一系列经营管理活动的组成部分。

第三，支出导致企业经济资源的流出，即导致企业经济资源的减少。例如，企业 A 为偿还中国工商银行的贷款而支出 10 亿元，企业 A 的银行存款会相应地减少 10 亿元。

第四，支出具有可计量性，即支出的多少是可以通过资产减少的金额来确定的。例如，格力电器 2021 年到底发生了多少支出，是可以通过将所有支出汇总起来，用人民币金额计算得到的。

第五，支出具有多样性，不同的目的有不同的支出，会导致不同的结果。有些支出能够给企业带来相应的收益，而有些支出无法给企业带来相应的收益。

根据支出的内容，可以将支出分为四大类，即偿债性支出、资本性支出、收益性支出、权益性支出。我们在这里简单介绍偿债性支出和权益性支出，在下一节详细介绍收益性支出和资本性支出。

偿债性支出是企业为清偿债务而进行的支出。企业为偿还银行贷款而发生的支出、为支付原材料供应商货款而发生的支出等，都属于偿债性支出。

权益性支出是企业向股东支付的股息、红利等。例如，2020 年，贵州茅台向股东支付 19.293 元 / 股的红利，总共支出 242 亿元。权益性支出无法给企业带来相应的会计收益。

收益性支出与资本性支出：
都是支出，却要做不同处理

前文讲过，根据支出的内容，可以将支出分为四大类，即偿债性支出、资本性支出、收益性支出、权益性支出。

在第二讲中，我们讲过，会计准则的一般原则中有划分收益性支出与资本性支出原则。根据这一原则，要对不同性质的支出进行区分，即要将收益性支出与资本性支出区分开来，使用不同的会计处理方法。那么，什么是收益性支出、资本性支出呢？它们各自有什么特点呢？

收益性支出

收益性支出是企业在日常生产经营过程中发生的、其效益仅与当前会计年度（或者一个营业周期）相关的、由当前会计年度的收益进行补偿的各项支出。水电费、差旅费、保险费、办公费、利息费、人工费等支出，都属于收益性支出。

收益性支出具有以下 3 个方面的特点，或者说，我们可以从以下 3 个方面入手理解收益性支出的定义，了解什么是收益性支出。

第一，收益性支出是在企业日常的生产经营过程中发生的，是一种经常性的支出。前文介绍过的权益性支出与企业的日常经营活动没有关系，不会经常性地发生，因为企业不会经常性地给股东分红——通常情况下，企业每年分红一次到两次。但是，收益性支出会经常发生，例如，企业会经常性地采购办公用品，产生经常性的管理费用；企业会经常性地向银行贷款，产生经常性的财务费用等。

第二，收益性支出的效益只与当前会计年度有关，即它只在当前会计年度带来效益。假设格力电器在 2021 年支出 10 万元购买办公用品，这 10 万元支出就是收益性支出，因为这 10 万元支出给格力电器带来的价值会在 2021 年这个会计年度全部消耗。

第三，收益性支出不形成资产，不会直接增加企业的资产。虽然收益性支出能够给企业带来效益，但这种效益通常是经济学意义上的效益，不是会计学意义上的效益，因此，不会直接导致可以用货币计量的企业资产的增加。假设格力电器在 2021 年支出 10 万元购买办公用品，这 10 万元支出就是收益性支出，因为这 10 万元的办公用品开支能够为格力电器工作人员的办公提供各种方便（这种方便就是效益）。但是，这种方便带来的效益是经济学意义上的收益，不是会计学意义上的收益，我们很难用货币来计量这种收益。因此，在财务会计上，收益性支出可以说是纯粹的资源消耗，无法相应地获得收益。格力电器的这 10 万元购买办公用品的支出，结果是导致公司的总资产减少了 10 万元。

资本性支出

资本性支出是企业在日常生产经营过程中发生的支出，这种支出给企业带来的效益会延续至少两个会计年度（或者营业周期）。企业建造厂房的支出、购买设备的支出、购买知识产权的支出等，都是资本性支出。

资本性支出具有以下 3 个方面的特点，或者说，我们可以从以下 3 个方面入手理解资本性支出的定义，了解什么是资本性支出。

第一，与收益性支出一样，资本性支出是在企业日常的生产经营过程中发生的，是一种经常性的支出。固定资产投资产生的支出属于资本性支出，而企业在生产经营过程中，会经常性地进行固定资产投资。

第二，与收益性支出不同，资本性支出给企业带来的经济收益会持续两年或者两年以上，即资本性支出不仅会在当年给企业带来收益，而且会在未来几年甚至更长的时间中给企业带来收益。例如，航空公司购买了波音 737 客机，波音 737 客机的设计寿命为 25 年，至少在未来的 20 年中能够持续性地给航空公司带来收益，这笔支出就属于资本性支出。

第三，与收益性支出不同，资本性支出能够直接形成新的资产，即企业以资本性支出形式消耗的资源通常会以另一种方式存在，不会直接导致企业资产总额的减少。假设 2021 年 10 月，中国国际航空公司支出 2 亿元购买了一架波音 737 客机，这 2 亿元的支出就是资本性支出，因为这架波音 737 客机成为中国国际航空公司的固定资产后，公司的固定资产会相应地增加 2 亿元。购买客机这 2 亿元的支出会导致中国国际航空公司的流动资产中的货币资金在 2021 年度减少 2 亿元，但会同时导致该公司的非流动资产中的固定资产在 2021 年度增加 2 亿元。通过这一资本性支出，2 亿元的货币资金变成了固定资产，该公司 2021 年度的总资产并没有减少。

如何划分资本性支出与收益性支出

了解了收益性支出与资本性支出后，我们来看如何划分资本性支出与收益性支出。

划分资本性支出与收益性支出的关键之一是明确资产消耗的去向。无论是资本性支出，还是收益性支出，都是资产的消耗。如果利用这部分资产产出新的资产，企业的总资产没有减少，或者企业的总资产增加了，且这部分资产消耗给企业带来的经济利益超过一个会计年度，那么，这一资产消耗就是资本性支出；如果利用这部分资产进行经营，这部分资产的消耗给企业带来的经济利益会在当前会计年度被全部消耗，未形成新的资产，那么这一资产消耗就是收益性支出。

收益性支出与资本性支出的会计处理

收益性支出与资本性支出在性质上不一样，因此，要对两者进行不同的会计处理。不同的处理结果，会体现在企业不同的财务报表上。

先说会计处理上的不同。

收益性支出的效益在本年度内全部实现，因此，收益性支出的付款责任也应当由本年度全部承担，即要在本年度内将收益性支出全部确认为费用，并在计算营业利润的时候将所有收益性支出全部从毛利润中扣除。

资本性支出给企业带来的效益会持续至少两个会计年度，即它至少会在未来两年持续给企业带来收益，因此，付款责任应该由所有获益年度共同承担，也就是说，应该在相应的若干年度内将资本性支出分期、分次、分别确认为成本。分期、分次、分别确认成本的具体做法是折旧或者摊销。在财务会计中，对于资本性支出，应该这样处理：先将资本性支出记作资产，再通过计提折旧或摊销的方式，分年摊入各年度，作为各年度的成本。

在第二讲中介绍会计准则的一般原则时，我们用格力电器的例子说明了收益性支出与资本性支出。现在，我们继续用这个例子。假设2021年，格力电器在珠海的总部大楼共支出5,000万元的水电煤气费；同时，格力电器支出10亿元盖了一栋新楼，这栋新楼的设计使用寿命为30年。

我们说过，这5,000万元的水电煤气支出是收益性支出，在计算2021年格力电器的营业利润时，要将这5,000万元的收益性支出从格力电器2021年的毛利润中全部扣除。而这10亿元盖的大楼可以使用30年，即这10亿元的支出会在未来的30年中持续性地给格力电器带来效益，因此，我们用对这栋楼进行折旧的方式来处理这10亿元的资本性支出。假设我们使用直线折旧法（简单平均），那么，每年的折旧金额=10亿元÷30年=0.333亿元/年，即格力电器2021年需要从毛利润中扣除0.333亿元的成本。

再说财务报表上的不同。

收益性支出作为费用，从当年的收入中全部扣除，最终体现在企业的利润表上；资本性支出作为资产，主要体现在企业的资产负债表上，只有其中作为折旧或者摊销计提的那部分会作为营业成本体现在利润表上。

关于折旧与摊销，我们在后续内容中进行讲解。

谨防通过混淆收益性支出与资本性支出进行财务造假

在第二讲中介绍企业会计准则时，我们说过，区分收益性支出与资本性支出是会计准则中的一个重要的原则。

为什么会计准则要求严格区分收益性支出与资本性支出呢？一个重要的原因是，如果区分不严格，企业可能利用对支出的划分来操纵利润。

假设某企业 2021 年的毛利润为 50 亿元，且应该在 2021 年付给银行 10 亿元的利息。按照会计准则，利息支出是财务费用，是收益性支出，应该从当年的毛利润中全部扣除，即该企业 2021 年的营业利润 = 毛利润 50 亿元 - 利息支出 10 亿元 = 40 亿元。

但是，该企业为了让 2021 年的利润显得比较多，以便抬高股价，于是，将这 10 亿元的利息支出归为资本性支出。由于资本性支出形成资产，该企业的资产相应地增加了 10 亿元。同时，该企业将这一支出分 10 年计提折旧，每年计提 1 亿元，于是，该企业 2021 年的营业利润 = 毛利润 50 亿元 - 利息支出 1 亿元 = 49 亿元。与严格按照会计准则处理相比，企业的营业利润多了 9 亿元，净利润也相应地多了 9 亿元。这种做法不仅会虚增利润，而且会虚增资产，实质上就是财务造假。

不严格区分收益性支出与资本性支出和不严格区分成本与费用一样，还可能会导致一个漏洞的出现，即有些企业出于某种动机（例如，少缴税）故意少算利润时会反向操作，将资本性支出当作收益性支出处理，让利润变少。

支出、成本与费用的关系

支出、成本与费用之间，存在什么关系呢？

第一，收益性支出形成费用。简单地说，收益性支出就是费用。

第二，前文讲过，资本性支出会形成新的资产，但是，新的资产不是凭空多出来的，而是以资本性支出为代价换来的。新的资产的取得成本是全部资本性支出，因此可以说，资本性支出就是成本。例如，在格力电器的例子中，格力电器在 2021 年用 10 亿元的资本性支出盖了一栋新楼，每年计提 0.333 亿元的折旧，折旧就是营业成本。由此可见，从实际意义上来说，资本性支出就是成本。

损失与利得

　　损失与利得是一对相互对应的要素，对企业经济利益的影响刚好相反，即损失导致企业经济利益的减少，而利得导致企业经济利益的增加。

什么是损失

　　我们用一个例子来说明什么是损失。假设在地震中，企业 A 的一个厂房倒塌了，导致企业 A 遭受了价值 5 亿元的损失，这个损失就是财务会计中的损失。

　　财务会计中的损失是企业非日常经营活动中发生的、会导致企业经济利益减少的、与向所有者分配利润无关的经济利益的减少。我们从以下 4 个方面来理解什么是损失。

　　第一，损失是非日常经营活动中发生的，是偶发的事件导致的。例如，在企业 A 的例子中，地震导致企业 A 遭受价值 5 亿元的损失。地震这个事件及其导致的损失与企业 A 的日常经营活动没有任何关系，地震是偶然发生的天灾。

　　第二，损失是被动性的事件导致的企业经济利益的减少，即这种事件及其导致的经济利益的减少不是企业管理层能够控制的。在企业 A 的例子中，没有人能够控制地震的发生及其导致的厂房的倒塌。

　　第三，损失导致企业经济利益的减少。在企业 A 的例子中，企业 A 的厂房倒塌了，导致它的股东权益减少了 5 亿元，即导致它的股东们在企业中的利益减少了 5 亿元。

　　第四，损失与向所有者分配利润无关。向所有者分配利润，即向股东分红或者支付股息。分红与支付股息均会导致企业经济利益的减少，例如，2020 年，贵州茅台总共给股东分红 242 亿元，贵州茅台的经济利益相应地减少了 242 亿元。损失会导致企业经济利益的减少，但跟向所有者分配利润没有任何关系，即经济利益的减少不是分红导致的。在企业A的例子中，企业A的经济利益减少了5亿元，这跟向所有者分配利润没有任何关系。

损失的特点

从对损失的解释中，我们可以看出，损失具有以下两个特点。

第一，损失不是企业日常经营活动发生的，是偶发性的。也就是说，损失跟企业的日常经营活动没有关系，不是日常经营活动导致的，而是偶尔发生的事件导致的。

第二，损失是被动性的经济利益的减少，即这种经济利益的减少不是源于管理层根据企业的发展目标有目的、有计划地采取的行动，而是由管理层无法控制的事件导致的。也就是说，损失的发生是管理层所不能控制的。

什么是利得

利得是由企业非日常经营活动形成的、会导致企业经济利益增加的、与所有者投入资本无关的经济利益的流入。

利得会导致企业经济利益的增加，但这种增加不是企业的股东将自己的资金投入企业的结果。例如，某收藏家向公司A捐赠了一幅价值5亿元的凡·高的画作《花瓶里的十二朵向日葵》，公司A的经济利益增加了5亿元。这5亿元不是公司A的股东将自己的资金投入公司的结果，因此，公司A从这个捐赠中获得的利益属于利得。

利得与损失：相同之处与不同之处

利得与损失相同的地方在于，第一，它们都与企业的日常经营活动没有关系；第二，它们都是偶发事件导致的；第三，它们都是被动性发生的，即它们都不是源于管理层根据企业的发展目标有目的、有计划地采取的行动。

利得与损失不同的地方在于，利得会导致企业经济利益的增加，而损失会导致企业经济利益的减少。

Lecture

05

第五讲

了解财务的基本概念（下）：无形资产、商誉、折旧与资产减值

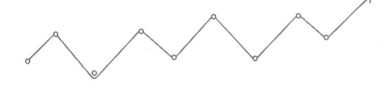

这一讲，我们继续讲解财务的基本概念——无形资产、商誉、折旧与资产减值。

在这一讲中，我们重点讲解什么是无形资产与商誉、为什么品牌不算无形资产。此外，我们会讲解什么是折旧与摊销、公司是如何通过折旧与摊销来计提营业成本的。

我们经常看见媒体报道，某公司的品牌价值×× 亿元。例如，2021 年 10 月 18 日，总部位于英国伦敦的从事数据与策略咨询服务的凯度集团（Kantar）发布"2021 年凯度 BrandZ 最具价值中国品牌 100 强排行榜"，在该排行榜中，腾讯的品牌价值为 2,796 亿美元，名列中国品牌价值第一，阿里巴巴以 2,019 亿美元的品牌价值排名第二，贵州茅台、华为、中国平安、中国工商银行的品牌价值分别为 1,106 亿美元、466 亿美元、444 亿美元与 386 亿美元。国内外的很多中介机构会发布类似的品牌价值排行榜，而它们估值的品牌价值可能不一样。例如，总部位于美国纽约的世界品牌实验室（World Brand Lab）从 2004 年开始发布"中国 500 最具价值品牌"排行榜，根据这个排行榜，2021 年，国家电网的品牌价值为 5,577 亿元，排名第一，中国工商银行以 4,962 亿元的品牌价值排名第二，腾讯以 4,287 亿元的品牌价值排名第 6，华为以 3,847 亿元的品牌价值排名第 8，阿里巴巴以 3,396 亿元的品牌价值排名第 12，中国平安以 3,276 亿元的品牌价值排名第 15，贵州茅台以 3,267 亿元的品牌价值排名第 16。胡润发布的 2022 年中国最具价值品牌前十名见表 5-1。

表 5-1　（胡润）2022 年中国最具价值品牌前十名

排名	品牌	品牌价值（亿元）	行业
1	贵州茅台	10,350	酒类
2	五粮液	2,500	酒类
3	中华	2,300	烟草
4	抖音	1,600	传媒与娱乐
5	微信	1,600	生活服务
6	腾讯	1,250	传媒与娱乐
7	京东	1,200	电子商务与零售
8	中国工商银行	1,200	金融
9	国窖 1573	1,050	酒类
10	中国平安	975	金融

虽然有这么多根据品牌价值列示的排行榜，但是，我们去看贵州茅台、中国平安、中国工商银行等企业的财务报表时，报表里面并没有列示品牌价值。有人

可能会有疑问，品牌价值不是公司的无形资产吗？为什么不列示在公司的资产负债表里呢?

要知道，企业有很多无形资产，有些无形资产可以被列入企业的财务报表、计入企业的总资产，而有些无形资产不能被列入企业的财务报表、计入企业的总资产。

在这一讲中，我们详细介绍无形资产、商誉、折旧、资产减值的相关内容。

无形资产：为什么品牌价值不能列在资产负债表上

在企业资产负债表的资产中，有无形资产这一项目。有些公司的无形资产不仅金额大，而且占总资产的比重非常高。

例如，现代投资（000900）是在深圳证券交易所上市的公司，公司的主营业务包括投资经营公路、桥梁、隧道和渡口，投资高新技术产业、广告业、政策允许的其他产业，以及高等级公路建设、收费及养护。根据现代投资 2020 年的年报，截至 2020 年 12 月 31 日，现代投资的总资产为 456 亿元，无形资产为 235 亿元，无形资产占总资产的比重达到 51.5%。现代投资的无形资产主要是 173 亿元的高速公路特许经营权与 23 亿元的土地使用权。山东高速（600350）是在上海证券交易所上市的公司，公司的主营业务为高等级公路、桥梁、隧道基础设施的投资、管理、养护等。根据山东高速 2020 年的年报，截至 2020 年 12 月 31 日，山东高速的总资产为 880 亿元，无形资产为 423 亿元，无形资产占总资产的比重达到 48.1%。山东高速的无形资产主要是 403 亿元的收费公路特许经营权与 18 亿元的土地使用权。

什么是无形资产

企业的无形资产主要包括专利权、非专利技术、商标权、著作权、土地使用权、特许权等。那么，什么是无形资产呢？

根据我国的会计准则，无形资产是企业拥有的或者控制的、没有实物形态的、可辨认的非货币性资产。如何理解这个定义呢？

第一，无形资产要由企业拥有或者控制，才能算作企业的资产。如果既不由企业拥有，也不由企业控制，那它跟企业没有关系，不能算作企业的资产。

第二，既然是无形资产，那么，它没有实物形态，是看不见、摸不着的东西。如果像设备、厂房等，看得见、摸得着，就属于固定资产等有形资产了。

第三，无形资产不包括货币性资产，即银行存款等货币性资产不算无形资产。现在，除了大家手中的现金，大部分货币电子化了，银行存款只是一个数字而已，货币性资产可以没有实物形态，也可以看不见、摸不着，因此，要特别关注，货币性资产不属于无形资产。

第四，无形资产是可以辨认的，即无形资产具有可辨认性，大家可以将它与别的资产区别开来。那么，什么叫"可辨认性"呢？

根据会计准则的规定，如果某项没有实物形态的非货币性资产满足以下两个条件中的任何一个，就具有"可辨认性"。

其一，该资产能够从企业中分离或者划分出来，并能够单独或者与相关合同、资产、负债一起，用于出售、转移、授予许可、租赁或者交换。例如，企业自己通过研发拥有的专利权满足这一条件。一方面，专利权的研发成本是可以明确地划分并计算出来的，因此，专利权是可以与企业的其他资产区别开来的。另一方面，专利权的授权范围是非常明确的，专利权可以单独或者与其他资产、负债一起出售。例如，疫苗专利权，疫苗研发过程中投入了多少资源、哪些研发人员参与了研发、企业给研发人员支付了多少报酬等，都是可以准确地核算出来的，因此，疫苗专利权是可以从企业中划分出来的，并可以用于出售、转让等。

其二，该资产的获得源自合同性权利或其他法定权利，无论这些权利是否可以从企业或其他权利和义务中转移、分离。源自合同性权利即依据合同取得的权利。例如，现代投资与山东高速两个上市公司的高速/收费公路特许经营权属于合同性权利，高速/收费公路的特许经营权是通过与政府签订合同取得的权利。现代投资公司在2020年通过与湖南省政府签订合同，从湖南省政府手中获得了修建并运营从湖南长沙至韶山再至娄底的高速公路的特许经营权，公司的无形资产相应地得以增加。

无形资产的分类

按照会计准则，专利权、非专利技术、商标权、著作权、土地使用权、特许权等都是企业的无形资产。根据不同的标准，可以对企业的无形资产进行不同的分类。

比如，根据无形资产的来源，企业的无形资产可以分为股东投入的无形资产、外购无形资产和自创无形资产。

股东投入的无形资产是由企业的股东投入企业的无形资产。例如，张三与李四一起创建了一个企业，张三有一项专利权，他将这项专利权投入企业，让企业使用，这项专利权即为股东投入的无形资产。对于股东投入的无形资产，企业应该在投入时对该无形资产进行估值。

外购无形资产是企业从别人手中买来的无形资产，可以是单独购入、与其他资产同时购入，或与企业整体一起购入的。例如，从别人手中购买的专利权。

自创无形资产是企业通过研究和开发形成的无形资产。例如，根据世界知识产权组织（WIPO）公布的数据，2020年，华为在全球范围内总共申请了5,464项专利。

按照会计准则，可以算作企业无形资产的主要是股东投入的无形资产与外购无形资产，自创无形资产，除符合规定条件的，一般不能算作企业的无形资产。具体应该符合哪些条件，我们在后续内容中进行讲解。

又如，根据无形资产的使用寿命，无形资产可以分为使用寿命有限的无形资产和使用寿命不确定的无形资产。

有些无形资产（专利权、商标权、特许权、版权等）的使用寿命受法律法规、协议或合同的限制，是可以确定的。例如，按照法律规定，发明专利的有效期为20年。有些无形资产的有效期则是无限的，或者说是很难确定的，例如，永久性的特许经营权。

企业研发支出成为无形资产的条件

前文讲过，企业无形资产的来源有 3 个，一是股东投入的无形资产，二是外购无形资产，三是自创无形资产。企业自己的研发支出是企业无形资产的重要来源之一，绝大部分企业有研发支出，例如，华为 2020 年的研发支出超过 1,400 亿元。但是，并非企业的所有自主研发支出都能算作企业的无形资产。那么，在企业的所有自主研发支出中，哪些可以算作企业的无形资产呢？

根据会计准则，企业在确定将哪些研发支出算作无形资产时，必须考虑以下 3 个方面。第一，企业内部进行的研发支出，应当区分是研究阶段的支出，还是开发阶段的支出。第二，研究指为获取并理解新的科学或技术知识而进行的独创性的、有计划的调查，而开发指在进行商业性生产或使用前，将研究成果或其他知识应用于某项计划或设计，以生产出新的或具有实质性改进的材料、装置、产品等。例如，病毒大多会产生变种并不断产生新的变种，某企业投入了 10 亿元，研究能否开发出某种疫苗，预防感染某已有病毒及其所有可能出现的变种，其中，2 亿元用于研究在理论上这种可能性是否存在，确定理论上的可行性之后，投入 8 亿元开发这种疫苗。在这个例子中，前面的 2 亿元是研究支出，而后面的 8 亿元属于开发支出。第三，企业研发支出中，研究阶段的支出只能算作管理费用，不能算作无形资产；开发阶段的支出，如果能够同时满足资本性支出的所有条件，可以作为资本性支出，从而算作无形资产。

讲解会计准则的时候，我们说过，各国的会计准则存在很多不同。例如，在企业的研发支出能否算作无形资产的问题上，中国的会计准则与美国的会计准则就不一样。按照我国的会计准则，研究阶段的支出全部算作管理费用，而符合条件的开发阶段的支出可以算作企业的无形资产；按照美国的会计准则，无论是研究阶段的支出还是开发阶段的支出，都算作费用，不能算作企业的无形资产。

品牌为什么不是企业的无形资产

本讲开始的时候，我们说过，在凯度集团发布的"2021 年凯度 BrandZ 最具价值中国品牌 100 强排行榜"中，2021 年，贵州茅台、中国平安、中国工商银行的品牌价值分别为 1,106 亿美元、444 亿美元与 386 亿美元。但是，在这些公司的资产负债表上，并没有它们的品牌价值，即这些公司并没有把品牌算作自己的无形资产。这是为什么呢？

根据我国的会计准则，企业要把某项资产算作自己的无形资产、计入总资产，必须满足以下条件。

首先，该资产要符合无形资产的定义。

其次，与该无形资产有关的经济利益很可能流入企业。例如，企业自己开发的专利能够满足这一条件，因为它能够给企业带来收入。

最后，为创造该无形资产投入的成本能够可靠地计算出来。企业自己开发的专利也能够满足这一条件，因为企业为研发支出的材料、劳动力成本等都能比较可靠地计算出来。

企业的品牌不能算作企业的无形资产、不能计入企业的总资产，原因在于，它不符合上述条件。

第一，品牌不能算作企业的无形资产，因为它不具有可辨认性。品牌是与企业整体联系在一起的，不能脱离企业而单独存在；品牌的价值是通过企业的整体来体现的，依赖企业的其他资产而存在。

第二，品牌的成本难以可靠地计算出来。品牌是企业长期投入与经营的结果，无法确定是由企业的哪些投入创造出来的。例如，中国工商银行的 386 亿美元的品牌价值是中国工商银行自 1984 年创建以来，经过几十年的持续经营实现的，它与中国工商银行几十年来的持续不断的人力、物力、财力投入有关。

其实，品牌不能计入企业的无形资产还有一个原因，即品牌的价值到底是多少，是一个很难确定地给出答案的问题。例如，按照世界品牌实验室（World Brand Lab）发布的排行榜，2021 年，国家电网的品牌价值为 5,577 亿元，位居"中国最有价值品牌榜"的第一名。但是，在凯度集团发布的 "2021 年凯度 BrandZ 最具价值中国品牌 100 强排行榜"中，国家电网根本没上榜，该榜单的第 100 名 是品牌价值为 17 亿美元（约 120 亿元）的大参林——按照凯度的估值，国家电网的品牌价值不到 120 亿元。这两家机构对其他公司的品牌的估值也存在很大的差异。那么，如果品牌价值可以计入公司总资产，而你是国家电网的董事长，你是选择世界品牌实验室给的 5,577 亿元的品牌估值，还是选择凯度集团给的不到 120 亿元的品牌估值呢？当然是选择世界品牌实验室给的 5,577 亿元的品牌估值，这样，国家电网的总资产会凭空增加数千亿元。

从经济学的角度看，品牌是无形资产，因为好的品牌可以提高企业的竞争力，给企业带来经济利益。但是，品牌没有完全满足会计准则对无形资产的定义，也不完全符合会计准则中无形资产的确认条件，不是财务会计中的无形资产，不能列入企业的资产负债表，更不能计入企业的总资产。

从品牌不是企业的无形资产这一点中可以看出，企业的资产负债表并不一定能够全面、准确地反映企业的总资产。对于这个问题，在关于资产负债表的章节中，我们会进一步讲解。

商誉：可能是个不定时炸弹

2019年，A股爆过多种不同类型的大雷，其中一种叫"商誉爆雷"。什么是"商誉爆雷"呢？要了解什么是"商誉爆雷"，首先要了解什么是商誉。

商誉是企业的资产之一，列入企业资产负债表中资产方的非流动资产。

A股的上市公司中，大部分公司有商誉。有些公司的商誉不仅金额大，而且占资产总额的比重很高，与净资产总额之比也很高。例如，仁东控股（002647）是在深圳证券交易所上市的公司，根据仁东控股2020年的财务报表，截至2020年12月31日，仁东控股的资产总额为37.3亿元、净资产总额（股东权益合计）为5.57亿元、商誉总额为8.94亿元——仁东控股2020年商誉占资产总额的比重为23.97%，与净资产总额之比高达161%。

在深圳证券交易所上市的学大教育（000526）也存在类似情况。根据学大教育2020年的财务报表，截至2020年12月31日，学大教育的资产总额为35.15亿元、净资产总额（股东权益合计）为1.32亿元、商誉总额为15.28亿元——商誉占资产总额的比重达到43.47%，与净资产总额之比高达1,158%。

据媒体统计，2018年，全球所有上市公司的商誉总额高达8万亿美元。2018年，我国A股上市公司的商誉总额为1.45万亿元；2019年，我国A股上市公司的商誉总额为1.39万亿元。

什么是商誉

假设有一个公司，公允价值为50亿元，投资者花了90亿元把它买了过来，多花了40亿元。在财务会计中，这40亿元就是商誉。

2021年5月25日，盈康生命（300143）公告，以现金6.31亿元购买苏州广慈100%股权。苏州广慈账面净资产的公允价值为0.55亿元，两者之间的差额为

5.76 亿元，这一差额就是商誉。盈康生命进行的这一收购，溢价率高达 1,047.3%，即盈康生命支付给苏州广慈的收购价格 6.31 亿元是它的净资产账面价值 0.55 亿元的 10.47 倍。

盈康生命的这个收购溢价并非最高，A 股上市公司中，还有很多公司的收购溢价远高于盈康生命收购苏州广慈的 1,047.3% 收购溢价。例如，爱美客（300896）于 2021 年 2 月 8 日发布《关于购买控股子公司诺博特生物少数股东权益的公告》，标的公司诺博特全部股东权益价值为 6,400 万元，而净资产账面价值为 –147.05 万元，收购溢价率高达 4,452.26%。

本节开头提到的仁东控股在 2020 年年底的商誉为 8.94 亿元，这一商誉来自 2016 年仁东控股进行的收购。2016 年，仁东控股以 14 亿元的价格收购广东合利金融科技服务有限公司（以下简称广东合利）90% 的股权，这 90% 的股权对应的净资产的公允价值为 2.06 亿元，两者之间 11.94 亿元的差额就是商誉（关于商誉减值，我们在后续内容中介绍）。

在财务会计上，一家企业收购另一家企业时，收购方支付的收购价格中高于被收购方净资产公允价值的那部分，就叫作商誉。

根据以上内容，可以看出，在会计中，第一，商誉产生于收购，没有收购就没有商誉，即如果一个企业没有收购任何别的企业，就不会有商誉；第二，只有收购，才可能产生商誉，但收购并不一定产生商誉，如果一个企业在收购另一个企业的时候，按照被收购企业净资产的账面价值收购，就不会产生商誉。

会计准则不承认"自创商誉"

在财经媒体中，我们经常看到"自创商誉"这个词。财经媒体经常将商誉分为自创商誉与外购商誉两种类型，严格来讲，财经媒体中的商誉与会计中的商誉是不一样的。

在财经媒体眼中，商誉被定义为能在未来为企业经营带来超额利润的潜在经济价值，或一家企业预期的获利能力超过可辨认资产正常获利能力的资本化价值。

换句话说，在财经媒体眼中，商誉是那些能够让企业获得超额利润的东西，是企业能够获得超额利润的能力，可能来自企业拥有的品牌知名度、先进的技术、先进的管理水平、稳定的客户资源、优越的地理位置等。

在财经媒体的报道中，自创商誉是企业在生产经营活动中创立和积累的、能给企业带来超额利润的资源，例如，企业自主开发的先进的技术、通过长期经营创造的品牌知名度等；外购商誉是在收购兼并中，收购方支付的价款与被收购企业净资产公允价值的差额。

但是，在财务会计中，没有"自创商誉"这一概念，即财务会计不承认财经媒体的报道中的所谓自创商誉是企业的资产。因此，企业不能将其列入企业的资产负债表、计入企业的资产。企业资产负债表中的商誉不包括自创商誉。

自创商誉显然能够为企业带来经济利润，那么，为什么它不能被确认为企业的资产呢？

自创商誉不能被确认为企业的资产的原因与品牌不能被确认为企业的资产的原因是一样的。第一，自创商誉无法独立于企业存在，无法与企业其他部分资产分离开来，不具有可辨认性。前文讲过，自创商誉其实是企业获取超额利润的能力，这种能力不可能离开企业的其他资产，也离不开企业的管理。第二，自创商誉的成本难以可靠计量。与企业的品牌一样，自创商誉是在企业长期经营过程中形成的，是企业长期持续性投入的结果，很难，甚至根本不可能确定自创商誉是由企业的哪些支出创造的。

关于商誉与自创商誉，可以总结如下。第一，会计准则不承认自创商誉；第二，自创商誉是企业获取超额利润的能力，只有在企业被别人收购或兼并之后，这种能力才能以货币来计量（在会计准则中，没有收购与兼并，就没有商誉）；第三，企业被收购之后，被收购方获得现金或者收购方的股权等，而收购方确认商誉，即商誉成为收购方的资产。

商誉可能导致企业的资产虚高

商誉的存在，有可能导致企业的资产虚高，即人为地导致企业账面上的资产总额高于实际的资产总额。

举个例子来说明这一点。假设张三的公司的净资产为 1 亿元，李四的公司的资产总额为 10 亿元，李四以 5 亿元的价格收购张三的公司，而且全部以现金支付。这样，李四的公司少了 5 亿元的现金，多了一个价值 5 亿元的公司，李四的公司的资产总额仍然为 10 亿元，这 10 亿元的资产总额中包括 4 亿元的商誉。

前面说过，商誉是企业获取超额利润的能力。李四之所以花 5 亿元的高价收购张三的公司，很可能是因为他看中了张三的公司的这种能力。但是，李四有可能高估张三的公司的这种能力，张三的公司的真实价值可能为 3 亿元。这样，李四多花了 2 亿元，李四的公司的资产总额实际上为 8 亿元，账面上却是 10 亿元。

当然，如果张三的公司被收购过来后，达不到李四对它的盈利预期，按照会计准则，李四可以对这 4 亿元的商誉计提减值。问题是，即使张三的公司的盈利能力没有达到李四当初对它的预期，李四很可能仍然相信张三的公司以后能够达到他的预期，从而不计提减值，或者只计提很少的减值。这样，李四的公司的资产总额会持续性虚高。

关于商誉减值，我们在后续内容中进行讲解。

折旧与摊销：钢铁企业普遍延长设备的使用年限

我们先看一个简单的例子。假设格力电器在 2021 年购买了一台设备，用来生产空调机。购买设备总共支出 5,000 万元（不考虑设备的运输费、安装费等其他所有费用），这个设备预期能够使用 10 年，到第 10 年年底，设备可能完全报废。此例中，购买设备支出的 5,000 万元是格力电器的成本，未来 10 年内使用此设备进行生产，会导致格力电器产生总共 5,000 万元的成本。

这 5,000 万元的成本应该怎么处理？全部算在 2021 年或者其他任何一年，显然是不合适的，因为该设备预期能使用 10 年，是一点一点地损耗的，其价值是一点一点地减少的。我们用折旧的方法来处理这个问题。

什么是折旧与计提折旧

折旧，即在固定资产使用寿命内，按照某种事先确定的方法，对固定资产的购置成本进行分摊。

在格力电器的例子中，设备的购置成本为 5,000 万元，预期可以使用 10 年。我们将这 5,000 万元的成本按使用年限平均分摊，每年的折旧成本为 500 万元。这样，可以推出以下两方面的结论。

第一，假设格力电器 2021 年的销售收入为 6,000 万元，在不考虑其他任何收入与成本的情况下，格力电器 2021 年的营业收入 =6,000 万元销售收入−500 万元折旧成本 =5,500 万元。

第二，该设备在 2021 年购置时的价值是 5,000 万元，后续每年减少 500 万元，即 2022 年，该设备的价值减少到 4,500 万元，2023 年，该设备的价值减少到 4,000 万元，以此类推，到 2031 年年底，该设备完全报废，价值为 0。该设备的价值之所以逐年减少，是因为生产过程中，该设备会不断损耗，这种损耗就是格力电器的成本。

根据前文折旧的定义与例子，我们可以从以下几个方面来理解折旧。

首先，折旧是针对厂房、设备等固定资产的成本而言的。对专利权、特许经营权等无形资产的成本的分摊，叫作摊销。关于摊销，我们在后续内容中进行讲解。

其次，在会计上，将厂房、设备等固定资产的成本在其使用年限内进行分摊，这一做法叫作计提折旧。计提折旧，即从企业的毛利润中扣除固定资产的使用成本。

再次，有人可能会说，为什么每年减少500万元，而不是600万元，或者1,000万元？这涉及折旧的方法。会计准则中规定了计算折旧的几种方法，企业不得随意确定折旧金额。关于折旧的方法，我们在后续内容中进行讲解。

最后，在格力电器使用设备进行生产的过程中，一方面，设备的磨损导致它的价值逐年减少，另一方面，格力电器用这台设备不断地生产出了空调机。因此，实际上，生产过程是设备的价值逐渐转移到格力电器的产品（空调机）身上的过程。换句话说，固定资产折旧的过程，就是它们的价值逐渐转移到产品上的过程。

折旧的方法

前文讲过，折旧，即在固定资产使用寿命内，按照某种事先确定的方法，对固定资产的购置成本进行分摊。那么，这个事先确定的方法到底是什么方法呢？

会计准则中规定了几种方法，包括直线折旧法与加速折旧法。其中，加速折旧法包括年数总和法、双倍余额递减法等方法。

计提折旧时，企业必须根据固定资产的具体情况，选择合适的方法。一旦确定使用某种方法，不得随意更改。如果更改折旧计提方法，需要说明理由。

直线折旧法，本质上是简单平均法，即用固定资产的成本除以预期使用年限，得到平均值。在格力电器的例子中，我们使用的就是直线折旧法。

为什么要计提折旧

使用固定资产进行生产会导致固定资产的损耗，这一损耗是企业的成本，应该从利润中扣除。折旧是固定资产的损耗，即企业的成本。计提折旧就是将成本分配到产品上，对生产过程中发生的资源消耗进行补偿。

有人可能会问，企业花钱购买了一台设备，但是没有投入使用，是不是就可以不计提折旧了？

按照会计准则，企业应该对所有固定资产计提折旧。因此，对未使用的固定资产，企业也要进行计提折旧。

利用折旧操纵利润

计提折旧会影响企业的利润，因此，很多企业会利用折旧操纵利润。

企业利用折旧操纵利润，错误操作之一是无故变换折旧的计提方法。例如，将直线折旧法转为加速折旧法，或者将加速折旧法转为直线折旧法。

错误操作之二是在固定资产与在建工程之间进行转换。固定资产需要计提折旧，而在建工程不需要计提折旧。按照会计准则，当厂房设施等工程达到可以投入使用的状态时，应该从在建工程转入固定资产，并计提折旧。有些企业为了少算成本，多算利润，故意不将已经达到可以投入使用的状态的工程转入固定资产。此外，还有些企业以对固定资产进行维修的名义，将应计提折旧的固定资产转入在建工程，从而停止折旧的计提。

错误操作之三是延长折旧的年限。例如，企业 A 有一台大型设备，购买时支出 10 亿元，预期使用寿命为 10 年，到期时设备完全报废。使用直线折旧法，每年应计提 1 亿元的折旧，这样，企业的利润就会减少 1 亿元 / 年。于是，企业 A 的董事长说，把设备预期使用寿命延长到 20 年，其他不变。这样，每年计提的折旧费就变成了 5,000 万元，企业的利润便凭空地多出了 5,000 万元 / 年。

以上 3 种操作，都是违规的错误操作，尤其是第三种，对工作人员和所生产的产品都极不负责任，甚至会带来极大的安全隐患，企业应注意规避。

摊销

前文讲过，对于固定资产的损耗成本，应该采用折旧的方式，在固定资产的使用年限中进行分摊。

无形资产的获得也有成本，且无形资产也有使用年限，也会损耗，因此，对于无形资产的成本，也要进行分摊。

对于无形资产的损耗成本，应该采用摊销的方式，在无形资产的使用年限中进行分摊。摊销的方法与折旧的方法类似，因为两者在本质上是一样的，区别在于，摊销的对象是无形资产，而折旧的对象是固定资产。

四

资产减值：1,500万元买的学区房
跌到1,000万元

资产减值，即资产价值下降。在日常生活、企业经营中，资产减值经常发生。例如，2019年，张三支出1,500万元买了一套学区房，随着2021年"双减"等各项减负政策的出台，该房子的市价下跌到1,000万元。房价的下跌就是资产减值。

在企业中，企业的资产也可能出现价值下跌。例如，李四有一个公司，公司的公允价值为50亿元，2021年1月1日，王老五用90亿元收购它，多花了40亿元，这40亿元就是商誉。若2021年12月31日，王老五收购的这家公司的价值从90亿元下跌到75亿元，下跌了15亿元，这15亿元就是资产减值。

在学区房的例子中，因为是张三家里的事，张三及其家人知道就可以了，不需要告诉外人。但是，在王老五收购李四的公司的例子中，王老五必须将这件事计入财务报表，并报告给公司的其他股东。那么，在财务报表中，王老五应该怎么处理这下跌的15亿元呢？

什么是资产减值

按照会计准则的定义，资产减值，即资产的可回收金额低于其账面价值。这个定义中，有两个关键词值得关注，一是可回收金额，即如果现在将资产卖掉，能卖得的价格，或者以某种估值方式能够比较可靠地估计得到的金额；二是账面价值，即资产的购置成本减去累计折旧与摊销后的余额。关于可回收金额与账面价值，我们在后续内容中进行讲解。

在王老五收购李四的公司的例子中，王老五收购李四的公司时支付了90亿元，因此，在王老五的公司的会计账户中，这个公司的账面价值是90亿元。年底，如果王老五把这家公司拿去卖，最多只能卖75亿元，即可以回收的金额只有75

亿元，这样，就发生了 15 亿元的减值。

企业的资产中，除了货币资金（银行存款），几乎所有资产都可能发生减值。例如，企业把价值 100 亿元的产品卖给了买家，货款只收到 80 亿元，其余的 20 亿元可能拿不到了，成为坏账，坏账就是资产减值，即企业发生了 20 亿元的应收账款的减值。

减值测试

根据会计准则，企业应当在每个会计年度结束的时候，对资产进行评估，判断资产是否存在可能发生减值的迹象。例如，在会计年度结束的时候，评估应收账款是否能够全部收回来。

对于商誉和无形资产，会计准则的要求更严格。会计准则规定，对于商誉和使用寿命不确定的无形资产，无论是否存在减值迹象，每年都应当进行减值测试。无形资产包括使用寿命确定的无形资产与使用寿命不确定的无形资产。按照我国法律，发明专利权的最长有效期为 20 年，因此，发明专利权的使用寿命是确定的。与此同时，有些无形资产的使用寿命是不确定的，例如，永久性特许经营权。

计提减值导致利润减少

企业对资产进行减值测试，发现存在减值可能后，应该计提减值准备、坏账准备、减值等。减值准备与坏账准备是企业对能够收回的金额与收不回的金额进行的正式的估计。假设某企业将价值 100 亿元的产品卖给了客户，在会计年度结束时，发现货款有可能不能全部收回后，要对这 100 亿元货款能够收回多少、坏账有多少进行正式的估计。

在确认资产可能发生减值后，企业要计提减值，并将减值的金额从当前会计年度的利润中全部扣除。因此，减值会导致企业当前会计年度的利润减少。

例如，2021 年年初，王老五以 90 亿元的价格收购了李四的公司，但在 2021

年年底，王老五发现可以收回的金额只有 75 亿元，发生了 15 亿元的减值。在编制 2021 年的财务报表时，王老五就要将这 15 亿元从公司的利润中全部扣除，导致公司 2021 年的利润减少 15 亿元。

资产的价值跌下去后又涨回来了怎么办

资产减值，即资产的价值跌下去了。资产的价值跌下去后，企业要计提减值，而计提减值会导致企业的利润减少。有人可能会问，如果以后资产的价值又涨回来了，怎么办呢？

这就是减值转回的问题。减值转回，即在企业的财务会计账户中，将已计提减值的资产的价值恢复到原来的状态。

按照我国的会计准则，有些资产的减值是可以转回的，有些是不可以转回的。

流动资产的减值准备一般可以转回。例如，存货减值准备、应收账款的坏账准备等，可以转回。假设企业 A 在 2021 年 6 月 1 日把价值 100 亿元的产品卖给了买家，在 2021 年 12 月 31 日编制 2021 年度财务报表时，企业 A 发现货款可能最多只能收到 80 亿元，其余的 20 亿元可能收不回来了，便在 2021 年度计提了 20 亿元的坏账。但是，2022 年 10 月 1 日，买家把剩余的 20 亿元货款全部付给了企业 A，那么，企业 A 需要在 2022 年的财务报表中，将这 20 亿元的坏账转回。

长期资产的减值准备不可以转回。例如，长期股权投资减值准备、固定资产减值准备、无形资产减值准备、商誉减值准备等，不能转回。

A 股的商誉雷

2019 年，我国 A 股市场爆过一个商誉雷。商誉爆雷，即因为公司计提了巨额商誉减值，导致公司当年利润大幅度减少，有的公司甚至发生巨额亏损。

2018 年，我国 A 股上市公司的商誉总额高达 1.45 万亿元。2019 年，爆雷之后，该数额仍然高达1.39万亿元。2020年年底，我国A股上市公司的商誉总额为1.18万亿元。

2019年，很多上市公司计提了巨额的商誉减值，前面提过的盈康生命（300143）就是如此。2015年至2018年，盈康生命先后收购了玛西普医学科技发展（深圳）有限公司100%的股权与四川友谊医院有限责任公司100%的股权，这两次收购让盈康生命产生了17.75亿元的商誉。加上其他收购产生的商誉，到2018年年底，盈康生命的商誉总额为18.94亿元、资产总额为26.22亿元、净资产为20.67亿元。2019年，盈康生命总共计提了7.29亿元的商誉减值，计提商誉减值的结果是盈康生命在2019年的年度净利润为-7.0341亿元，而2018年，其年度净利润为5,017万元。在计提了7.29亿元的商誉减值后，2019年，盈康生命的商誉减少到11.65亿元，相应地，公司的资产总额也从2018年的26.22亿元减少到2019年的19.57亿元，净资产从2018年的20.67亿元减少到2019年的13.67亿元。

2020年，A股市场有21家上市公司商誉减值损失超过10亿元，5家公司商誉减值损失超过20亿元。其中，在上海证券交易所主板上市的海航科技（600751）的商誉减值损失超过88亿元，位居2020年A股上市公司商誉减值损失之首。这也是海航科技在2020年巨亏的主要原因——2019年，海航科技的净利润为5.2亿元，而2020年，其净利润为-98亿元。

海航科技2017—2021年的营业收入与净利润状况如图5-1所示。2017—2020年，海航科技的营业收入非常稳定，2020年，它的净利润大跌，其原因就是计提了88亿元的商誉减值。

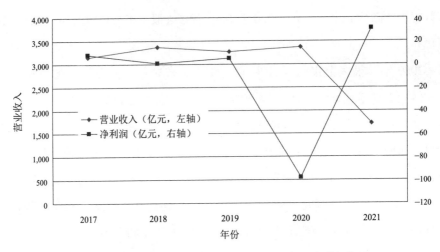

图 5-1　海航科技 2017—2021 年的营业收入与净利润状况

有些上市公司，虽然商誉总额不算高，但占资产总额的比重很高，与净资产总额之比也很高。

前文提过的 A 股上市公司仁东控股（002647），是商誉总额占资产总额的比重很高的公司之一。截至 2020 年 12 月 31 日，仁东控股的资产总额为 37.3 亿元、负债总额为 31.74 亿元、净资产总额（股东权益合计）为 5.57 亿元、归属于母公司股东权益为 5.16 亿元、商誉总额高达 8.94 亿元。根据以上数据，仁东控股的商誉总额占资产总额的比重达到 23.97%、商誉总额占净资产总额的比重为 161%、商誉总额占归属于母公司股东权益的比重为 173%。如果因为某种原因，仁东控股计提 5.6 亿元的商誉减值，那么，公司的总资产会减少到 31.7 亿元，而净资产为 –0.03 亿元。从技术层面上讲，公司将处于资不抵债的破产状态（关于什么是归属于母公司股东权益，我们在第九讲中讲解）。

在 A 股深圳证券交易所主板上市的 *ST 盈方（000670）也是商誉总额占资产总额比重很高的公司。根据该公司 2020 年年报，截至 2020 年 12 月 31 日，*ST 盈方的资产总额为 14.7 亿元、净资产总额（股东权益合计）为 1.69 亿元、归属于母公司股东权益为 1,577 万元、商誉总额高达 4.55 亿元。根据以上数据，*ST 盈方的商誉总额占资产总额的比重达到 31%、商誉总额占净资产总额的比重高达

269%、商誉总额占归属于母公司股东权益的比重达到惊人的 2,885%。只要 *ST 盈方发生 1,600 万元的商誉减值，它的归属于母公司股东权益将是负数，从技术层面上讲，它就处于资不抵债的破产状态了。

巴菲特也踩上了商誉雷

当然，商誉爆雷不仅发生在我国的 A 股市场，其他国家的上市公司也发生过，而且经常发生巨额的商誉减值。据全球商业、金融信息和财经资讯的领先提供商彭博有限合伙企业发布消息，2018 年，全球各国上市公司的商誉总额高达 8 万亿美元，即在收购别的公司的过程中，全球各国的上市公司总共多支付了 8 万亿美元。其中，商誉最多的是美国电报电话公司（AT&T），1,430 亿美元；第二是百威啤酒的母公司百威英博，1,370 亿美元；第三是通用电气（GE），820 亿美元；第四是"股神"沃伦·巴菲特的伯克希尔·哈撒韦公司，810 亿美元。2018 年，通用电气计提了 230 亿美元的商誉减值。

"股神"巴菲特也因为踩上了商誉雷而损失巨大。2018 年，美国著名的食品公司卡夫（Kraft）计提了 150 亿美元的商誉减值，而"股神"巴菲特持有卡夫的股票。据美国媒体报道，因为卡夫计提巨额的商誉减值，公司股价下跌，巴菲特损失了大约 30 亿美元。

据《华尔街日报》报道，2020 年，美国的上市公司总共计提了 1,430 亿美元的商誉减值。其中，计提商誉减值最多的是主业为油田服务的贝克休斯（Baker Hughes）公司，147.7 亿美元；美国电报电话公司（AT&T）以计提 104.7 亿美元的商誉减值排名第二。据《华尔街日报》报道，2008 年，美国的上市公司总共计提了 1,884 亿美元的商誉减值。

2019 年，英国的汇丰银行计提了 65 亿欧元的商誉减值，此事成为欧洲历史上最大的商誉雷之一。

五

非现金流项目：企业的利润额与现金量不相等的原因之一

我们看一个例子。

张三的公司在 2020 年 1 月 1 日以现金 1,000 万元购买了一个设备，设备使用年限为 5 年，使用直线折旧法计提折旧（将 1,000 万元的购置成本按 5 年平均分摊，每年计提折旧 200 万元）。2021 年，张三的公司的毛利润为 500 万元（销售收入减去销货成本），销售与采购全部是现金交易。假设张三的公司在 2021 年没有其他收入、成本、费用与支出，也不考虑税收问题，2021 年，张三的公司的净利润是多少？现金流入是多少？

答案如下。

因为计提了 200 万元的折旧，而折旧是公司的成本，公司 2021 年度的净利润 =500 万元毛利润–200 万元折旧成本 =300 万元；2021 年度的现金流入为 500 万元。

在上面的例子中，张三的公司的现金流入比净利润多了 200 万元。为什么净利润与现金流入不一样？

在这个例子中，导致净利润与现金流入不一样的是非现金流项目，折旧就是非现金流项目之一。

什么是非现金流项目？企业的成本可以分为两类，一类成本是有现金支出的，叫作付现成本；另一类成本并没有现金的支出，叫作非付现成本。没有付现成本的项目，就是非现金流项目。计算净利润的时候，两类成本都要扣除，企业的净利润会因此减少，但是，计算现金流量的时候，因为第二类成本并没有现金支出，所以对企业的现金没有影响。

在上面的例子中，折旧就是非现金流项目。虽然张三的公司在 2021 年计提了 200 万元的折旧成本，但当年，公司并没有相应地支出 200 万元现金。计算利润的时候，张三的公司把这 200 万元的折旧作为成本扣除了，但是，因为没有 200 万元现金的支出，公司的现金并没有减少 200 万元，这 200 万元的折旧对现金流入与现金流出没有影响。

企业的非现金流项目通常包括折旧、摊销、递延税款等。非现金流项目的存在，是导致企业的利润额与现金量不相等的原因之一。

有人可能会问，张三不是花了 1,000 万元购买设备吗？怎么会没有现金支出呢？在这个例子中，张三的公司确实支付了 1,000 万元现金，但这 1,000 万元现金在 2020 年 1 月 1 日就已经全部支付了，不涉及 2021 年的现金量。

企业的净利润与现金流量不相等的根本原因在于净利润与现金流量确认的原则不一样——净利润按权责发生制确认，而现金流量按收付实现制确认。

PART

02

第二部分

了解与分析财务报表

Lecture

06

第六讲

读懂企业财务报表：概述

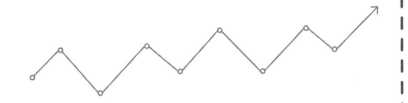

　　财务会计的工作是收集、汇总企业的财务信息，并将企业的财务状况、经营成果提供给股东、政府监管部门等相关各方。财务会计部门向股东等各方提供财务信息的主要方式是编制并发布财务报告。

　　对于企业外部的人来说，了解企业经营状况的主要途径之一是分析企业的财务报表。要分析企业的财务报表，首先要了解企业的财务报表到底是什么。因此，从第六讲到第十二讲，我们主要对企业财务报表的构成及其内容进行介绍。

网友："你能看到别人公司的财务报表？你炒的是假 A 股吧！"

在一个讲公司财务的网络课程中，我讲到企业的财务报表，有人留下评论："你能看到别人公司的财务报表？你炒的是假 A 股吧！"这个评论的意思应该是，上市公司的财务报表怎么可能给你看呢？

套用网上的一句话，"当时我就震惊了"。怎么会有人提出这样的问题呢？显然，发表上述评论的听众完全不了解上市公司的信息披露要求。这个评论也表明，很多人确实毫无财务常识。

按照《中华人民共和国证券法》（以下简称《证券法》）等法律法规的规定，第一，上市公司必须定期按照监管部门的要求向公众发布财务报告；第二，公司发生了任何重大事项，都必须及时向公众予以披露。

不同类型的企业，信息披露的要求不一样

企业有很多类型，上市公司只是其中一种。对于不同类型的企业，信息披露的要求是不一样的。企业进行信息披露的主要方式是发布财务报告，有些企业的财务报表确实是不必给外人看的，但有些企业必须定期、公开发布财务报表。

了解法律法规中有关企业的信息披露的规定前，要弄清楚企业的类型。企业包括个人独资企业、合伙企业与公司 3 种基本的类型。其中，公司分为有限责任公司与股份有限公司，股份有限公司分为非公众公司与公众公司，公众公司又分为上市公司与非上市公众公司。上市公司是公开发行了股票，并且其股票在股票交易所挂牌交易的公司；非上市公众公司则是公开发行了股票，但其股票不在股票交易所挂牌交易的公司。

虽然无论属于哪种类型的企业，都必须按照法律法规的规定建立财务制度，并编制财务报表，但是，对于财务报表是否必须公开发布，法律法规的规定是不一样的。

个人独资企业与合伙企业的财务报表是给企业主与合伙人看的，让企业主与合伙人了解企业的经营状况。法律法规不要求个人独资企业与合伙企业公开发布财务报表，除了税务机关等政府监管与执法部门可以依法查阅它们的财务报表，其他机构与个人没有权力查看个人独资企业与合伙企业的财务报表。因此，个人独资企业与合伙企业的财务状况保密性很强。

有限责任公司的股东不超过 50 人，公司的生产、经营、财务状况通常只影响这 50 个，或不到 50 个股东的个人利益，不影响公众利益。因此，有限责任公司只需要按公司章程的规定，向这 50 个，或不到 50 个股东公开财务报表就可以了。有限责任公司不需要对外公布财务报表，因此，有限责任公司的财务状况也相对保密。

上市公司必须定期公开发布财务报告

前文讲过，股份有限公司分为非公众公司与公众公司。

非公众公司是没有公开发行股票的股份有限公司。按照《中华人民共和国公司法》（以下简称《公司法》）与《证券法》的规定，非公开发行股票的股份有限公司的股东人数累计不得超过 200 人。因为非公众公司没有公开发行股票，所以，它们只需要按公司章程的规定，定期向公司的股东们公开财务报表即可，不需要对外发布财务报表。

公众公司是公开发行股票的股份有限公司，公司的股东可以超过 200 人，股东人数没有上限。例如，截至 2021 年 9 月 30 日，格力电器的股东达到 887,991 人。

对于公众公司的信息披露，各国的法律法规都进行了严格的规定。其中，对于上市公司的信息披露，法律法规做出了最为严格、最为具体的规定。在我国，证监会发布的《上市公司信息披露管理办法》就是专门针对上述公司的信息披露的。

对上市公司的信息披露的要求主要体现在以下几个方面。

首先，上市公司必须定期发布财务报告，定期发布的财务报告包括季度报告、半年报告与年度报告。定期发布的财务报告必须按照证监会与证券交易所制定的格式与编制规则进行编制。

其次，年度报告中的财务会计报告应当经过符合《证券法》规定的会计师事务所审计。会计师事务所对财务会计报告进行审计，以评估报告内容是否公正、客观地反映了企业的财务状况与经营成果。

再次，对于公司发生的重大事件，公司必须及时予以披露。

最后，公司的董事、监事与高级管理人员要保证披露信息的真实、准确、完整，信息披露及时、公平。

我们平时所说的财务报告，通常指上市公司的财务报告。对于公众公司之外的企业，法律法规并不禁止它们自愿地公开发布财务报告。例如，华为没有公开发行股票，更不是上市公司，但它自愿公开发布财务报告。

那么，在哪里可以找到上市公司的财务报告呢？有很多地方，其中一个地方是上市公司自己的网站。上市公司通常有自己的网站，且上市公司的网站上通常有"投资者关系"栏，财务报告通常会发布在这里。另一个地方是证券交易所的网站，例如，上海证券交易所的网站上，有一个"披露"按钮，点击它，会出现一个菜单，其中有"上市公司信息"选项；在"上市公司信息"页面中，有"定期报告"选项，进入"定期报告"页面，用上市公司代码或者简称搜索，即可搜索到上市公司的定期报告。此外，在"上市公司信息"页面中，还可以搜索到上市公司的临时报告等各种公开披露的信息。

财务报告

上市公司的信息不仅数量巨大，而且类型众多。上市公司需要根据信息内容与监管要求的不同，用不同的文件进行信息披露，因此，上市公司有很多不同类型的信息披露文件。

根据证监会发布的《上市公司信息披露管理办法》第七条，我国上市公司信息披露文件包括定期报告、临时报告、招股说明书、募集说明书、上市公告书、收购报告书等。

对于已经上市的公司（上市公司）来说，招股说明书、募集说明书、上市公告书等文件在公司上市之前或者上市的时候就发布了。如果公司不再募集资金，不需要再发布这些文件。因此，对于上市公司来说，主要的信息披露文件是定期发布的财务报告与发生重大事项时需要发布的临时报告。

财务会计报告（简称财务报告）是企业向股东、政府监管机构、中介机构等财务会计报告使用者提供与企业财务状况、经营成果和现金流量等有关的会计信息，以及反映企业管理层受托责任履行情况的书面报告。

从上述定义中，我们可以看出以下两点。

第一，财务报告是一种书面报告。

第二，财务报告的编制目的之一是向股东、政府监管机构等提供关于企业财务状况、经营成果等方面的信息，以帮助他们了解企业、进行决策；编制目的之二是反映企业管理层受托责任的履行情况。

在上市公司中，管理层受股东的委托对公司进行管理，在遵守法律法规与商业伦理的基础上，要为股东赚钱。管理层应该忠诚勤勉地履行这一职责。那么，管理层履行职责的情况怎么样呢？财务报告就是用来总结、反映，并向股东报告管理层的履职情况的。通过财务报告，我们可以看出，在管理层的经营管理下，公司到底是赚钱了，还是亏损了。

财务报告通常包括 3 个部分，即会计报表、会计报表附注和财务情况说明书。

会计报表即通常说的财务报表，是以表格的形式反映企业财务状况、经营成果和现金流量的书面文件，是财务报告的主体和核心部分。企业会计报表主要包括资产负债表、利润表与现金流量表，有的公司还会编制并发布股东权益变动表。

会计报表附注是为了便于大家理解会计报表的内容而对会计报表的编制基础、编制依据、编制原则和方法、主要项目等作的解释。例如，前文讲过，折旧与摊销有几种计提方法，在会计报表附注中，企业需要说明计提折旧与摊销时，自己选择的是哪种方法，以及选择该方法的依据等。前文讲过，对于研发费用，研究阶段的投入要全部作为收益性支出，从当年的利润中扣除，而开发阶段的费用，符合条件的，可以作为资本性支出进行摊销。如果企业决定将部分开发阶段的费用作为资本性支出处理，那么，它需要在会计报表附注中说明为什么这些支出满足资本性支出的条件。

财务情况说明书通常是管理层对企业经营状况的总结、分析与讨论，包括管理层对企业经营中存在的问题与不足的反思，及其对解决办法的分析，以帮助投资者等财务报告使用者更好地了解公司的经营战略。

财务报表

　　财务报表是企业财务报告的核心。财务报表是在日常会计核算资料的基础上，按照监管部门规定的格式与规则定期编制的书面文件。财务报表通常采用表格的形式。

　　财务报表通常包括资产负债表、利润表、现金流量表、所有者权益变动表4个报表，4个报表的内容各不相同，一起综合反映企业某一特定日期的财务状况和某一特定时期的财务状况、经营成果、现金流量、所有者权益变动状况。

　　4个报表中，主要的报表是资产负债表、利润表、现金流量表这3个报表。所有者权益变动状况在资产负债表里有体现，只是所有者权益变动表中的信息更具体、更详细。

资产负债表

　　资产负债表是反映企业在某一特定日期（如月末、季末、年末）的全部资产、负债和股东权益情况的会计报表。我们可以从以下几个方面来理解资产负债表。

　　第一，资产负债表反映的是在某一特定时间点上，企业的资产总额、负债总额，以及所有者权益状况。例如，中国工商银行2020年年报反映的是在2020年12月31日24时这一时间点上，中国工商银行的财务状况，即在2020年12月31日24时这一时间点上，它拥有多少资产、多少负债，以及多少股东权益。

　　第二，资产负债表上的数据是存量数据。存量，即历年积累起来的余额总量。资产负债表反映的是企业自创建起，经过历年的生产经营，积累起来的资产总额、负债总额与股东权益总额。例如，中国工商银行2020年年报显示，2020年，它的资产总额为33.345,1万亿元、负债总额为30.435,5万亿元、股东权益总额为

2.909,5 万亿元。这几个数据的意思是，自中国工商银行于 1984 年 1 月创建起，经过 36 年的经营，在 2020 年 12 月 31 日 24 时这个时间点上，中国工商银行总共拥有 33.345,1 万亿元的资产，同时有 30.435,5 万亿元的债务尚未偿还，两者之间的差额——2.909,5 万亿元是净资产，即完全属于股东的资产，也就是股东权益。2.909,5 万亿元股东权益的意思是经过自 1984 年起的 36 年经营，中国工商银行积累起来的完全属于股东的资产总共为 2.909,5 万亿元。

因为资产负债表反映的是存量，因此，其中的数据会一直存在，不会被清空。在中国工商银行的例子中，2020 年 12 月 31 日 23 时 59 分 59 秒时，它的资产负债表里，资产总额的数据为 33.345,1 万亿元，2021 年 1 月 1 日 0 时 0 分 1 秒时，进入一个新的会计年度，即 2021 年会计年度，这时打开中国工商银行的资产负债表，里面的所有数据仍然存在，不会被清空。

第三，资产负债表反映的是在某一特定时间点上，企业的财务状况。例如，中国工商银行 2020 年年报反映的是在 2020 年 12 月 31 日 24 时这个时间点上，中国工商银行的财务状况，即有多少资产、多少负债，过了这个时间点，公司的资产、负债、所有者权益的金额可能会变。

第四，资产负债表可以按照"资产 = 负债 + 股东权益"这个格式编制，也可以按照"资产–负债 = 股东权益"这个格式编制。在具体格式上，有报告式与账户式两种。按报告式编制的资产负债表，上部分为资产，下部分为负债与股东权益；按账户式编制的资产负债表，左边为资产，右边的上方为负债，右边的下方为股东权益。在我国，资产负债表按照"资产 = 负债 + 股东权益"格式，进行报告式编制。

利润表

利润表反映的是企业在某一特定会计期间（如月度、季度、半年度或年度）的生产经营成果。企业在一定会计期间的经营成果可能是盈利的，也可能是亏损的，因此，利润表也被称为损益表。我们可以从以下几个方面来理解利润表。

第一，利润表反映企业在某一特定会计期间的经营成果，全面揭示企业在某一特定会计期间获得的各种收入，产生的各种费用、成本或支出等。所有这些收入、费用、成本等，最终会归结为是赚钱了，还是亏损了，即净利润是多少。例如，中国工商银行 2020 年度利润表中，净利润是 1,634.73 亿元，即在 2020 年这个会计年度中，中国工商银行总共给股东赚了 1,634.73 亿元。

第二，利润表是一个流量表，表示在过去的一个会计期间中，企业的经营成果。因此，利润表里面的数据会在期末的时候清空，从零开始一个新的会计期间。在我国，年度利润表中的数据会在每年 12 月 31 日 24 时的时候全部清空，开始一个新的会计年度。那么，这些数据清空后，去哪儿了呢？对于这个问题，我们在后续内容中进行讲解。

第三，在我国，利润表是按照"收入−费用＝利润"这一会计等式编制的。这个公式在具体格式上体现为利润表由上到下先为收入，再为费用，最后是利润。

现金流量表

与利润表相同的是，现金流量表反映的是在特定的一个会计周期中，企业的经营成果。与利润表不同的是，现金流量表反映的是在该会计周期中，企业的现金流入、现金流出，以及净现金量的增减状况（利润表反映的是企业的盈利状况）。

与利润表一样，现金流量表反映的也是流量。因此，在会计周期结束时，现金流量表里面的数据也要全部清空，开始下一个会计周期。这些数据清空后，去哪儿了呢？对于这个问题，我们在后续内容中进行讲解。

四

资产负债表：利润表与现金流量表的归宿

资产负债表、利润表、现金流量表构成企业财务报告的核心内容。3 个报表既彼此不同，又相互联系。

3 个报表的区别

根据前文的介绍，我们已经明白，3 个报表的内容是不一样的。资产负债表反映的是企业历年经营成果的累积，反映的是在某个特定的时间点上，企业的财务状况；利润表与现金流量表反映的是某一特定时期内企业的经营成果，其中，利润表反映的是企业的盈利状况，而现金流量表反映的是企业的现金增减状况。

3 个报表的联系

资产负债表反映的是企业历年经营成果的累积，因此，每个会计年度利润表、现金流量表中的金额都要结转进入资产负债表。

具体地说，利润表中的净利润在分红之后，都要结转进入资产负债表右下方的股东权益。如果当前会计年度分红之后的净利润为正，股东权益增加；否则，股东权益减少。假设 2021 年公司 A 的净利润为 10 亿元，那么，2021 年度结束时，这 10 亿元的净利润会结转进入资产负债表，具体地说，这 10 亿元会结转进入资产负债表股东权益中的未分配利润科目。这样，在当前会计年度于 12 月 31 日 24 时结束后，利润表中的数据全部清空，资产负债表中的股东权益会相应地增加 10 亿元。

现金流量表中的现金流量净变动额要结转进入资产负债表的资产，即流动资产中的货币资金等科目。如果当年的现金流量为正，货币资金等科目的余额增加；反之，则减少。

利润表、现金流量表中的余额都结转进入资产负债表，资产负债表就是利润表与现金流量表中余额的去向。

那么，利润表与现金流量表之间是什么关系呢？

利润表是现金流量表的编制基础，因为可以根据利润表编制现金流量表。但是，利润表是按照权责发生制编制的，而现金流量表是按照收付实现制编制的，现金流量表中的金额与利润表中的金额不一定一样。事实上，两个表中的金额相等的情况非常少见。

五

合并财务报表:企业集团的整体财务状况

大多数情况下,我们看到的上市公司的财务报表包括两部分,一个叫作"合并财务报表",包括合并资产负债表、合并利润表、合并现金流量表;另一个叫作"母公司财务报表",包括母公司资产负债表、母公司利润表、母公司现金流量表。

那么,什么是合并财务报表与母公司财务报表呢?

合并财务报表

上市公司通常是由很多子公司组成的集团公司,有些上市公司可能由几十家甚至上百家子公司组成。

例如,中国工商银行(601398)是在上海证券交易所上市的商业银行,它的上市主体全称为"中国工商银行股份有限公司"。中国工商银行股份有限公司其实是一个母公司,它有很多子公司,这些子公司大多为工商银行的全资子公司,包括工银国际控股有限公司(以下简称工银国际)、工银金融服务有限责任公司(以下简称工银金融)、工银科技有限公司(以下简称工银科技)、工银理财有限责任公司(以下简称工银理财)、工银瑞信基金管理有限公司(以下简称工银瑞信)等。其中,工银国际在中国香港注册,其主营业务是证券业。

外界人不可能也没必要一家一家地了解这些子公司的财务状况与经营状况,而且,通常情况下,这些子公司并不是上市公司,它们不需要公开发布自己的财务报告。因此,上市公司需要将它的子公司的财务状况、经营成果等汇集起来,统一编制成一套财务报表,这就是合并财务报表。

合并财务报表是由母公司编制的、包括所有控股子公司有关数据在内的报表。

合并财务报表会反映整个公司集团的财务状况和经营成果，包括合并资产负债表、合并利润表、合并现金流量表、合并财务状况变动表等。在编制合并财务报表的时候，子公司之间的相互交易要进行抵销，例如，公司 B 与公司 C 都是公司 A 的控股子公司，2020 年，公司 B 向公司 C 采购了价值 100 亿元的产品，同年度，公司 C 向公司 B 采购了价值 120 亿元的产品，那么，公司 B 与公司 C 之间的交易要相互抵销一部分。

按照我国的会计准则，出现以下 3 种情况时，需要合并报表。

情况一：直接方式拥有其半数以上股份的被投资企业。例如，公司 A 直接持有公司 B51% 的股份。

情况二：间接方式拥有其半数以上股份的被投资企业。例如，公司 A 持有公司 B 51% 的股份，公司 B 持有公司 C 51% 的股份，这样，公司 A 通过公司 B 间接控制了公司 C 51% 的股份，公司 A 应该将公司 C 纳入自己的合并报表。

情况三：直接和间接方式拥有其半数以上股份的被投资企业。例如，公司 A 直接持有公司 B 80% 的股份，公司 B 持有公司 C 30% 的股份，同时，公司 A 直接持有公司 C 25% 的股份，这样，通过直接持有 25% 股份与间接持有 30% 股份，公司 A 实际控制公司 C 55% 的股份，公司 A 应该将公司 C 纳入自己的合并报表。

母公司财务报表

母公司财务报表就是母公司自己的财务报表，不包括子公司的财务数据。母公司财务报表上的金额有时候小于合并财务报表上的金额，原因之一是母公司财务报表只包括母公司的数据，不包括子公司的数据；原因之二是在一些上市公司，母公司的主要活动是对子公司进行管理，而非从事具体的生产经营活动。

中国工商银行股份有限公司的《合并及公司资产负债表》中，"本集团"栏目列示的是合并资产负债表，而"本行"栏目列示的是不包括子公司财务数据的资产负债表。从中国工商银行集团的 2021 年度财务报表中可以看出，到 2021 年年底，中国工商银行集团的资产大约有 35.1 万亿元，其中从事商业银行业务的中国工商银行的资产有 33.4 万亿元，从事证券业业务的工银国际等其他子公司的资产总共只有 1.7 万亿元左右。

财务报表的审计：确保没做假账

《公司法》第六十二条与第一百六十四条规定，公司应当在每个会计年度结束时，编制年度财务报表，并依法经会计师事务所审计。对公司的年度财务报表进行审计的会计师事务所必须具有相应的资质。可以看出，根据《公司法》第六十二条与第一百六十四条的规定，上市公司的年度财务报表必须经过审计，但季报与中期报可以不经过审计。

上市公司的年度财务报表必须经过审计机构审计，原因在于上市公司财务报表的使用者众多，不仅包括公司的现有股东，而且包括潜在投资者、政府相关监督管理部门等，这些使用者常需要根据上市公司的财务报表进行决策。如果上市公司在财务报表中弄虚作假，可能导致投资者做出错误的决策；如果上市公司集体造假，甚至可能导致政府部门制定错误的经济政策。

会计师事务所进行审计后，要对财务报表发表审计意见，即对财务报表做一个结论。在上海证券交易所上市的康美药业（600518）曾经是 A 股市场的一匹大白马，它的总市值在 2018 年高达 1,270 亿元。2016 年与 2017 年，审计机构给康美药业财务报表的审计意见是 "标准无保留意见"；2018 年与 2019 年，审计机构给出的审计意见是 "保留意见"；2020 年，审计机构给出的审计意见是 "拒绝（无法）表示意见"，这几种不同的审计意见分别是什么意思呢？2017—2021 年，康美药业的财务数据与审计机构出具的审计意见见表 6-1。

表 6-1　2017—2021 年，康美药业的财务数据与审计机构出具的审计意见

年份	营业收入（亿元）	净利润（亿元）	审计意见
2017	175.8	41	标准无保留意见
2018	170.7	3.7	保留意见
2019	114.5	−46.6	保留意见
2020	54.1	−310.8	拒绝（无法）表示意见
2021	41.5	79.2	带强调事项的无保留意见

数据来源：康美药业历年年报

审计的内容

审计机构对上市公司财务报表进行审计的主要依据是《会计法》与《企业会计准则》等。

审计的内容主要包括两个方面，具体如下。

审计内容之一是上市公司的各种财务报表是否按照公认的会计原则和统一的会计制度编制。这方面的审计主要是对企业的会计政策、会计方法的审计，即判断企业的会计政策、会计方法是否符合《会计法》《企业会计准则》的相关规定。例如，在关于会计准则的内容（第二讲）中，我们讲过会计准则的一般原则。会计准则的一般原则之一是企业要区分收益性支出与资本性支出。按照这一原则，企业研发支出中的研究部分支出必须作为收益性支出处理，如果某个企业将研究支出作为资本性支出处理，那么，它就违背了这一原则。因此，审计机构在进行审计时，必须关注企业是如何处理研发支出的。

审计内容之二是上市公司的财务报表是否真实、公正地反映了被审计会计期间企业的财务状况和经营成果。这方面的审计主要是对报表中数据的真实性、准确性等进行审计。

审计意见

会计师事务所进行审计后，需要对财务报表内容的真实性、完整性、准确性、公正性发表意见，这就是审计意见。对被审计企业的财务报表发表审计意见是审计机构的法定业务，也是审计机构的法定责任。

财务报表审计的审计意见分为以下五类。

一是标准无保留意见。这种审计意见说明，审计师认为被审计的财务报表是按照相关法律与会计准则的规定编制完成的，同时，在所有重大事项方面，财务报表客观、公正地反映了被审计企业在被审计期间的财务状况、经营成果和现金流量。

二是带强调事项的无保留意见。这种审计意见说明，审计师认为被审计的财务报表符合相关法律与会计准则的要求，同时，在所有重大事项方面，财务报表客观、公正地反映了被审计企业在被审计期间的财务状况、经营成果和现金流量。但是，对于企业某些方面的情况，企业需要做出说明，以提醒股东等财务报表使用者对这些情况予以关注。例如，某个公司由于持续亏损，已经处于资不抵债的状态，可能破产或者自动清算，公司的持续经营能力有重大不确定性，审计机构需要在审计意见中提出这一不确定性。

三是保留意见。这种审计意见说明，审计师认为整体上来看，被审计的财务报表是公正、客观的，但是，存在影响重大的错报。例如，企业 A 在某批产品销售后将收入计入了销售收入，但没有同时将该批产品的成本计入营业成本。

四是否定意见。这种审计意见说明，审计师认为整体上来看，被审计的财务报表不是公正、客观的，或者没有按照相关法律与会计准则的规定编制。

五是拒绝（无法）表示意见。这种审计意见说明，审计师的审计范围受到了限制，且其可能产生的影响是重大而广泛的，审计师无法获取充分的审计证据。例如，在审计过程中，审计师要求被审计企业提供材料设备的原始采购凭证、企业的客户名单等，但是，被审计企业拒绝提供，导致审计师无法进行全面、客观的审计。

会计师事务所的失职行为

会计师事务所作为上市公司财务报表的审计机构，应该尽职尽责。但是，有些会计师事务所不仅并没有做到尽职尽责，而且与上市公司勾结，一起弄虚作假。

在上海证券交易所上市的康美药业（600518），于 2016—2018 年进行了极其恶劣的财务造假。证监会调查发现，2016—2018 年，康美药业累计虚增营业收入 291.28 亿元，累计虚增营业利润 41.01 亿元，累计虚增货币资金 886.8 亿元。

虚增货币资金类似于伪造银行存款，这种金额巨大的财务造假行为极其恶劣。而且，康美药业的虚增营业收入与货币资金的做法极其简单、粗暴，审计师只要认真一点，就能够发现这种简单粗暴的造假。但是，对康美药业进行审计的广东正中珠江会计师事务所（以下简称正中珠江）没有发现，并为康美药业 2016 年、2017 年的财务报表出具了"标准无保留意见"的审计意见。

为此，正中珠江不仅受到了监管部门的行政处罚、法律的制裁，还受到了市场的惩罚。

一是受到监管部门的行政处罚。2021 年 2 月 20 日，证监会对康美药业财务造假案中的正中珠江进行处罚，没收正中珠江的业务收入 1,425 万元，并处以 4,275 万元的罚款；对康美药业 2016 年和 2017 年审计项目的签字注册会计师杨文蔚、张静璃与项目经理苏创升分别处以 10 万元的罚款。

二是受到法律的制裁。2021 年 4 月，康美药业的 5 万多名股东对康美药业提起集体诉讼。2021 年 11 月 12 日，广州市中级人民法院对康美药业造假集体诉讼案作出一审判决，判决康美药业向投资者赔偿 24.59 亿元，正中珠江会计师事务所承担 100% 连带赔偿责任。

三是受到市场的惩罚。在 A 股上市公司中，曾经有大约 40 家上市公司是正中珠江的年审客户，即有大约 40 家 A 股上市公司聘请正中珠江作为公司的年报审计机构。康美药业造假案后，正中珠江被绝大多数 A 股上市公司抛弃，到 2021 年，它的年审客户只剩下了寥寥数家。

除此之外，还有一些会计师事务所与上市公司勾结起来，弄虚作假。例如，深圳堂堂会计师事务所与 *ST 新亿串通起来做假账。2021 年 1 月 7 日，证监会发布公告，决定依法对深圳堂堂会计师事务所作出行政处罚，相关人员涉嫌犯罪问题，将移送公安机关。堂堂会计师事务所的弄虚作假行为让人大跌眼镜——在开展审计工作之前，堂堂会计师事务所就与被审计对象、在上海证券交易所上市的 *ST 新亿（600145）签订协议，承诺不出具结果为"否定意见"或"拒绝（无法）表示意见"的审计意见，也就是说，审计尚未开始，双方就已经商量好结论了。

第七讲

读懂资产负债表（1）：资产

　　资产负债表是企业的 3 个主要报表之一，也是企业财务报告的核心组成部分。通过对资产负债表进行分析，我们可以了解企业的总体财务健康状况。

　　本讲，我们重点讲解资产负债表中构成企业总资产的主要项目及其结构，并在此基础上，讲解如何分析企业的资产状况。

资产负债表：企业历年经营成果的累积

在第六讲中，我们介绍了资产负债表的构成。在这里，简单总结一下资产负债表的总体结构。

第一，资产负债表提供的是某一特定日期企业的总体财务状况。这一特定日期通常是企业财务报表编制的日期，即每个会计期间的期末（每个季度、半年度与年度的最后一天）。

第二，资产负债表提供的是企业在特定日期的资产总额、负债总额与股东权益总额的状况。资产是企业拥有或控制的经济资源，负债是企业承担的应该履行的义务，股东权益是企业的总资产中属于股东的部分。

第三，资产负债表是按照"资产＝负债＋股东权益"这一会计等式编制的。在企业的所有财务会计工作都严格遵循会计原则进行的情况下，资产负债表中的资产总额必然等于负债总额加股东权益总额。

第四，资产负债表体现的是存量，即在资产负债表中，无论是资产总额，还是负债总额、股东权益总额，都是企业历年经营成果的累积。

第五，在具体格式上，资产负债表可以采用账户式与报告式。账户式的资产负债表分左右两方，左方为资产项目，右方为负债项目及股东权益项目。在报告式资产负债表中，上方是资产，下方是负债与股东权益。

流动资产

在账户式资产负债表中，左边是资产。在左边的资产中，从上到下，先是流动资产，再是非流动资产，最后是资产总额。那么，什么是流动资产呢？

什么是流动资产

企业的资产有很多种，包括银行存款、厂房、设备、存货、专利权等。在资产负债表中，按照资产的流动性，资产被分为两大类：流动资产与非流动资产。

流动性指的是资产变现的容易程度，即某资产变为现金的快捷程度。资产的流动性越好，变现能力越强，即随时可以变为现金。现金的流动性是最强的。

在资产负债表中，流动资产指在一年内或者超过一年的一个营业周期内，将被变现或者耗用的资产。

流动资产的构成

企业通常持有很多不同类型的流动资产，这些流动资产包括货币资金、短期投资、应收账款、存货等。

货币资金是企业在银行里的存款等。短期投资是企业买入的别的公司的股票、债券、基金等，这些股票、债券等能够随时变现，而且企业不准备长期持有。近年来，我国 A 股上市公司每年购买的大量理财产品中，绝大部分是短期投资。应收账款是企业尚未收到的货款。存货包括原材料存货、在产品存货、产成品存货等。

在日常生活中，每个人、每个家庭都必须有一些随时可以使用的资产，以支付日常的生活开支，这些资产可能是银行活期存款，也可能是微信、支付宝中的资金。企业也一样，任何一个企业，在任何时候，都必须持有一定金额的流动资产，以满足日常经营活动的需要。没有一定金额的流动资产，企业不可能进行日常经营活动。

流动资产的特点

流动资产的特点之一是周转速度快、变现能力强，这也是流动资产的优点之一。

简单地说，资产的周转是资产从现金的形式开始，先用现金购买材料等从事生产，再通过生产得到产品并把产品卖掉，最后变回现金的整个过程。在这个过程中，企业会努力去实现盈利。企业要努力提高资产的周转速度，因为资产的周转速度越快，盈利能力越强——即使单次周转中赚到的利润少，一年中周转的次数多，总的利润也会高。例如，企业 A 每年周转 2 次，每次赚 10%，按复利算，一年赚 21%；企业 B 每年周转 3 次，每次赚 7%，按复利算，一年能赚 22.5%。虽然单次周转中，企业 B 赚的比企业 A 少，但因为企业 B 的周转次数多，它全年的收益反而高于企业 A。

流动资产的周转速度通常比较快，变现能力比较强。例如，应收账款是流动资产，除了通过管理应收账款以加快货款的回收，企业还可以通过保理等方式迅速将应收账款回收，并将回收的货款用于新一轮生产。

流动资产的特点之二是风险相对较低，这也是流动资产的优点之二。

通常情况下，现金是比较安全的。一方面，现金突然发生大幅度贬值的可能性比较低，另一方面，现金可以随时用来购买能够保值的资产。因为流动资产可以迅速变回现金，所以它的风险相对较低。

流动资产的特点之三是收益率低，这是流动资产的一个缺点。

收益与风险总是相伴而行的，且大概率对等。高收益的资产通常会存在高风险，低风险的资产通常收益率较低，高收益而低风险的东西基本上属于"免费的午餐"，出现概率极低。

　　前面讲过，流动资产的特点与优点之一是风险相对较低，那么，相应地，流动资产的预期收益也比较低。例如，银行的活期存款是流动性最好的流动资产之一，它的存款利率很低，2022 年，我国中央银行活期存款的年利率只有0.35%。

非流动资产

非流动资产是相对流动资产而言的。非流动资产指不能在一年或者超过一年的一个营业周期内变现、出售或者消耗的资产。

非流动资产的构成

在日常生活中，绝大部分人、家庭拥有非流动资产，而且，对绝大部分人来说，家庭资产中的绝大部分资产是非流动资产。原因很简单，住房是非流动资产，而在绝大部分家庭的总资产中，住房所占的比例高达70%。在家庭资产中，除了住房，车辆等也是非流动资产。

企业通常也拥有大量不同类型的非流动资产，包括长期股权投资、投资性房地产、固定资产（厂房、设备等）、在建工程、无形资产、商誉等。

非流动资产的特点

非流动资产的特点之一是周转速度比较慢、变现能力比较差、风险较大，这也是非流动资产的缺点之一。

非流动资产变现比较困难，经常要通过降价出售完成变现。例如，位于北京市朝阳区的乐视网公司总部乐融大厦是乐视网创始人贾跃亭的一项重要的非流动资产，2019年10月，该大楼被北京市第三中级人民法院实施强制司法拍卖。该大楼的评估价为9.69亿元，司法拍卖的起拍价为6.78亿元。经过一次流拍之后，该大楼在2021年11月拍卖成功，成交价为5.73亿元。成交价比评估价低了将近4亿元，比起拍价低了1.05亿元。

非流动资产的特点之二是非流动资产占用的资金量比较大，这也是非流动资产的缺点之二。

购置非流动资产通常需要投入大量资金——在日常生活中，购置住房就是非流动资产投资，在北京、上海、广州、深圳等一线城市，购置一套住房需要投入数百万元，甚至上千万元的资金，要掏空"六个钱包"；在企业中，非流动资产投资往往需要数千万元、数亿元，甚至数十亿元、数百亿元。

在企业中，管理层进行非流动资产投资前，往往会进行慎重评估，原因在于上面讲过的非流动资产的两个特点（缺点）。一方面，非流动资产的风险比较大，一旦投入资金，难以在短期内实现资金回收；另一方面，非流动资产的资金投入量比较大，进行非流动资产投资时，企业往往要承担巨大的风险。

非流动资产的特点之三是预期收益率相对较高，这是非流动资产的一个优点。

值得关注的是，我们这里说的是预期收益，即潜在的收益、并非一定能够实现的收益。上面讲过，风险与收益大概率是对等的，高收益往往伴随潜在的高风险，高风险往往意味着潜在的高收益——如果只有高风险，没有潜在的高收益，就不会有人去冒险了。非流动资产的风险比较高，其潜在的收益也往往相对较高，这是企业愿意进行非流动资产投资的重要原因。

非流动资产的减值测试

非流动资产的存续期间比较长，在其存续期间，可能会有各种因素导致其价值下跌，从而发生资产减值。因此，为了客观、公正地反映企业资产的价值，企业需要对可能发生减值的非流动资产进行减值测试。如果可能发生或者发生了减值，企业需要计提减值准备或者计提减值。

按照会计准则的规定，第一，企业应当在年度结束的时候，对各项资产进行评估，以判断资产是否存在减值的迹象；第二，企业合并所形成的商誉和使用寿命不确定的无形资产，无论是否存在减值迹象，都应当每年进行减值测试。

企业资产减值测试的对象包括存货等流动资产。

四

资产的总量：资产高达 2.33 万亿元的恒大集团变卖家产还债

在财经媒体报道中，我们经常看到"××公司总资产超过万亿元""××公司在××董事长的管理下，短短几年间资产总额迅速增长到××千亿元"……这种报道给人的感觉是××公司好厉害、××董事长好厉害。

事实真的是这样吗？

资产总额多，资产高速增长，并非一定是好事

其实，公司总资产超过 1 万亿元不一定是好事，总资产增长迅速也不一定是好事。

公司总资产很多、增长很快，但公司破产倒闭的事情屡见不鲜。

例如，海航集团创建于 1993 年，集团的总资产在 2016 年突破 1 万亿元，在 2017 年达到 1.23 万亿元。但是，2021 年 1 月 29 日，海航集团收到海南省高级人民法院发出的破产重整通知书，破产重整通知书上说，因海航集团无力偿还到期债务，海航集团的债权人申请法院对海航集团破产重整。也就是说，海航集团无力偿还债务，破产了。

泰禾集团：资产高速增长，股东却亏损

泰禾集团（000732）是在深圳证券交易所上市的房地产开发公司，其在全国各地开发的"泰禾院子"被很多人视作高端别墅。

2016—2020 年，泰禾集团的总资产从 1,233 亿元增长到 2,168 亿元，增加了 935 亿元。短短的几年之间，总资产几乎翻倍。

泰禾集团的总资产是怎么增长的呢？前文讲过，资产＝负债＋股东权益，因此，资产的增长，必然伴随负债或者股东权益的增长（关于这一点，我们在后续内容中进行讲解）。那么，泰禾集团的具体情况是怎样的呢？

我们看看泰禾集团的负债与股东权益。2016—2020年，泰禾集团的总负债从1,016亿元增长到1,967亿元，增加了951亿元；股东权益从217亿元变成200亿元，不但没有增加，反而减少了17亿元。这几年中，泰禾集团给股东分过红，那么，分了多少呢？大约10亿元。加上这10亿元的分红，泰禾集团的股东权益从217亿元减少到210亿元，净减少7亿元。在这期间，泰禾集团的资产负债率从2016年年底的82.4%上升到2020年年底的90.7%。

通过以上数据，我们可以看出来，2016—2020年，泰禾集团总资产的高速增长完全是通过借债实现的，其总资产中，属于股东的那部分不但没有增加，反而减少了7亿元。在绝大多数情况下，股东权益减少，意味着公司的经营是亏损的。

2016—2021年，泰禾集团的资产总额、负债总额、股东权益的变动情况如图7-1所示。从图7-1中可以看出，泰禾集团资产的增加几乎完全是通过增加负债实现的，属于股东的权益从2019年开始连续减少。

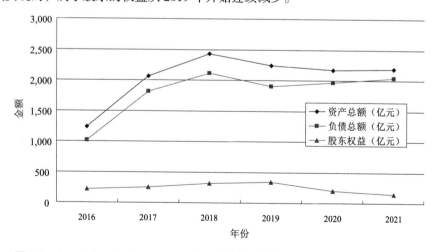

图7-1　2016—2021年，泰禾集团的资产总额、负债总额、股东权益的变动情况

数据来源：泰禾集团历年年报

结果怎么样呢？2020 年 7 月 6 日，泰禾集团债券违约——泰禾集团通过发行债券向投资者借了债，7 月 6 日是付利息的时间，泰禾集团没有按规定付利息。泰禾集团为什么没有按时付息呢？因为欠债太多了，公司是亏损的，没钱还债了。

根据泰禾集团的公告，截至 2021 年 7 月 30 日，泰禾集团已到期未归还借款为 436.93 亿元。根据泰禾集团发布的 2021 年第三季度季报，截至 2021 年 9 月 30 日，泰禾集团手里的货币资金只有 19 亿元。

恒大集团：从总资产目标为 3 万亿元到变卖家产还债

据媒体报道，2018 年 3 月 26 日，在中国恒大集团 2017 年全年业绩发布会上，恒大集团管理层表示："新恒大是指今天的恒大，现在的恒大总资产 1.76 万亿元，和上市前（2008 年）的数据相比，（总资产）增长了 62 倍。净资产 2,422 亿元，和 2008 年的 86 亿元相比，增长了 28 倍……按照从今年开始进入恒大第 8 个三年计划来说，新蓝图就是在 2020 年，恒大要实现总资产 3 万亿元。"

在上面这个讲话中，恒大集团管理层说了恒大集团的总资产增长了 62 倍，说了净资产（股东权益）增长了 28 倍，唯独没有说恒大集团的总负债增长了多少倍。

恒大集团于 2009 年 11 月在中国香港联合交易所上市。根据恒大集团财务报表，2008 年，恒大集团的资产总额为 286 亿元、负债总额为 200 亿元、股东权益（净资产）总额为 86 亿元。根据恒大集团 2020 年的财务报表，2020 年年底，恒大集团的资产总额为 23,012 亿元、负债总额为 19,507 亿元、股东权益（净资产）为 3,505 亿元。同时，根据恒大集团的历年财务报表，自上市起，至 2020 年，恒大集团总共向股东支付了 1,142 亿元的股息。2020 年，恒大集团的资产总额是 2008 年的资产总额的 80.5 倍，包括已支付给股东的 1,142 亿元股息在内的净资产是 2008 年的净资产的 54 倍。那么，2020 年，恒大集团的负债总额是 2008 年的负债总额的多少倍呢？答案是 97.5 倍。恒大集团的负债率从 2008 年年底的 69.93%，大幅上升到 2020 年年底的 84.8%。

2008—2020 年，恒大集团的资产总额增长得非常快，但是，与前文讲过的泰禾集团一样，负债总额的增长速度超过资产总额的增长速度，恒大集团资产的增长几乎完全是通过借债实现的。

结局怎么样呢？恒大集团的结局比泰禾集团还要差。根据恒大集团 2022 年的年报，到 2022 年年底，恒大集团的净资产为 –4994.7 亿元，即恒大集团已经资不抵债，处于破产状态。

2021 年 6 月以来，恒大集团的债务问题屡次成为重大财经新闻。很多人好奇，恒大集团的债务有多少亿元？恒大集团会不会发生债务违约？2021 年 12 月 3 日，恒大集团在香港联合交易所发布公告说，公司收到要求本公司履行一项金额为 2.6 亿美元担保义务的通知，并称在集团未能履行担保或其他财务责任的情况下，可能导致债权人要求债务加速到期。这个公告的意思是，我们有一个金额为 2.6 亿美元的债务到期了，但我们没钱按时还钱。也就是说，恒大集团已经实实在在地违约了。

2022 年 1 月 10 日，恒大集团在集团官网上宣布，为节约成本，公司已将集团总部从深圳卓越后海中心搬出，并已办理退租手续，总部将搬迁到恒大集团在深圳的自家写字楼中。

2022 年 11 月 28 日，媒体报道称，恒大集团已将深圳湾的总部以 75.43 亿元的总价卖掉了，这 75.43 亿元的资金很可能用于偿还债务。

资产增长的质量

通过上面的例子，我们可以看出，企业的资产总额并非越多越好，资产增长速度也不是越快越好。

对于企业资产总额，不仅要看增长的速度，更要看增长的质量。那么，怎么看增长的质量呢？

我们说过，"总资产 = 总负债 + 股东权益"是一个基本的会计等式。从这个等式中，我们可以看出，资产的增长必然伴随负债或股东权益的增长。具体地说，资产的增长可能来自 3 个方面，一是负债的增长，二是股东权益的增长，三是负债与股东权益的同时增长。

股东权益包括 4 个部分，即实收资本、资本公积、盈余公积与未分配利润。其中，盈余公积与未分配利润完全是企业通过自身生产经营活动赚到的利润，资本公积中有一部分是企业通过自身生产经营活动赚到的利润（关于股东权益的构成，我们会在第九讲、第十讲中详细讲到）。

如果企业总资产增长中，大部分，甚至绝大部分来自盈余公积与未分配利润的增长，那么，资产增长的质量就非常高，这样的资产增长才是可持续的增长。

如果像泰禾集团、恒大集团那样，资产的增长几乎完全来自负债的增长，负债增长的速度超过资产增长的速度，那么，这种资产增长不可能是可持续的增长。这样的企业如果不做出改变，迟早发生债务危机，导致"眼见他起高楼，眼见他宴宾客，眼见他楼塌了"的情况发生。

现实生活中，企业资产的增长通常既来自负债的增长，也来自股东权益的增长，而且其中负债的增长占大部分。但即使这样，正常情况下，负债的增长速度也应该低于资产的增长速度。

五

资产的质量：微软的市值始终在全球前 5 名的原因

分析企业的资产时，不仅要看资产的总量，更要看资产的质量。资产的质量不仅是单项资产的质量，也是企业所有的资产作为一个资产组合的质量，包括资产的变现能力与盈利能力。那么，如何评价企业资产的质量呢？企业应该如何提高资产质量呢？

资产结构

企业有很多不同类型的资产，对于不同类型的资产，质量评估的标准与方法不一样。不过，不管用什么标准与方法，资产结构是衡量企业资产总体质量的一个重要方面。

资产结构是不同类型的资产在企业总资产中所占比重的情况，资产结构是否合理，是企业资产质量是否较高的一个重要衡量指标。

首先，可以分析企业流动资产与非流动资产在企业总资产中所占的比重。流动资产与非流动资产在总资产中所占的比重应该处于一个比较合理的平衡状态。前文介绍过流动资产与非流动资产的优缺点，流动资产多，可以保证企业短期有足够的资金偿还债务，但是，流动资产过多不仅会降低企业当前的收益率，而且会导致企业的发展缺乏后劲，降低其未来的收益率，影响其可持续增长能力；非流动资产多，可以提高企业的潜在收益率，但是，非流动资产过多可能导致企业缺乏偿还到期债务的资金。

其次，可以分析非流动资产中固定资产与专利权等无形资产的比重及其增长状况，从中可以看出资产当前的盈利能力与未来的盈利能力。

无形资产中的发明专利等知识产权是企业持续发展能力的重要保障，因此，研发支出及其产生的无形资产占企业总资产的比重也是衡量企业资产质量的一个重要指标。根据发明专利等无形资产总量及其在总资产中所占的比重，可以衡量企业未来的盈利能力。

有些企业不愿意投资固定资产，抱着旧设备能用一天算一天的态度，即使设备已经老化，而且市场上已有功能更好的新设备，仍然不愿意更新设备。在这种企业中，固定资产总额及其在总资产中所占的比重鲜有增加，甚至可能逐年下降。相应地，这种企业的盈利能力很可能难以持续。

当然，行业不同，资产中流动资产与非流动资产的比重会有很大不同。例如，服务行业中，企业的流动资产的占比通常比较高，而制造业中，企业的非流动资产的占比通常比较高。如果一个制造业企业的非流动资产占比明显低于行业平均水平，特别是固定资产与专利权等知识产权的占比明显低于行业平均水平，那么，这个企业的长期盈利能力值得怀疑。

再次，可以分析单项资产在总资产中所占的比重。例如，货币资金包括现金、银行存款与其他货币资金，在企业的各种资产中，货币资金的回报率是最低的——现金没有收益，而我国中央银行活期存款的年利率只有 0.35%（2022 年数据）。企业持有大量的货币资金，显然会降低企业的回报率。

最后，商誉在企业总资产中所占的比重也是衡量企业资产质量的一个指标。商誉是企业在收购过程中多付的金额，A 股市场上，有些上市公司的总资产中，商誉占了很大一部分。例如，学大教育（000526）是在深圳证券交易所上市的公司，根据学大教育 2020 年财务报表，截至 2020 年 12 月 31 日，公司资产总额为 35.15 亿元、商誉总额为 15.28 亿元——商誉占总资产的比重达到 43.47%。

虽然收购一个优质的目标公司能够给收购方带来优质资产，从而提高企业的收益能力，但正如巴菲特所说，过高的收购价格会抵销未来几年甚至十几年的利润。例如，在第五讲中介绍商誉的时候，我们介绍过，A 股上市公司盈康生命（300143）在 2021 年 5 月以 6.31 亿元的现金收购了苏州广慈，而苏州广慈账面净资产的公允价值为 0.55 亿元，两者之间的差额为 5.76 亿元，这一差额就是盈康生命的商誉。我们简单计算就会发现，盈康生命用这 0.55 亿元的资产去投资，即使每年的净利润率高达 50%，也需要大约 6 年的时间才能赚回这多付的 5.76 亿元。

格力电器的未来如何

格力电器近几年来备受各界关注，原因之一是公司董事长董明珠极其高调地成为网红。将目光转向格力电器的业绩，大家会发现，格力电器的营业收入与净利润在 2019 年达到顶峰后就开始下降。资产质量问题不仅是格力电器近年来业绩下降的原因之一，而且可能在未来数年中对格力电器的业绩产生不利影响。

首先，2016—2021 年，格力电器的总资产中，流动资产所占比重高达 75% ~ 80%，而它的主要竞争对手美的集团的同一数据为 60% ~ 70%。2016—2021 年，格力电器与美的集团流动资产占总资产的比重如图 7-2 所示。

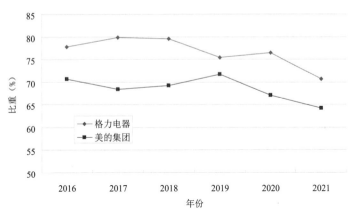

图 7-2　2016—2021 年，格力电器与美的集团流动资产占总资产的比重

数据来源：格力电器与美的集团历年年报

其次，2016—2021 年，格力电器的总资产中，货币资金（现金与银行存款等）所占比重始终高达 45% ~ 50%，而它的主要竞争对手美的集团的同一数据只有 20% ~ 25%。让人有点迷惑不解的是，格力电器手里拿着这么多货币资金做什么？

最后，2016—2021 年，6 年中，格力电器的研发支出达到 356 亿元，不算少，但是，它的主要竞争对手美的集团同期的研发支出高达 546 亿元。显然，美的集团更加依靠技术创新驱动增长。

受以上数据影响，虽然格力电器与它的主要竞争对手美的集团的总资产规模、资产负债率大体相当，但 2021 年第一季度，无论是营业收入还是净利润，格力电器都首次被美的集团超越。在股票市场上，格力电器也被美的集团远远超出——2022 年年底，格力电器的市值大约为 1,900 亿元，而美的集团的市值大约为 3,800 亿元。

雷军：微软研发费用很高，它岂不成为"日不落帝国"

企业有很多不同类型的资产，对于不同类型的资产，可以用不同的方法提高其质量。总体而言，企业可以从以下几个方面入手提高资产质量。

第一，及时进行设备的更新改造，因为先进的设备能够提高企业的生产效率。

第二，研发支出可以帮企业获得专利权等知识产权，从而从技术上为企业构筑护城河，创造竞争优势。有些企业不愿意投资研发，几乎没有专利权等无形资产，这会导致企业的创新能力不足。这种企业的资产质量较差，持续盈利能力也值得怀疑。

比较典型的例子是我国绝大部分上市医药企业的销售费用远远高于研发支出，而销售费用主要为人员薪酬、市场费用、会务费、业务（招待）费、差旅费、广告（宣传）费、运输费等。例如，2021 年 6 月 3 日在我国 A 股科创板上市的圣诺生物（688117）是一家生物制药公司，公司主营业务为研究、开发、销售生物医药中间体，及相关技术转让和技术咨询。根据该公司的招股说明书，在 2017 年至 2020 年上半年的 3 年半中，该公司的研发支出总共约为 4,862.43 万元，而销售费用合计高达 4.07 亿元。也就是说，该公司的研发支出只有销售费用的大约 11.95%。此外，圣诺生物的研发支出及其占营业收入的比重在不断下降，招股说明书显示，2017 年、2018 年、2019 年和 2020 年上半年，圣诺生物的研发支出分别为 1,447.09 万元、1,568.43 万元、1,159.81 万元、687.10 万元，占同期营业收入的比重分别为 7.44%、5.64%、3.55%、3.91%。与此同时，圣诺生物的销售费用却在增加，特别是 2019 年，增至 1.67 亿元，占营业成本的比重超过 50%。这不得不让人思考：这家公司到底是科创公司，还是销售公司？这家公司未来的创新能力是非常让人怀疑的。

小米公司是我国一家"网红公司"，据媒体报道，2018 年 4 月 25 日，小米创始人雷军说："研发费用不是越多越好，微软的研发支出很高，如果研发费用越多越好，那微软岂不是成了'日不落帝国'？"

雷军恐怕不知道，自 2000 年起，全球所有上市公司市值进过前 10 名的公司中，只有微软公司始终保持在前 5 名之内，连有史以来第一个市值连续突破 1 万亿美元、2 万亿美元与 3 万亿美元的苹果公司都没能做到这一点。而且，微软公司已经不是以前的微软公司了。微软公司将研发费用投入云计算等方面，打造了它在云计算领域的护城河，2021 年第一季度，云服务的净利润已占微软净利润总额的大约 45%。微软公司早已不再仅靠出售 Windows 操作系统与办公软件 Office 赚钱了，在未来很长一段时间内，依靠着在云计算领域的优势，微软公司很可能继续保持它在全球所有上市公司中市值位居前 5 的地位。

雷军的上述言论遭到很多人的批评。可能是因为作为创始人的雷军始终抱着"研发费用不是越多越好"的观念，所以，在很多人眼中，小米公司与联想集团一样，近似于一个组装厂，所产产品始终在中低端上挣扎。

当然，研发费用的支出要讲究效率，如果研发费用大部分被浪费了，那么，研发费用确实不是越多越好。

第三，在收购兼并中，慎重选择收购标的公司，并避免支付过高的价格。正如巴菲特所说，过高的收购价格会抵销未来几年甚至十几年的利润。前文讲过的 A 股上市公司盈康生命（300143）在 2021 年 5 月以 6.31 亿元的现金购买苏州广慈就是一个典型的例证，这里不再赘述。

表外资产与表内资产：表外资产可能导致资产总额被低估

企业的资产包括表内资产与表外资产，分析企业的资产时，我们还需要考虑企业的表外资产。

表内资产与表外资产

这里的"表"指的是企业的资产负债表，表内资产是企业列在资产负债表中的所有资产，即前文讲过的资产。

表外资产是没有或者不能列在资产负债表中的资产，包括以下三类。

一是企业自愿选择不将它们列入资产负债表的资产。按照会计准则，这类资产是企业的资产，可以列入资产负债表，但是，在会计准则允许的范围内，企业可以选择不将它们列入资产负债表。这类资产包括衍生工具等，这一操作是会计准则容许的一种会计技巧。

二是根据会计准则，从一开始就不能算作企业的资产，却能够给企业带来经济利益的资产。这类资产不符合会计准则关于资产的定义与确认条件，因此，不能算作企业的资产。这类资产除了品牌、优质客户、渠道关系等自创商誉，还有优秀的管理团队与技术人员，他们属于企业的人力资本，是企业的资产，但是，与企业的品牌等自创商誉一样，不能计入企业的资产负债表。

三是根据会计准则，本来属于企业的资产，但因为某种情况的发生，不再作为企业资产的资产。这种资产虽然不再列入资产负债表，但能给企业带来经济利益。按照计划已经提足折旧，但仍在使用的固定资产，属于这一类表外资产。例如，一个设备的购置成本为 1,000 万元，使用寿命为 5 年，预期到第 5 年年底，设备完全报废。按照直线折旧法，该设备每年计提 200 万元的折旧。第 5 年年底，企业发现这个设备的状态良好，可以继续使用，但按照会计准则，这个设备已经报废，不再列入企业的资产负债表，此时，这个设备就成了表外资产。

表外资产的影响

表外资产是没有列入资产负债表的资产，可能对企业产生两方面的影响。

一是资产负债表并不一定能够充分反映企业所拥有或者控制的资源状况，即资产负债表可能低估企业所拥有或者控制的资源。

二是表外资产的存在可能让大家高估企业的总资产回报率。例如，一家公司2021年的净利润为6亿元，公司的表内资产为100亿元、表外资产为20亿元。总资产回报率等于净利润除以总资产，通常情况下，总资产回报率公式中的总资产是表内资产总额。如此一来，该公司2021年的总资产回报率=6亿元÷100亿元=6%。但其实，若将表外资产包括在内，该公司2021年的总资产回报率=6亿元÷120亿元=5%。

生产经营过程中，企业实际上在利用表外资产赚钱，特别是奢侈品企业，利润中有很大一部分来自品牌溢价。因此，计算总资产回报率的时候，将表外资产包括在内是有合理之处的。

不过，正如前文所讲，对品牌等自创商誉的估值难以做到客观、公正，会计准则不承认品牌等自创商誉是企业的资产也有合理之处，否则，企业很容易利用所谓的自创商誉来弄虚作假。

总资产与总市值：工商银行总资产约有 35 万亿元，总市值只有 1.6 万亿元

在财经媒体上，我们经常看到"总资产"与"总市值"这两个名词。这两者存在一定的联系，但更多的是不同。

第一，总资产是以历史成本为基础的，反映的是企业资产的账面价值；总市值是公司在市场上的价值，反映的是企业的市场价值（关于账面价值与市场价值，我们在后续内容中进行讲解）。上市公司的总市值，是公司的股份总数与股价的乘积。

第二，前文讲过，总资产是企业过去历年经营成果的累积，总市值则更多的是市场对企业未来综合盈利能力的预期，综合盈利能力，取决于企业的资产质量、管理水平等。总市值只是一种预期，而预期受多种因素影响，随时可能改变，因此，总市值随时变动。例如，特斯拉的市值就经常随着股价的暴涨、暴跌而发生剧烈变化——2020 年 12 月 7 日，特斯拉股价大涨 7.13%，市值随之大涨 800 亿美元；2022 年 1 月 13 日，特斯拉股价大跌 6.75%，市值随之大跌 700 亿美元。

总资产与总市值之间并不存在必然的联系。例如，2021 年 12 月 31 日，中国工商银行的总资产为 35.17 万亿元，总市值只有大约 1.6 万亿元，1 元资产对应的市值只有 0.05 元；A 股上市公司宁德时代的主业为新能源汽车电池系统与储能系统的研究开发，2021 年 12 月 31 日，宁德时代的总资产为 3,076 亿元，总市值为 1.4 万亿元，1 元资产对应的市值达到 4.55 元。

八

重资产与资本密集：中金公司是资本密集，但不是重资产

"重资产"与"轻资产"是我们经常听说的一对概念。在会计准则与财务会计核算中，并没有这两个概念，不过，在财务报表分析与财务管理等工作中，人们会经常使用这一对概念。一个企业是重资产型企业，还是轻资产型企业，会在企业的资产负债表上反映出来。

重资产与重资产行业

重资产通常指企业的有形资产，即有实物形态、看得见摸得着的资产，包括存货、固定资产、在建工程等。厂房、设备等固定资产，是典型的重资产。

重资产行业是行业内企业的总资产中有形资产（特别是固定资产）占比高的行业，相应地，重资产企业是企业的总资产中有形资产占比高的企业。比较典型的重资产行业包括航空业、交通运输业、酒店业、建筑业等。在上海证券交易所上市的京沪高铁（601816）是一个典型的重资产企业，根据京沪高铁2020年的财务报表，截至2020年12月31日，它的总资产为3,008亿元，其中，固定资产为2,305亿元，固定资产占总资产的比重接近80%。

重资产行业的优点之一是这种行业对资金与技术的要求比较高，没有足够多的资金与足够强的技术实力，想进入这种行业赚钱是不太容易的事情；优点之二是行业内企业通常有大量的固定资产，有利于让供应商、客户，特别是债权人树立对企业的信心——即使企业没有现金偿还债务，也可以将企业的固定资产拿去拍卖，用来还债。

重资产行业的缺点之一是有形资产，特别是固定资产的投入会占用大量的资金，导致企业的机会成本巨大，例如，购置一个大型设备可能需要1亿元，而这

1亿元设备投资可能需要几年，甚至更长的时间才能回本；缺点之二是有形资产的投资会形成大量固定资产，固定资产的变现能力差、风险高；缺点之三是大量的固定资产投资会导致企业的回报率低下，例如，京沪高铁2020年的净资产收益率只有1.74%。

轻资产与轻资产行业

轻资产通常指企业的无形资产，即没有实物形态的资产，主要包括知识产权、人力资本、管理经验、资金等。

轻资产行业是行业内企业的总资产中无形资产占比高、有形资产（特别是固定资产）占比低的行业，比较典型的轻资产行业是金融业、IT业、传媒出版业、咨询业等。轻资产企业是企业的总资产中无形资产占比高、有形资产（特别是固定资产）占比低的企业，例如，在A股创业板上市的中信出版（300788）的主业是图书出版，根据中信出版2020年度的年报，截至2020年12月31日，公司总资产为30亿元，其中，固定资产只有1,242万元；另一个典型是在上海证券交易所上市的中金公司（601995），其主业是提供金融服务，根据中金公司2020年度的年报，截至2020年12月31日，公司总资产高达5,216亿元，但固定资产只有5亿元。

轻资产行业的优点之一是资产的变现能力强，风险较低；优点之二是资产的回报率较高，例如，中信出版2020年的净资产收益率为15.7%，中金公司2020年的净资产收益率为13.5%。

重资产与资本密集

资本（资金）密集型行业是需要大量资本投入的行业，资本（资金）密集型企业是需要大量资本投入的企业，资本（资金）密集型行业中的企业，通常是资本（资金）密集型企业。

重资产行业一般是资本密集型行业，因为固定资产等有形资产需要大量的资金投入。但是，资本密集型行业不一定是重资产行业，因为投入的资金不一定成为固定资产等有形资产。

例如，金融业是资本密集型行业，需要投入大量的资金，但是，金融业并不是重资产行业。中金公司（601995）是我国证券业的头部企业之一，也是一个典型的金融业企业，主业是金融服务。截至 2021 年 12 月 31 日，中金公司的总资产高达 5,650 亿元，其中绝大部分是货币资金与金融资产。中金公司是一个资本密集型企业，但是，中金公司的固定资产只有 6.8 亿元，因此，中金公司不是重资产企业。

比亚迪（002594）的主营业务是二次充电电池业务、手机部件及组装业务，以及包含传统燃油汽车、新能源汽车在内的汽车业务。截至 2021 年 12 月 31 日，比亚迪的总资产为 2,958 亿元，其中固定资产为 612 亿元、在建工程为 203 亿元，两项合计，高达 815 亿元。显然，比亚迪既是资本密集型企业，也是重资产企业。

第八讲

读懂资产负债表（2）：负债

本讲，我们讲解资产负债表中的负债。具体地说，我们讲解企业负债的各个组成部分及其含义，以及如何在整体上了解负债可能对企业产生的影响。

负债：恒大集团的"2023年还清各种债务"

近年来，恒大集团的债务问题是备受关注的国内财经问题之一。

2022年6月，恒大集团的一位债权人曾向香港特别行政区高等法院提出对恒大集团进行破产清算。破产清算即宣告公司破产，将公司的资产出售，用来偿还债权人的债务，还清债权人的债务后，将剩余资产分给股东。

2023年1月1日，网络上流传着据说是恒大集团管理层发出的《致全体恒大人的一封家书》（以下简称《家书》）。在《家书》中，恒大集团管理层表示："2023年是恒大履行企业主体责任、千方百计保交楼的关键年。我坚信，我们一定能偿还各种债务、化解风险。"

那么，恒大集团的债务问题到底是怎么形成的？恒大集团的债务到底有多少？包括哪些债务？

要回答上述问题，我们需要了解什么是债务。

恒大集团为什么发生债务问题

2021年7月19日，广发银行江苏宜兴支行对恒大集团申请诉前财产保全，即申请冻结恒大集团存款共计1.32亿元。广发银行江苏宜兴支行采取这一行动，是担心恒大集团没钱偿还在广发银行江苏宜兴支行借的贷款，便先下手为强，把恒大集团存在自己这里的存款冻结，不许恒大集团动用，以便万一恒大集团真的还不起债，它至少可以将这1.32亿元的存款用来抵债。这一消息引发恒大集团的股价与债券价格暴跌，恒大集团的市值缩水近620亿元。

2021年12月3日，恒大集团在香港联合交易所发布公告说，公司收到要求本公司履行一项金额为2.6亿美元担保义务的通知，并称在集团未能履行担保或其他财务责任的情况下，可能导致债权人要求债务加速到期。这个公告的意思是，我们有一个金额为 2.6 亿美元的债务到期了，但我们没钱按时还钱。也就是说，恒大集团已经实实在在地违约了。

根据恒大集团 2020 年的财务报表，2020 年年底，恒大集团的资产总额为 23,012 亿元、负债总额为 19,507 亿元。根据恒大集团的财务报表，恒大集团的资产总额比负债总额多 3,505 亿元，远没有到资不抵债的程度，那么，恒大集团为什么会出现债务问题？

恒大集团出现债务问题的原因很多，其中的根本原因是负债太多，负债率过高。2020 年年底，恒大集团的负债总额为 19,507 亿元，整体负债率高达 84.8%。恒大集团出现债务问题的直接原因也很多，有些直接原因可以从恒大集团资产负债表的负债中看出来的。接下来，我们详细介绍负债相关知识。

什么是负债

根据会计准则，负债是由企业过去的交易或者事项形成的现时义务，履行该义务，预期会导致经济利益流出企业。我们可以从以下几个方面来理解负债。

首先，负债是由已经发生的交易或者事项形成的，因此，未来的、预期的交易或者事项不是企业的负债。

其次，负债是由企业过去的交易或者事项形成的，即负债可能通过交易产生，也可能通过其他方式产生。例如，企业采购原材料产生的应该付给供应商的应付账款是通过交易产生的；恒大集团在 2021 年 12 月 3 日没有按时偿还 2.6 亿美元的债务，从而构成实质性违约，这 2.6 亿美元的债务是通过担保产生的。

再次，负债是企业当前就需要承担的义务。虽然并不一定是企业现在立刻就需要偿还的，但至少在当前就已经明确企业是需要偿还的。

最后，负债会导致经济利益从企业中流出，导致企业经济资源的减少。这种经济资源或者经济利益并不一定是货币资金，也可能是实物等其他形式。例如，在 A 股上海证券交易所上市的三棵树（603737）是恒大集团的供应商，2021 年 9 月 8 日，三棵树发布公告，表示恒大集团拖欠三棵树货款 3 亿余元，恒大集团准备以位于武汉、鄂州、深圳等地的价值 2.2 亿元的房产抵偿部分债务。

在账户式资产负债表中，负债位于右上方。与资产一样，负债也按期限长短排列，上面是流动负债，下面是非流动负债。

流动负债

任何企业，都有一定金额的流动资产，相应地，也都有一定金额的流动负债。那么，什么是流动负债？它有什么特点？为什么企业必然会有流动负债呢？

什么是流动负债

流动负债，也叫短期负债，即在一年内或超过一年的一个营业周期内偿还的负债，包括短期借款、应付账款、应付票据、应付利息、预收账款等。

按照流动负债的来源，可以将流动负债分为以下三类。

一是融资活动形成的流动负债，包括短期借款等。融资活动，即企业为生产经营而筹集资金的活动，包括向银行借款、发行股票与债券等。

二是营业活动形成的流动负债，包括应付账款、应付票据、预收账款、应付工资、应付福利费、应交税金等。这部分负债是在日常经营活动中产生的，例如，企业只要有日常经营活动，就必然要向员工支付工资，就会产生应付工资。

三是收益分配形成的流动负债，包括应付股利等，这部分负债是企业应该从利润中拨出，分给股东的那一部分，例如，企业 A 与企业 B 进行合作经营，按协议，企业 A 应该将净利润中的 30% 支付给企业 B，这部分应该支付给企业 B 的净利润在实际支付以前是企业 A 的流动负债。

通过了解流动负债的来源，我们可以看出为什么企业必然会有流动负债。即使企业没有第一类与第三类流动负债，也必然会有第二类流动负债，因为几乎没有企业所有的交易都是现金交易。企业不太可能全部用现金支付货款，也不太可能每天给工人按照一天的工作量支付一天的工资，因此，企业不太可能没有应付账款与应付工资。

通常情况下，流动负债是为了进行流动资产投资而发生的负债。前文讲过，企业必须有一定金额的流动资产，才能维持正常的生产经营活动。流动资产包括货币资金（现金与银行存款）、存货、应收账款等，流动资产投资所需要的资金通常以流动负债的方式筹集。一般情况下，企业的流动资产不会很多，相应地，流动负债也不会很多。

流动负债的特点

流动负债的特点之一是成本低，甚至没有成本，这也是流动负债的一个优点。负债的成本是付给债权人的利息，流动负债的利率很低，甚至不用支付利息。

应付账款是流动负债的主要部分，其成本通常比较低，而且有时候，销货方会给购货方一定的宽限期。假设企业 A 从企业 B 手中购买了价值 10 亿元的产品，企业 B 说在 30 天之内付清货款就可以，那么，这 30 天就是企业 B 给企业 A 的宽限期，相当于企业 B 让企业 A 在未来 30 天内免费使用自己的 10 亿元资金。有时，有些销货方会对购货方说，如果你在 10 天之内付清货款，我可以给你打个 98 折，这时候，应付账款就有成本了。

对于银行来说，储户存在银行的活期存款就是银行的流动负债。2022 年，我国中央银行活期存款的年利率只有 0.35%，储户差不多是免费把资金给银行使用。

流动负债的特点之二是会导致企业短期偿还债务的压力比较大，对企业资金链安全性的要求比较高，这是流动负债的一大缺点。流动负债需要在一年内或超过一年的一个营业周期内偿还，因此，企业必须有足够的资金偿还这些短期债务——这需要企业自己始终有足够的现金或者银行存款用来偿还债务，或者企业在债务到期的时候能够弄到足够多的资金来偿还债务。如果企业的负债中，流动负债所占的比重比较高，企业偿还债务的压力会比较大，因为企业可能需要不停地借新债还旧债，这对企业资金链安全性的要求很高。

非流动负债

与流动负债对应的，是非流动负债。那么，什么是非流动负债？非流动负债包括哪些负债？非流动负债有什么特点？

什么是非流动负债

非流动负债是长期负债，即偿还期在一年以上或超过一年的一个正常营业周期以上的负债，主要包括长期借款、应付债券、长期应付款等。

按照非流动负债的来源，可以将非流动负债分为以下三类。

一是企业向银行或者其他机构借债产生的长期借款，例如，从银行借入的5年期贷款。

二是以公开或者私募发行债券等方式向公众或者机构借入的资金，即发行债券产生的债务。

三是通过分期付款方式购入设备等固定资产与专利权等无形资产产生的应付账款，以及通过融资租赁租入固定资产产生的租赁费等。

非流动负债通常是为筹集长期投资项目（非流动资产）所需要的资金发生的，例如，为购买大型设备而向银行借入的中长期贷款。

非流动负债的特点

非流动负债的特点之一是期限比较长，利率比较高。非流动负债的利率比较高，因此，非流动负债的成本比较高，这是非流动负债的一个缺点。

非流动负债的利率比较高的原因在于非流动负债的风险比较大。例如，储户把钱作为活期存款存入银行，一般情况下随时可以取出来，不用担心银行倒闭，存款的风险很小，因此，银行只给 0.35% 的年利率，储户也能接受。但是，如果储户把钱作为 20 年期的定期存款存入银行，就算银行给 8% 的存款利率，储户也有可能觉得这个存款利率太低了，因为 20 年后银行有没有倒闭都难说，存款的风险很大。

非流动负债通常用于购置固定资产，因此，非流动负债的金额比较大、期限比较长，而且成本比较高。企业要为非流动负债支付大量的利息，较高的利息支出会成为企业的一项长期的固定性支出，这是非流动负债的一个缺点。

非流动负债不需要在一年内偿还，因此，企业短期偿还债务的压力比较小。同时，债务的利息支出是企业的费用支出，是可以税前扣除的，承担负债可以帮助企业减少税收负担，这是非流动负债的一个优点。流动负债的利息支出也是税前扣除的，不过，流动负债的利息支出通常很少。

用一个简单的例子来说明负债的这个优点。假设企业 A 2021 年的毛利润是 100 亿元，因为有贷款，付了 20 亿元的利息给银行，企业的所得税率为 25%，企业 A 没有别的收入与成本费用，那么，企业 A 在 2021 年应该缴纳的税款为 (100 亿元毛利润−20 亿元利息支出) ×25%=20 亿元。如果企业 A 在 2021 年没有任何负债，就没有利息支出，那么，它在 2021 年的应纳税款为 100 亿元毛利润 ×25%=25 亿元。由此可见，在有负债的情况下，企业 A 可以少缴 5 亿元的税。使用负债来降低企业的税收负担，是一种常用的、合法的税务筹划。

负债总额与负债率：负债"双高"是中国房地产行业的顽症

借钱是要还的，因此，企业要合理负债。有些企业盲目地通过借债做大，结果通常是发生债务违约，甚至破产重整。

要了解一家企业的财务健康状况，需要了解它的负债状况；而要了解一家企业的负债状况，需要了解它的负债总额与资产负债率。

企业的年度资产负债表的负债部分中，有一行为"负债总额"，或者"总负债"。这是企业在每个会计年度末的所有负债，即流动负债与非流动负债之和。负债总额越多，偿还债务的压力越大。

2021年，我国一些企业发生了债务问题，这些企业有一个共同点，即负债总额很高。例如，负债问题严重的房地产开发企业恒大集团2020年12月31日的负债总额为19,507亿元；华夏幸福也是负债问题严重的房地产开发企业之一，截至2020年12月31日，华夏幸福的负债总额高达3,973亿元。2021年，华夏幸福发生债务违约，截至2021年12月21日，华夏幸福累计未能如期偿还的债务本息合计1,078亿元。

资产负债率是另一个非常重要的指标。资产负债率是负债总额与资产总额的比率，这个比率越高，企业偿还债务的压力越大。

2021年，房地产行业是我国发生债务问题最多也最严重的行业，恒大集团、泰禾集团、华夏幸福都发生了债务违约。据统计，房地产企业的资产负债率普遍很高，截至2020年年底，恒大集团的资产负债率为84.8%、华夏幸福的资产负债率为85%、泰禾集团的资产负债率高达90%。

我国A股部分上市房地产公司2017—2021年的资产负债率见表8-1。表8-1中，2021年负债率最高的两家公司——华夏幸福与泰禾集团都在2021年发生了债务问题。

表 8-1　2017—2021 年，A 股部分上市房地产公司资产负债率（%）

年份	万科 A	保利发展	华夏幸福	泰禾集团	华侨城
2017	84	77.3	81.1	87.8	70
2018	84.6	78	86.6	86.9	73.9
2019	84.5	77.8	83.9	85	75
2020	81.3	78.7	81.3	93.2	75.8
2021	79.7	78.4	94.6	93.2	74.9

数据来源：表中公司历年年报

　　2021 年 10 月 1 日，联想集团在我国 A 股科创板提交了 IPO 申请书，随后，在同年 10 月 8 日撤回了申请。联想集团在科创板上市遭到很多人的质疑，原因之一是联想集团的资产负债率太高了。根据联想集团提交的 IPO 申请材料，截至 2021 年 3 月 31 日，联想集团的资产总额为 2,496 亿元，负债总额为 2,259 亿元，资产负债率为 2,259 亿元负债总额 ÷2,496 亿元资产总额 =90.5%——远高于同行业企业。美国的戴尔公司是联想集团的同行业企业，截至 2021 年 1 月 30 日，戴尔公司的总资产为 1,234 亿美元，总负债为 502 亿美元，资产负债率只有 40.7%。

　　不过，联想集团的负债中，大部分是不用支付利息的无息债务，所以联想集团的偿债压力并不大。关于什么是无息负债，我们在后续内容中进行讲解。

五

负债的构成：联想集团负债率 90.5% 却不是问题

影响企业偿债压力的不仅有负债总额与资产负债率，还有负债的构成。我们可以从两个方面入手分析企业的负债构成，一是有息负债与无息负债占总负债的比例，二是流动负债与非流动负债占总负债的比例。

有息负债与无息负债

有息负债是企业负债中需要支付利息的负债，一般情况下，短期借款、长期借款、应付债券、一年内到期的非流动性负债、一年内到期的融资租赁负债、长期融资租赁负债等都是有息负债。

无息负债是企业负债中不需要支付利息的负债，一般情况下，应付账款、预收账款、应交税费、应付利息、其他应付款等都属于无息负债。

在我国，房地产开发企业的资产负债表上有一项负债叫作"预收账款"，是典型的无息负债。在我国，开发商卖的很多房子是期房，业主交给开发商几百万元，甚至上千万元的预付款后，可能要等一两年甚至更长的时间才能收到房子。对于开发商来说，业主的预付款就是预收账款，即其负债。为什么预收账款是开发商的负债呢？因为开发商收了几百万元，甚至上千万元的预付款，但房子没交付给业主，欠着业主一套房子。开发商把房子交付给业主之后，就算还清了这笔债。在这个过程中，开发商预收了业主几百万元，甚至上千万元的预付款，却没有付给业主任何利息，因此，"预收账款"是开发商的无息负债。这是中国的房地产制度中，对业主极不公平的地方之一。

在企业的负债总额中，有息负债所占比例越高，企业的偿债压力越大。

前文曾提及，2021 年 10 月 1 日，联想集团在我国 A 股科创板提交了 IPO 申请书，遭到很多人的质疑，原因之一是联想集团的资产负债率高达90.5%，远高于同行业其他企业。后来，联想集团董事长杨元庆解释说，联想集团的负债中，约70%为应付账款，有息负债比例很小。我们可以看看联想集团的资产负债表，截至2021年3月31日，联想集团的负债总额为2,259亿元，其中，短期借款为46亿元、长期借款为217亿元、应付贸易账款为672亿元、其他应付账款及应计费用为866亿元。从资产负债表上看，46亿元的短期借款与217亿元的长期借款都是有息负债，672亿元的应付贸易账款是无息负债，866亿元的其他应付账款及应计费用中的大部分属于无息负债，总体而言，联想集团的有息负债所占的比例确实比较低。

流动负债与非流动负债

流动负债是在一年内或超过一年的一个营业周期内偿还的负债。如果企业的负债总额中，流动负债所占的比例过大，企业的短期偿债压力会很大。

恒大集团、华夏幸福、泰禾集团等房地产企业之所以发生债务问题，不仅是因为负债太多，也是因为负债总额中，流动负债所占的比例很大。截至2020年12月31日，恒大集团负债总额为19,507亿元，其中，流动负债高达15,073亿元，流动负债占负债总额的比例为77%；华夏幸福债务总额为3,973亿元，流动负债为2,856亿元，流动负债占债务总额的比例为72%；泰禾集团负债总额为1,967亿元，流动负债为1,316亿元，流动负债占负债总额的比例为67%。

前文讲过，流动负债的成本低，可以帮助企业降低资金成本。但是，流动负债对企业资金链的安全性要求比较高，也就是说，企业要保证有足够的资金或者能够及时得到足够的资金，来偿还到期的债务。一旦企业手里没有足够的资金，又无法及时得到足够的资金来还债，就很容易发生债务问题。

我国的房地产企业在2021年大规模地发生债务问题，就是因为它们手里没有足够的资金，又无法及时得到足够的资金。

根据恒大集团的资产负债表，2020年12月31日，恒大集团可以自由使用的现金只有 1,587 亿元。对于恒大集团高达 15,073 亿元的流动负债来说,这 1,587 亿元的现金无异于杯水车薪。

有人可能会说,恒大集团可以增发股票或者借债呀。我们来看一看这两条路是否走得通。

恒大集团为什么不增发股票呢?恒大集团已经在中国香港上市了,本来它非常想在我国 A 股上市的。恒大集团跟 30 多家战略投资者签订过对赌协议,在对赌协议中,恒大集团承诺在 2021 年 1 月 31 日前在 A 股上市。但是,我国近年来严格控制房地产企业上市,恒大集团在 A 股上市的希望破灭了。

恒大集团为什么不借债呢? 2020 年 8 月,中国人民银行、中国银行保险监督管理委员会[1]给房地产划出"三条红线",并且规定,"三条红线"全部踩上的房地产企业,不得增加任何有息负债。也就是说,如果一家房地产企业将"三条红线"全部踩上,那么,它不得再以银行贷款或者发行债券等任何方式借债。恒大集团以前借债太多,"三条红线"全部踩上,因此,不能借新债还旧债。于是,恒大集团只能不断地甩卖资产以筹集资金、偿还债务。

---

1 中国银行保险监督管理委员会,简称银保监会,成立于 2018 年,曾是国务院直属事业单位。2023 年 3 月,中共中央、国务院印发了《党和国家机构改革方案》,在银保监会基础上组建国家金融监督管理总局,不再保留中国银行保险监督管理委员会。5 月 18 日,银保监会正式退出历史舞台。

（六）

表内负债与表外负债：表外负债可能导致企业债务总额被低估

介绍资产的时候，我们说过，企业的资产分为表内资产与表外资产。相应地，企业也有表内负债与表外负债。

表内负债是列示在企业的资产负债表上的负债；表外负债是没有列示在企业的资产负债表上，但实际需要由企业承担的债务。表外资产的存在导致企业的总资产可能被低估，表外负债的存在则导致企业的总负债可能被低估。

表外负债存在的原因很多，其中之一是企业通过表外负债降低企业的负债总额与负债率，以隐瞒负债、美化业绩与企业的财务健康状况。例如，企业 A 资产负债表上的总资产为 1,000 亿元，总负债为 700 亿元，那么，企业 A 的资产负债率为 70%。如果企业 A 还有 200 亿元的表外负债没有列示在资产负债表里，它的实际负债率应为 90%，真实财务状况可能已经相当危险了。

表外负债以多种形式存在，其中以名股实债最为典型。

名股实债是名义上的股权投资，实际上是借债。因为名义上是股权投资，所以，接受投资的企业不用将这些投入的资金作为负债计入企业的负债表。但是，实际上，这些投入的资金是接受投资的企业的债务，是需要接受投资的企业偿还的。

从媒体报道的消息看，恒大集团就存在名股实债的问题。据媒体报道，2017年以来，恒大集团引进了 30 余家战略投资者，这 30 余家战略投资者总共向恒大集团投入了 1,300 多亿元资金，并从恒大集团获得相应的股份。接受投资的同时，恒大集团与这些战略投资者进行了对赌，在对赌协议中，恒大集团承诺在 2021年 1 月 31 日前实现在国内 A 股上市，否则，恒大集团不仅要用 1,300 多亿元从这些战略投资者手中赎回这些股份，还要另外支付 130 亿元的利息给这些战略投资者。在这个对赌协议与投资中，这 30 余家战略投资者接受恒大集团给予他们的股份，名义上成了恒大集团的股东。但是，考虑到恒大集团在 A 股上市的可能性极低，恒大集团几乎肯定不仅要把 1,300 多亿元的本金归还给这些战略投资者，还要付给他们 130 亿元的利息。这实际上是恒大集团向这些战略投资者借债 1,300 亿元，因此，这 1,300 亿元应该算恒大集团的负债。这就是一个以名股实债方式存在的表外负债。

不过，据媒体报道，在恒大集团发生债务问题后，这些战略投资者中，除了 A 股上市公司山东高速（600350）等几个成员已经提前退出，其他成员都将其投资转为恒大集团的股权，从而成为实实在在的股权投资者了。

第九讲

读懂资产负债表（3）：
股东权益

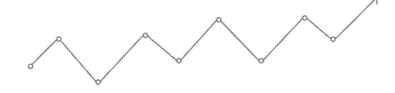

　　在第三讲中，我们讲过，股东权益是企业的资产扣除负债后，剩下的属于企业所有者的那部分资产。也就是说，假设企业因为某种原因解散，企业将债务全部还清后，剩下的那部分资产是净资产，净资产是完全属于股东的，即股东权益。

　　在账户式资产负债表中，股东权益位于右侧的下方。

股东权益的来源：主要来自利润

股东权益既有股东自有资金的投入，也有企业经营的累积，主要来自以下 3 个方面。

一是股东投入的资本，即股东将自有资金投入企业形成股东权益。股东投入的资本包括两部分，一部分是企业创建时，股东投入的资本；另一部分是企业创建后，为扩大生产经营规模而以发行股票的方式筹集的资本。股东购买企业的股票，就是将自有资金投入企业。例如，中国移动在 2021 年 12 月 22 日以发行股票的方式筹集了 560 亿元资金，这 560 亿元就是购买中国移动股票的股东们投入的资金，成了中国移动的股东权益。

二是企业未分配利润的累积。企业使用股东投入的资金和通过其他方式筹集的资金进行生产经营，可能盈利，也可能亏损。那么，盈利或亏损，会对企业的股东权益产生什么影响呢？如果盈利了，而且没有分给股东，股东权益会增加。例如，公司 A 2021 年的净利润为 5 亿元，那么，到 2021 年 12 月 31 日，公司 A 的股东权益会增加 5 亿元。如果亏损了，股东权益则会减少。例如，泰禾集团 2019 年 12 月 31 日的母公司股东权益为 197 亿元，2020 年 12 月 31 日下降到 146 亿元，2021 年 9 月 30 日进一步下降到 134 亿元。泰禾集团的股东权益持续减少的原因在于泰禾集团连续亏损，其 2020 年的净利润为 –49.994,4 亿元，2021 年前 3 个季度的净利润为 –7.621,9 亿元。

三是直接计入股东权益的利得和损失。前文讲过，利得是企业非日常经营活动所形成的收入，而损失是企业非日常经营活动所形成的亏损，利得与损失是偶发性的、与企业日常经营活动没有关系的收益与亏损。假设某人捐给格力电器 1 亿元，用以资助格力电器研发芯片，那么，这 1 亿元直接计入格力电器的股东权益。

在上述 3 个来源中，第二个来源是股东权益的最主要来源，也是企业为股东实现的增值。一个经营好、盈利的企业，只要它没有把每年赚得的利润全部作为红利分给股东，它的股东权益就应该是不断增加的。

股东权益的构成：股东权益分为 4 个部分

在会计准则中，股东权益被分别计入不同的科目，这几个科目，在一定程度上反映了股东权益的不同来源。实收资本、资本公积、盈余公积与未分配利润这 4 个科目，一起构成了股东权益。

实收资本、资本公积、盈余公积与未分配利润都是存量数据，都是企业自创建以来，以各种方式累积起来的。

实收资本（股本）

我国上市公司的资产负债表上，通常没有实收资本，但有股本。实际上，两者可以等同。

实收资本是企业的投资人按照企业章程、合同、协议的约定，以各种形式，实际投入企业的资本。实收资本包括两部分，一部分是企业创建时，股东投入的，另一部分是企业创建后，为扩大生产经营规模而以发行股票的方式筹集的。

在股份有限公司中，实收资本等于注册资本，也等于总股本乘以股票的面值。在我国，股票的面值通常是 1 元。例如，截至 2022 年 1 月 5 日，中国移动的总股本为 214.480,4 亿股，因为我国股票的发行面值为 1 元，所以，截至 2022 年 1 月 5 日，中国移动的实收资本为 214.480,4 亿元。总股本与实收资本在数字上是完全相等的。

实收资本可能增加，也可能减少。企业增发新股的时候，实收资本会增加。例如，2021 年 12 月 22 日，中国移动增发了 9.725,6 亿股股票，它的实收资本就相应地从 2020 年 12 月 31 日的 204.754,8 亿元增长到了 2022 年 1 月 5 日的 214.480,4 亿元，增加了 9.725,6 亿元。企业削减股本的时候，实收资本会减少。例如，格力电器在 2020 年与 2021 年削减了大约 3.01 亿元实收资本。关于削减股本，我们在第十讲中进行讲解。

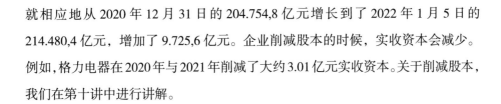

资本公积

资本公积是归企业的股东共同所有、非收益转化形成的资本。

资本公积的定义包含两个重点，一是资本公积归企业的所有股东所有；二是资本公积不是来自企业的利润，即资本公积不是企业通过日常经营活动赚来的。

资本公积主要包括资本溢价、接受捐赠、法定财产重估增值、资本汇率折算差额等。

在股份有限公司中，资本公积通常主要来自资本溢价。资本溢价是公司发行股票时，股票发行价与股票面值的差额。例如，2021 年 12 月 22 日，中国移动发行了 9.725,6 亿股股票，股票的面值是 1 元，但是，中国移动以 57.58 元 / 股的价格卖给投资者，两者的差额（56.58 元）就是资本溢价。在这次发行股票后，中国移动的资本公积相应地增加了 9.725,6 亿股 × 56.58 元 = 550.27 亿元。

资本公积可能增加，也可能减少。企业增发新股的时候，资本公积会增加，前文讲的中国移动增发股票后资本公积相应地得以增加就是例子。若企业以资本公积转增股本，资本公积会减少。关于资本公积转增股本，我们在第十讲中进行讲解。

按照《公司法》的规定，资本公积可以用于扩大公司的生产经营，也可以转为增加公司资本。资本公积最常见的用途是扩大公司的生产经营，偶尔会用于转增股本。

盈余公积

盈余公积指企业从税后利润中提取形成的、存留于企业内部的收益积累。根据盈余公积的这个定义，我们可以看出，盈余公积来自企业的税后利润，也就是说，盈余公积是企业通过日常经营活动赚来的。

盈余公积包括两部分，即法定盈余公积与任意盈余公积。

法定盈余公积是按照法律的规定，企业必须提取的。按照2018年《公司法》第一百六十六条的规定，公司每年应当从税后净利润中提取10%，作为法定公积金。不过，《公司法》规定，公司的法定公积金累计达到公司注册资本的50%后，可以不再提取。法定盈余公积的用途包括弥补公司以前年度的亏损、扩大公司生产经营、转增公司资本等。简单地说，法定盈余公积就是按照法律的规定，公司每年从自己的净利润中拿出一部分，放在一个专门的账户中，用于弥补公司以前年度的亏损、扩大公司生产经营、转增公司资本等。

任意盈余公积也是企业从净利润中提取的。任意盈余公积之所以被称为"任意"，是因为是否提取这一类公积金、提取多少，以及它们的用途，完全由企业自主决定。

未分配利润

未分配利润是企业历年的净利润中，在用于弥补亏损、提取盈余公积和向投资者分配利润之后，剩余下来，留在企业内部的利润。因此，未分配利润是企业历年累积下来的没有分配给股东的利润。

未分配利润是留待以后年度由企业进行处理的利润，企业对于未分配利润的使用有很大的自主权，基本上可以自由使用这些未分配利润。

如果企业发生重大亏损或者连续亏损，企业的未分配利润可能是负数。例如，ST凯乐（600260）是在上海证券交易所主板上市的公司，2020年年底，ST凯乐的未分配利润高达31.925,2亿元，但是，因为ST凯乐在2021年亏损84.75亿元，其 2021 年年底的未分配利润变成了 –52.82 亿元。

其他：留存收益

我们经常在财经媒体上看到"留存收益"这个词，但其实，会计准则中并没有"留存收益"这个科目。也就是说，在股东权益中，没有"留存收益"这个分类；在资产负债表的股东权益栏目中，也没有"留存收益"这一项。

那么，留存收益是什么呢？是企业从历年赚取的净利润中提取并留存于企业的内部积累。了解股东权益的构成后，我们可以明确，盈余公积和未分配利润都属于留存收益。

不同范围的股东权益

我国上市公司的资产负债表通常用三行来列示不同范围的股东权益，分别是归属于母公司股东权益、少数股东权益与股东权益合计。例如，格力电器2020年资产负债表中，截至2020年12月31日，归属于母公司股东权益合计为115,190,211,206.76元、少数股东权益为1,690,275,881.38元、股东权益合计为116,880,487,088.14元。那么，这3个部分的股东权益分别是什么意思呢？

在第六讲中，我们介绍过，上市公司通常有子公司，而且有一级子公司、二级子公司，甚至更低级别的子公司。按照会计准则的要求，当一家公司直接或者间接控制另一家公司超过50%的股份时，需要合并财务报表，由此产生上述3个不同部分的股东权益。

例如，2020年间，格力电器以现金形式收购了松原粮食集团有限公司（以下简称松原粮食）75%的股份。因为格力电器持有松原粮食的股份超过50%，所以，在编制财务报表时，格力电器需要将松原粮食的财务数据合并在自己的财务报表中。

归属于母公司股东权益

上市公司的财务报表中所说的母公司是上市公司本身。例如，格力电器的财务报表中的母公司就是珠海格力电器股份有限公司，即通常说的"格力电器"。

归属于母公司股东权益包含两个部分，一是上市公司自身的股东权益，二是上市公司子公司的股东权益中属于上市公司的部分。

例如，格力电器2020年度资产负债表中，归属于母公司股东权益为115,190,211,206.76元。这115,190,211,206.76元包括两个部分，一部分来自格力电器，为80,815,033,998.31元；另一部分来自格力电器的子公司，即子公司的股东权益中属于格力电器的部分，为34,375,177,208.45元。我们进行进一步剖析。2020 年，格力电器以现金形式收购了松原粮食 75% 的股份，因此，松原粮食 2020 年度的股东权益中，有 75% 属于格力电器。松原粮食 2020 年度的股东权益为 360,559,042.34 元，其中的 75%（270,419,281.76 元）属于格力电器，故格力电器的来自子公司的 34,375,177,208.45 元股东权益中包含来自松原粮食的 270,419,281.76 元。

如果一家公司因为某种原因解散，其归属于母公司股东权益是完全属于公司股东的。假设格力电器在 2020 年 12 月 31 日解散，那么，格力电器资产负债表中的归属于母公司股东权益（115,190,211,206.76 元）是完全属于格力电器所有股东的。

如果公司发生重大亏损或者连续亏损，那么，归属于母公司股东权益可能为负数。例如，*ST 盈方（000670）是 A 股深圳证券交易所主板的上市公司，2019 年度，*ST 盈方的归属于母公司股东权益为 –2,379 万元。

2017 年至 2022 年 9 月，ST 凯乐（600260）股东权益的变化状况如图 9-1 所示。2020 年度，ST 凯乐归属于母公司股东权益高达 66.38 亿元，但因为公司 2021 年亏损超 84 亿元，2021 年年底，其归属于母公司股东权益变为 –18.15 亿元，截至 2022 年 9 月 30 日，该金额进一步下降到 –21.3 亿元。

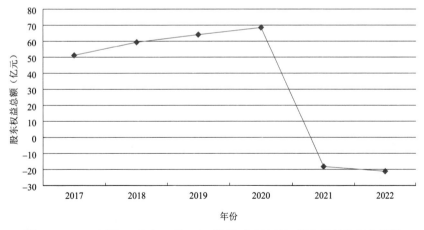

图 9-1　2017 年至 2022 年 9 月，ST 凯乐（600260）股东权益的变化状况

数据来源：ST 凯乐历年年报（2022 年数据截至 2022 年 9 月 30 日）

少数股东权益

在母公司拥有子公司股份不足 100%，即母公司只拥有子公司净资产的部分产权时，子公司股东权益的一部分为母公司所有（多数股权），其余部分则为外界其他股东所有。由于后者拥有的股东权益在子公司全部股权中不足半数，对子公司没有控制能力，该部分股东权益被称为少数股权。

例如，格力电器拥有松原粮食 75% 的股份，另外 25% 的股份属于其他股东。根据这一数据，格力电器是松原粮食的控股股东，而其他股东的股权在松原粮食的全部股权中不足 25%，对松原粮食没有控制能力。非格力电器的松原粮食股东持有的股权，被称为少数股权。在编制财务报表时，格力电器需要将松原粮食纳入自己的合并报表。2020 年年底，松原粮食的股东权益为 360,559,042.34 元，其中的 75%（270,419,281.76 元）属于格力电器，其余的 25%（90,139,760.59 元）属于少数股东权益。2020 年年底，格力电器资产负债表上的少数股东权益为 1,690,275,881.38 元，包括来自松原粮食的 90,139,760.59 元。

有时候，少数股东权益是负数。例如，学大教育（000526）是在深圳证券交易所上市的公司，自 2016 年以来，学大教育的少数股东权益一直是负数，且从 2016 年 12 月 31 日的 –329 万元持续下降到 2021 年 9 月 30 日的 –1,088 万元。

股东权益合计

股东权益合计是归属于母公司股东权益与少数股东权益之和。股东权益合计也可能为负数。

归属于母公司股东权益、少数股东权益与股东权益合计可能同时为负数，这种情况，通常在公司持续发生严重亏损的时候出现。

例如，*ST 盈方（000670）是在 A 股深圳证券交易所主板上市的公司，2019 年年底，*ST 盈方的归属于母公司股东权益为 –2,379 万元、少数股东权益为 –793 万元、股东权益合计为 –3,172 万元。之所以如此，是因为 2017—2019 年，*ST 盈方连续亏损。2017—2019 年，*ST 盈方的净利润分别为 –3.3 亿元、–1.7 亿元与 –2.1 亿元。

股东权益的特点：股东是最后才有权分得公司资产的

企业的资金来源主要有两个，一个是股东投入，另一个是企业向银行等主体借入。不同来源的资金，具有不同的特点。

作为股东投入的资金，股东权益具有以下两个方面的特点。

股东权益是剩余索取权

企业的资产，不是股东以自有资金投入的，就是企业从银行等债权人那儿借来的。因此，在企业自愿解散或者因破产而清算的情况下，企业的资产要分给股东与债权人。在分配企业资产的时候，对谁最先有权分到资产、谁最后才有权分到资产这个次序，法律是有严格规定的。这个次序，就是清偿次序。

按照《中华人民共和国企业破产法》，清偿次序大致如下。

第一位是破产费用与公益债务；第二位是破产企业所欠职工的工资和医疗、伤残补助、抚恤费用等；第三位是破产企业欠缴的税款等；第四位是普通破产债权，普通破产债权这部分债务的种类比较多，包括银行贷款、债券等，这部分债务里面也有先后次序，例如，优先级高的抵押贷款排在前面，而信用贷款排在后面；第五位，也是最后一位，是股东权益。

从清偿次序中，我们可以看出，股东权益是剩余索取权——第一，按照分配资产的先后次序，股东以外的其他相关人员有优先分配企业资产的权利，而股东是最后一个有权利获得企业资产的人；第二，如果在其他人员按照规定将属于自己的资产全部拿走后，企业还有剩余资产，那么，剩余的这部分资产是股东的，如果没有剩余资产，则股东什么也拿不到。简单地说，如果企业的股东权益是负数，即企业的资产不足以还清所有债务，也就是我们常说的资不抵债，那么，股

173

东什么也拿不到。

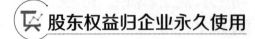股东权益归企业永久使用

在企业正常存续的情况下，股东权益是企业可永久使用的资金来源。除非企业削减注册资本、自愿解散，或者破产清算，企业不需要将股东权益归还给股东。

虽然股东权益实际上是股东以自有资金投入企业让企业使用的，但是，股东没有权力要求企业将股东权益归还给自己。不过，如果股东对企业的管理不满意，可以通过转让股份的方式，将自己在企业中的权益转让给别人。

例如，根据格力电器的资产负债表，截至 2020 年 12 月 31 日，格力电器的总股本为 60.157,3 亿股（格力电器公开发行的股票总数为 60.157,3 亿股），母公司股东权益为 1,151.902,1 亿元，每只股票对应的股东权益为 1,151.902,1 亿元 ÷60.157,3 亿股 =19.148 元。假设小王购买了格力电器 10 万股股票，那么，格力电器的股东权益中，小王有权分到 191.48 万元。假设小王对格力电器的管理不满意，他不能要求格力电器归还这 191.48 万元，但是，他可以将这 10 万股格力电器的股票卖掉，这样，实际上是小王把分得这 191.48 万元的权利转让给了别人。

注册资本、总股本与实收资本：哪个是做生意的"本钱"

我们经常听到或者看到"注册资本"与"总股本"这两个词，那么，注册资本与总股本到底是什么？它与前文所讲的实收资本之间有什么关系呢？

2018 年 5 月 15 日，在中国人民政治协调会议全国委员会（以下简称全国政协）召开的"健全系统性金融风险防范体系"专题协商会上，国务院副总理刘鹤说了一句扎心的话："做生意是要有本钱的，借钱是要还的，投资是要承担风险的，做坏事是要付出代价的。"

在注册资本、总股本与实收资本中，哪个是刘鹤副总理所说的做生意的"本钱"呢？

注册资本

企业进行日常经营活动是需要本钱的。注册资本，是企业创建时企业的业主（股东）承诺投入的资本，也就是企业的本钱。关于注册资本，我们可以从以下几个方面入手进行理解。

第一，注册资本是企业创建时，在登记管理机构登记的资本总额，也是企业创建时企业的全体股东承诺投入的资本总额。在我国，登记管理机构是国家市场监督管理总局及其在各地的分支机构。企业的营业执照上，会明确写出企业的注册资本是多少。

我国法律对企业的注册资本进行了规定。《中华人民共和国民法典》（以下简称《民法典》）第五十八条规定，"法人应当有自己的名称、组织机构、住所、财产或者经费"；《公司法》第七条规定，"公司营业执照应当载明公司的名称、住所、注册资本、经营范围、法定代表人姓名等事项"。

第二，对于一般企业的注册资本，自2014年以来，我国采用的是认缴制度，而且没有最低注册资本额的要求。

认缴制是与实缴制相对应。认缴制，即由股东共同商量决定公司的注册资本，并告诉登记管理机构，登记管理机构不会对股东们的出资情况进行检验，即不验资，但股东们要对所认缴的资本承担法律责任。在认缴制下，股东们可以暂时不缴纳资金，在承诺的期限之内缴纳就可以了。

目前，根据我国的认缴制，理论上，企业的注册资本可以是1元，而且，在企业创建的时候，注册资本可以为0元。例如，2022年1月13日，获准在A股科创板上市的人工智能公司北京格灵深瞳信息技术股份有限公司（以下简称格灵深瞳）与它的董事长、实际控制人赵勇共同成立了一家名叫驭势科技的公司，据媒体报道，驭势科技的注册资本只有2元，即格灵深瞳与赵勇各出资1元。

那么，有人可能会问，如果股东们只口头承诺出资，实际并没有缴纳资金，或者缴纳资金了，但在注册登记完成、公司成立之后把资金取走了，可以吗？

答案是"不行"。

因为这种做法可能构成《中华人民共和国刑法》（以下简称《刑法》）第一百五十九条所规定的"虚假出资、抽逃出资罪"。

在实缴制下，企业注册登记时，必须已实实在在地缴纳了资金，并把资金冻结在开设账户的银行，由相关机构进行检验（验资）并出具验资证明。

目前，在我国，银行等一些特殊行业的注册资本是实行实缴制的，而且有最低金额要求。《中华人民共和国商业银行法》（以下简称《商业银行法》）第十三条规定："设立全国性商业银行的注册资本最低限额为十亿元人民币。设立城市商业银行的注册资本最低限额为一亿元人民币，设立农村商业银行的注册资本最低限额为五千万元人民币。注册资本应当是实缴资本。"

第三，注册资本是企业实力、企业形象的体现，也是企业承担民事责任的财力保证。

虽然企业的注册资本并不一定真正体现企业的实力，但是，在一定程度上，注册资本的多少确实可以反映企业的实力、影响企业的形象。注册资本越多，表明企业承担责任的经济实力越强，这是很多招投标项目对于企业的注册资本有一定要求的原因。

第四，企业可以增加或者减少注册资本。

按照规定，企业可以增加或者减少注册资本。当然，变更注册资本，需要到相应的监管部门办理变更手续。2018年《公司法》第一百四十二条规定，公司可以减少注册资本。那么，怎么减少注册资本呢？股份有限公司减少注册资本的方式是回购股份，并将它们注销。例如，格力电器在2021年11月9日注销了101,261,838股，相应地，格力电器的注册资本从2020年12月31日的60.157,3亿元减少到2021年11月9日的59.144,7亿元。

第五，注册资本的使用必须符合规定。

公司完成注册登记后，注册资本即成为公司的经营活动资金。公司可以动用这一资金，但是，注册资本的使用必须符合规定。首先，注册资本只能用于公司的日常经营运作、发放工资、进货、购买办公用品等，而且，使用注册资本时，一定要开具相关发票。其次，注册资本不能用作个人用途，即使企业主创建的是一人有限责任公司，即公司是企业主一个人创建的，且只有企业主一个股东，也不能随便挪用注册资本供个人使用，否则，可能被确定为挪用甚至侵吞公司资金的违法违规行为。最后，虽然注册资本能够用于公司经营活动，但如果因为使用注册资本而导致注册资本减少了20%以上，必须进行注册资本变更登记。

总股本

总股本是股份有限公司已发行的全部股份的总数。对于总股本，我们可以从以下几个方面入手进行理解。

第一，根据总股本的定义，我们可以看出，总股本这个词只适用于股份有限公司。总股本是股份的总数，个人独资企业、合伙企业根本不存在股份问题，而有限责任公司虽然有股权，但不把公司的股权划分为相等的份额，因此，个人独资企业、合伙企业与有限责任公司都不存在总股本之说。

第二，上市公司的总股本通常分为两类，一是有限售条件的股份，二是无限售条件的股份。上市公司的股份通常在证券交易所进行买卖，但是，由于某些原因，有些股份受到限制，在一定期限内不能自由买卖，这就是有限售条件的股份。例如，公司上市之后，通常情况下，公司创始人、高管与大股东手里的股份在自公司上市之日起的 3 年内不得出售。3 年期满之后，这些股份才可以自由买卖，这叫作"解禁"。

无限售条件的股份是公司上市之后，不受任何限制、可以随时自由买卖的股份。散户持有的股份，通常是无限售条件的股份。

随着上市时间增长，公司的有限售条件的股份会逐渐解禁，有限售条件的股份数会逐渐减少，与此同时，无限售条件的股份数会逐渐增加，最后，公司的绝大部分股份，甚至所有股份，都可能成为无限售条件的股份。例如，截至 2021 年 11 月 9 日，格力电器的总股本为 59.144,7 亿股，其中，无限售条件的股份为 58.690,2 亿股，占总股本的 99.23%，而有限售条件的股份为 4,545.177,5 万股，只占总股本的 0.77%。

第三，公司可以增加或者减少总股本。

按照规定，公司可以增加或者减少总股本。当然，变更总股本，需要到相应的监管部门办理变更手续。2018 年《公司法》第一百四十二条规定，公司可以减少总股本。那么，怎么减少总股本呢？股份有限公司减少总股本的方式是回购股份，并将它们注销。例如，格力电器在 2021 年 11 月 9 日注销了 101,261,838 股，公司的总股本从 2020 年 12 月 31 日的 60.157,3 亿股减少到 2021 年 11 月 9 日的 59.144,7 亿股。

与之对应，如果公司增发新股，公司的总股本会同步增加。例如，中国移动在 2021 年 12 月 22 日增发了 9.725,6 亿股股票，相应地，中国移动的总股本从 2020 年 12 月 31 日的 204.754,8 亿股增加到 2021 年 12 月 22 日的 214.480,4 亿股，增加了 9.725,6 亿股。

注册资本、总股本与实收资本

在会计准则中，没有"注册资本"与"总股本"这两个科目，但有"实收资本"科目。注册资本、总股本与实收资本之间，既有联系，又有区别。

第一，注册资本是法律上的强制性要求，总股本与实收资本则是企业在实际业务中遵循法律与公司章程规定的结果。这句话的意思是，注册资本是企业的业主（股东）根据法律的规定必须投入的资金，前文讲过，在绝大多数情况下，到底投入多少资金作为企业的注册资本，完全由企业的业主（股东）决定；总股本与实收资本则是股东们遵守法律与公司章程中关于注册资本的规定的结果，也就是说，股东遵照规定投入资金后，形成总股本与实收资本。

第二，注册资本、总股本与实收资本最终是要相等的，虽然在一定时期内可能不一样。

在认缴制下，股东只要在承诺的时间期限内缴纳资金就可以了，也就是说，股东不用在公司创建的时候就部分缴纳或者全部缴纳承诺投入的资本，因此，实收资本在某段时间内可能小于注册资本。例如，2022 年 1 月 1 日，张三、李四与王老五一起成立了一个有限公司，注册资本为 1,000 万元，其中，张三认缴 600 万元，李四认缴 200 万元，王老五也认缴 200 万元。按照公司章程，缴纳资金的最后期限是 2022 年 12 月 31 日，那么，在公司成立到 2022 年 12 月 31 日之间，公司的注册资本是 1,000 万元，但是，公司实际收到的资本，即实收资本可能没有 1,000 万元，因为王老五完全可以在 2022 年 12 月 31 日这一天才缴纳他认缴的 200 万元。

如果股东都遵守法律与公司章程，在规定的期限内全部缴纳认缴的资本，最终，公司的注册资本与实收资本应当是一致的。在上面的例子中，2022 年 12 月 31 日这一天，王老五将他认缴的 200 万元缴纳到公司后，公司的注册资本与实收资本一致，都为 1,000 万元。

第三，在股份有限公司中，总股本是公司已发行的股票总数。在我国，股票的面值是 1 元，因此，在股份有限公司中，有这样一个等式：公司的注册资

本 = 实收资本 = 总股本 × 股票面值 = 已发行股票总数 × 股票面值。例如，截至 2020 年 12 月 31 日，格力电器的总股本（已发行股票总数）为 60.157,3 亿股，注册资本为 60.157,3 亿元，因为股票面值为 1 元，所以，格力电器的实收资本、注册资本都是 60.157,3 亿元。

根据上述等式，公司想要增加或者减少注册资本，需要增加或者减少已发行的股票。

读懂股东权益：根据股东权益，判断联想集团的盈利能力

我们可以从以下两个方面入手，分析企业的股东权益，判断企业为股东创造财富的能力，以及到底为股东创造了多少财富。

股东权益反映企业的盈利能力

对于企业的盈利能力，我们可以从很多方面入手进行分析与判断（关于盈利能力分析，我们会在后续财务报表分析中详细讲解）。股东权益，特别是剔除股本与部分资本公积之后的归属于母公司股东权益，是反映企业盈利能力的重要指标之一。

股东权益中，总股本与资本公积中的一部分属于股东投入，其他部分则来自企业创造的利润。总体而言，股东权益是企业为股东创造的财富的累积。

联想集团于 2021 年 10 月 1 日向证监会提交了在上海证券交易所科创板上市的申请，但在同年 10 月 8 日主动撤回了申请，因为其上市申请遭到公众的普遍批评。公众批评联想集团科创板上市申请的原因很多，其中之一是联想集团自 1984 年创建以来，几十年中，一直满足于在低端制造业中苟活，完全不具备科创板要求的高新科技特点。

那么，联想集团的盈利能力到底怎么样呢？根据联想集团 2020/2021 年度的资产负债表，截至 2021 年 3 月 31 日，联想集团的归属于母公司股东权益为 235 亿元。由于数据不完整，只能大致估计联想集团已经发放给股东的红利如下。

自 1999 年以来，联想集团每年的分红平均为 0.1 元 / 股。截至 2021 年 3 月 31 日，联想集团股本总数为 120 亿股，因此，联想集团每年分红总额平均为 12 亿元。1999 年至 2021 年 3 月 31 日，联想集团的分红总额约为 260 亿元，因此，1999 年至 2021 年 3 月 31 日，联想集团总共给股东创造的财富为 260 亿元红利 +235

亿元股东权益 =495 亿元,平均每年为股东净赚大约 23 亿元。

有人可能会提出假设,比如,联想集团将一部分净利润用于投资了。假设联想集团把净利润拿去投资了,应该怎么算?事实上,对于这部分,我们不需要考虑,原因在于这是股东投入联想集团的资金,投资结果最终也要体现在股东权益中。

此外,对于联想集团的股东权益,还有一个需要关注的地方,即联想集团的总资产包括 552 亿元的无形资产与商誉,其中有 332 亿元的商誉与 64 亿元的客户关系。联想集团在财务报表中说,无形资产与商誉减值的风险不大,但事实上,这种风险是存在的。如果无形资产与商誉发生减值,那么,联想集团的归属于母公司股东权益会相应减少。

我们看一看格力电器的相关数据。截至 2020 年 12 月 31 日,格力电器的股本约为 60 亿元,归属于母公司股东权益为 1,152 亿元。自 1996 年上市以来,格力电器的分红总额为 842 亿元。因此,自 1996 年上市起,至 2020 年 12 月 31 日止的近 25 年间,格力电器为股东创造的财富总额为 842 亿元红利 +1,152 亿元股东权益 =1,994 亿元,即平均每年为股东净赚大约 80 亿元。

对比两个公司的数据,可以看出,联想集团以 120 亿元的股本,平均每年给股东赚 24 亿元,而格力电器以 60 亿元的股本,平均每年给股东赚 80 亿元。虽然这是根据两个公司的财务报表做出的一个大致估算,但是是比较接近于实际的。

同格力电器相比,联想集团的盈利能力比较差。虽然联想集团与格力电器分属于不同的行业,联想集团所属的计算机硬件行业的利润率确实比较低(联想集团以这样的盈利能力去上海证券交易所或深圳证券交易所主板上市,公众可能不会有太大的反对意见),但是,联想集团去科创板上市,怎么说都是不合适的。

成立以来的几十年间,联想集团一直满足于在回报率低的计算机硬件行业中苟活,从来未努力通过转型进入真正的高新科技行业,对中国科技的发展做出应有的贡献。这是公众对联想集团以高科技企业自居的行为不满的原因之一,也是公众对根本算不上高科技企业的联想集团试图在科创板上市不满的原因之一。

话说回来,对联想集团与格力电器进行比较时,我们要关注两个方面的问题。一是以股本为基准进行计算有点简单化,因为股东实际投入公司并被公司使用的资本并不仅仅是股本，虽然这种简单的比较也能大致反映两个公司的盈利能力。二是两家公司所属的行业不完全一样，不完全具有可比性，联想集团的主业是计算机制造，而格力电器的主业是空调机制造，虽然两者都与制造相关，但属于制造业中的不同行业。

还有一些上市公司，自上市以来，不仅没给股东赚钱，反而将股东投入的股本亏损了。前文讲过，股东权益＝股本＋资本公积＋盈余公积＋未分配利润，如果将分红考虑进来，那么，股东权益＝股本＋资本公积＋盈余公积＋未分配利润－累计已支付的分红。根据以上公式，我们可以判断哪些公司几乎没给股东赚钱，哪些公司不但没给股东赚钱，反而亏钱了。

实例之一是在 A 股深圳证券交易所主板上市的 *ST 盈方（000670）。截至 2020 年 12 月 31 日，*ST 盈方的股本为 2.9 亿元、资本公积为 3.3 亿元、盈余公积为 0 元、未分配利润为 –6.1 元，而归属于母公司股东权益总计为 1,577 万元。自 1996 年上市起，至 2020 年 12 月 31 日止，*ST 盈方累计已支付的分红为 2,341 万元。套入上面的公式，我们可以发现，剔除股东投入的 2.9 亿元股本，*ST 盈方不但没给股东赚钱，反而亏了 2.4 亿元。如果资本公积与股本可以用于弥补这 2.4 亿元的亏损，*ST 盈方不仅已将 3.3 亿元的资本公积全部亏掉，而且将 2.9 亿元的股本亏损得只剩下 0.4 亿元（按照法律法规，股本与资本公积都不得用于弥补亏损）。

无形资产与商誉可能导致股东权益虚高

前文讲过，无形资产与商誉（特别是商誉）可能导致企业的总资产虚高。由于资产总额－负债总额＝股东权益，如果无形资产与商誉导致总资产虚高，必然相应地导致股东权益虚高。

A 股上市公司中，大部分公司有商誉。虽然近年来，A 股上市公司的商誉总额有所下降，但 2020 年，A 股上市公司的商誉总额仍然高达 1.18 万亿元。

2018 年，A 股上市公司中，商誉金额最高的是在上海证券交易所上市的中国石油（601857），为 426 亿元。事实上，2014—2018 年，中国石油连续 5 年占据 A 股上市公司商誉金额第一高的位置。2016 年，中国石油的商誉金额高达 461 亿元。2020 年，A 股上市公司中，商誉总额最高的是美的集团，为 296 亿元。不过，由于中国石油与美的集团的资产总额与净资产总额都很高，商誉占它们各自资产总额的比例、与它们各自净资产的比率都不高。

有些公司，不仅商誉金额大，而且占资产总额的比例很高，与净资产的比率也很高。例如，在深圳证券交易所上市的学大教育（000526）存在这种情况。根据学大教育的 2020 年财务报表，截至 2020 年 12 月 31 日，学大教育的资产总额为 35.15 亿元、股东权益总额为 1.32 亿元、商誉总额为 15.28 亿元，其商誉占总资产的比例达到 43.47%，商誉与净资产总额之比高达 1,158%。

前文讲过的在 A 股深圳证券交易所主板上市的公司仁东控股（002647）也是商誉占比很高的公司。截至 2020 年 12 月 31 日，仁东控股的资产总额为 37.3 亿元、负债总额为 31.74 亿元、净资产总额（股东权益合计）为 5.57 亿元、归属于母公司股东权益为 5.16 亿元，而商誉总额高达 8.94 亿元。仁东控股的商誉占资产总额的比例达到 23.97%，商誉与净资产总额之比为 161%，商誉与归属于母公司股东权益之比为 173%。如果因为某种原因，仁东控股计提 5.6 亿元的商誉减值，那么，公司的总资产会减少到 31.7 亿元，而净资产将只有 –0.03 亿元——从技术层面上讲，公司将处于资不抵债的破产状态。

在 A 股深圳证券交易所主板上市的 *ST 盈方（000670）也是商誉占资产总额比例很高的公司。根据该公司 2020 年的年报，截至 2020 年 12 月 31 日，公司的资产总额为 14.7 亿元、净资产总额（股东权益合计）为 1.69 亿元、归属于母公司股东权益为 1,577 万元，而商誉总额高达 4.55 亿元。*ST 盈方的商誉占资产总额的比例达到 31%，商誉与净资产总额之比高达 269%，商誉与归属于母公司股东权益之比更是达到惊人的 2,885%。只要 *ST 盈方发生 1,600 万元的商誉减值，它的归属于母公司股东权益就是负数，从技术层面上讲，它将处于资不抵债的破产状态。

第十讲

股东权益的变动

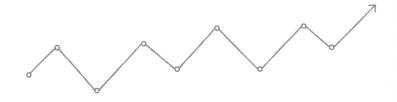

　　上市公司通常会编制并发布《所有者权益变动表》，说明当前年度股东权益的变动情况。

　　公司的股东权益可能因为各种原因发生变动。这些变动可以归入两方面，一是股东权益总量的变动，即股东权益总量的增加或者减少；二是股东权益构成的变动，即股东权益几个主要组成部分的变动。前文讲过，股东权益的主要组成部分包括实收资本（股本）、资本公积、盈余公积与未分配利润。

　　本讲，我们讲解可以通过哪些方式来改变股东权益的总量及其构成，以及这些变动有什么意义、对股价有什么影响。

股东权益的增加：中金公司配股引发股价跌停开盘

　　股东权益的增加可以来自很多方面，包括前文讲过的公司得到捐赠、某些资产重新估值的增值等。但是，一般情况下，股东权益的增加主要来自两个方面，一是增发新股，二是未分配利润的增加。

　　关于未分配利润的增加导致的股东权益的增加，前文已经讲过。本节，主要讲增发新股导致的股东权益的增加。

增发新股

　　公司可以根据经营的需要增发新股。增发新股的方式有很多，包括公开发行、定向增发、配股等。

　　公开发行，即公司在资本市场上公开发行股票，所有人都可以购买，没有任何条件限制（需要注意的是，目前在我国，公司在科创板、创业板与北京证券交易所公开发行股票时会有一些限制，有些人不能购买）。例如，2021年12月22日，中国移动在A股市场发行了9.725,6亿股股票，发行价为57.58元/股，面值1元/股，发行总市值为560亿元。如此一来，在不扣除发行费用的情况下，中国移动的股东权益会相应地增加560亿元。其中，股本（实收资本）增加9.725,6亿元，即从2020年12月31日的204.754,8亿元增长到2021年12月22日的214.480,4亿元。与此同时，中国移动的资本公积的增加金额为560亿元-9.725,6亿元=550.274,4亿元。

定向增发

定向增发，即公司只向某些特定的对象（机构或者个人）发行股票，不是向所有人公开发行股票。按照证监会的规定，定向增发的对象，无论机构还是个人，总数不得超过 35 个。

2021 年 11 月 15 日，在上海证券交易所主板上市的斯达半导（603290）发布公告称已完成定向增发，发行价为 330 元／股，募资总额为 3,499,999,800 元，发行股数为 1,060.606 万股。斯达半导本次定向增发的发行对象为 14 家投资者，包括由国家发展和改革委员会、财政部等牵头设立的先进制造产业投资基金。在定向增发完成后，斯达半导的股本（实收资本）相应地增加 1,060.6 万元，实收资本增加大约 34.8 亿元。

配股

配股，即公司向公司的现有股东（按其持股比例）以某一特定价格配售一定数量的新发行的股票。配股有以下两方面的特点：一是配股的价格通常低于市场价格；二是配股是股东的一项权利，不是义务，即现有股东可以选择参与配股，也可以选择不参与配股。

在一定程度上，配股是公司从现有股东身上"抽血"。上市公司配股时，公司的现有股东只有两个选择，一是乖乖听话，接受配股，交钱给公司；二是把股票卖掉、走人。因此，配股实际上具有强制性，这是配股往往不受市场欢迎的原因之一。加上其他因素的影响，现实中，配股有可能引发股价大跌，后续要讲到的中金公司配股就是典型的实例。

2022 年 1 月 4 日，在上海证券交易所主板上市的中信证券（600030）发布配股公告。中信证券配股的具体情况如下。

第一，配股总额为 280 亿元，即通过此次配股，总共募集资金 280 亿元；

第二，配股比例为每 10 股配 1.5 股，即如果某股东手里有 10,000 股中信证券的股票，那么，该股东此次有权认购 1,500 股中信证券的股票；

第三，配股的价格为 14.43 元 / 股，也就是说，如果某股东有 10,000 股中信证券的股票，并选择参与配股，那么，该股东需要缴纳 21,645 元的现金，用于购买此次配的 1,500 股股票；

第四，股权登记日为 2022 年 1 月 18 日，也就是说，在 2022 年 1 月 18 日 15 时前，如果某股东手里有中信证券的股票，那么，该股东就有权参与此次配股。

公司宣布配股，到底是好消息，还是坏消息呢？是否应该参与配股呢？

对于第一个问题，答案是"这种消息总体上是中性的"，也就是说，既不是什么好消息，也不是什么坏消息。配股的意思是公司要扩张业务，需要资金，这是一个很正常的现象，因此，它是一个中性的消息。

最重要的是看公司将配股筹集的资金拿去干什么。如果公司将这些资金投资于很赚钱的项目，那么，配股就是利好；相反，如果公司不缺钱，只是通过配股筹集资金，配股后把资金存放在银行里挣利息，那就是利空了。

据媒体报道，中信证券通过配股筹集 280 亿元的资金后，将其中的 220 亿元用于购买理财产品。中信证券的这一做法是不合理的，因为这至少说明在配股之前，中信证券没想清楚这 280 亿元到底要筹来干什么，只是先把钱圈到手再说。

对于第二个问题，前文讲过，股东可以选择参与配股，也可以选择不参与配股，但如果选择不参与配股，那么，最迟在股权登记日，该股东必须将手里的股票卖掉。原因有两个，一是配股必然导致公司已公开发行的股票数量增加，如果某股东不参与配股，该股东在公司股份总数中所占的比重会下降。这个问题对于散户来说影响不大，但是，对于持股比较多的股东来说，后果比较严重。例如，中信证券完成配股之后，它在 A 股的股票总数将增加 19.391,4 亿股，即从配股前的 129.267,8 亿股增加到大约 148.66 亿股。假设某股东本来持有中信证券 129.267,8 亿股股票，占中信证券的股份比例为 10%，如果选择不参与配股，该股东持股的股份比例将下降到 8.7%，结果就是该股东在中信证券的影响力随之下降。比如，该股东原来是中信证券的第一大股东，配股完成后，很可能丧失第一大股东的地位。二是配股的价格通常低于市场价格，而且会除权，因此，配股结束后，股价会下跌。例如，2022 年 1 月 18 日收盘时，中信证券的收盘价是 25.70 元 / 股，配股结束后，它的股价是 24.23 元 / 股，这一价格比 2022 年 1 月 18 日的收盘价低了 5.72%。

与公开增发新股、定向增发股份一样，配股也会导致公司股东权益的增加。例如，中信证券在 2022 年 1 月 18 日配股完成后，公司的股东权益总额将增加 280 亿元，其中，股本（实收资本）增加 19.391,4 亿元，资本公积增加大约 260 亿元。

中金公司配股：股价跌停开盘

上市公司配股的另一个实例是中金公司。与中信证券一样，中金公司是券商，而且是中国的头部券商。

2022 年 9 月 13 日晚，中金公司发布公告，表示公司准备以配股方式筹资 270 亿元。9 月 14 日，中金公司股价跌停开盘，最终收跌 9.2%。中金公司 A 股股价在 2022 年 9 月 14 日的走势如图 10-1 所示。

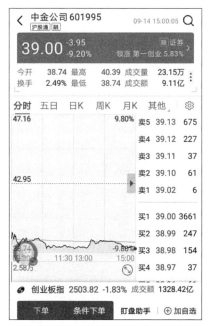

图 10-1　2022 年 9 月 14 日中金公司 A 股股价走势

为什么中金公司宣布配股后，股价会跌停开盘呢？我们看看中金公司的财务数据。2019—2021 年，中金公司的营业收入分别为 158 亿元、237 亿元与 301 亿元，其中，以各种方式支付给员工的款项分别为 72 亿元、108 亿元与 133 亿元——短短的 3 年时间里，以各种方式支付给员工的款项高达 313 亿元。同期，中金公司支付给股东的现金红利分别为 0、8.69 亿元与 14.5 亿元——发放给股东的现金红利总额为 23.19 亿元。

从上面的数据中可以看出，2019—2021 年，中金公司的营业收入中，以各种方式支付给员工的金额分别占营业收入的 45.57%、45.57% 与 44.19%。

这样，大家就有点奇怪了：中金公司，你不缺钱呀，少给员工发一点钱，这 270 亿元就出来了，为什么还要以配股的方式从股东身上圈钱呢？另外，2019—2021 年，公司以各种方式支付给员工的款项为 313 亿元，但发放给股东的红利只有 23.19 亿元。中金公司到底是股东的，还是员工的？综上所述，难怪中金公司的股价跌停开盘。

股东权益的减少：格力电器削减股本

股东权益减少主要有两个方面的原因，一是公司经营不善，导致亏损；二是公司主动削减股本。

经营亏损

如果公司经营不善，发生亏损，那么，公司的股东权益总量会减少。经营亏损会导致公司未分配利润的减少，而未分配利润是股东权益的主要组成部分之一。如果企业用盈余公积弥补亏损，盈余公积就会减少。

例如，在 A 股深圳证券交易所主板上市的 *ST 盈方（000670）的股东权益从 2017 年的 3.732,7 亿元减少到 2018 年的 1.972,8 亿元，随后继续减少到 2019 年的 −3,171.892,3 万元，原因在于 2017—2019 年，该公司连续亏损——2017—2019 年，该公司的净利润分别为 −3.27 亿元、−1.7 亿元与 −2.1 亿元。经营亏损，导致 *ST 盈方 2017—2019 年的未分配利润分别为 −2.276,8 亿元，−4.037,7 亿元与 −6.098,9 亿元。

削减股本

按照法律，公司股东不得抽逃出资，但公司可以削减股本。削减股本，必然导致股东权益的减少。

抽逃出资，即偷偷地把投入的资本拿走，导致公司实际的注册资本减少。因为公司没有办理相关的注册资本变更手续，所以抽逃出资后，公司营业执照上的注册资本金额不变。抽逃出资是违法的，情节严重的会构成犯罪。

削减股本，即公司按照法律规定的程序，办理相关的注册资本变更手续，减少注册资本。2018年《公司法》第一百四十二条规定，公司可以削减股本，减少注册资本。

那么，公司怎么削减股本，减少注册资本呢？公司要削减股本，需要先回购公司股份，再将回购的股份注销。回购股份，即上市公司使用公司的资金，在股市里面购买自家公司的股份。

例如，从2020年4月10日起到2021年5月26日止的一年多的时间中，格力电器总共耗资270亿元，进行了3次股份回购，总共回购了5.25亿股。在2021年6月27日与9月28日，格力电器宣布注销回购的股份，总共注销了3.22亿股。完成股份注销手续后，第一，格力电器的总股本从2020年12月31日的60.16亿股下降到56.94亿股；第二，格力电器的资本公积相应地减少大约267亿元。

关于回购股份与削减股本，需要关注两个方面的问题。一是公司不得随意回购股份。按照2018年《公司法》第一百四十二条的规定，只有在6种情形下，公司可以回购股份。2021年12月24日发布的《公司法》修订案（征求意见稿）中，公司可以回购股份的情形从6种增加到了9种。二是如果公司回购股份是为了削减注册资本，那么，应当在自回购之日起的10日内将回购的股份注销（在格力电器的例子中，格力电器变更过回购股份的目的，最初回购股份的目的并非削减股本，故不受"10日内将回购的股份注销"这一规定的约束）。

股东权益构成变动之一：资本公积转增股本

上市公司改变股东权益内部构成的途径之一是资本公积转增股本。

资本公积转增股本不会对股东权益的总量产生任何影响，即股东权益的总量既不会有任何增加，也不会有任何减少。

在大部分情况下，资本公积本来就是股东投入的资本，因此，股东其实并不会从资本公积转增股本中获得任何实质性的收益。

资本公积转增股本的原因有很多，其中之一是资本公积转增股本后，公司的注册资本会有相应增加，从而提高公司的法定资金实力。

什么是资本公积转增股本

资本公积转增股本，即将资本公积金转移到股本（实收资本）里面，从而增加公司的股本。A 股上市公司中，每年都有很多公司的分红方案包括资本公积转增股本。例如，2020 年度，盛视科技（002990）与美瑞新材（300848）的年度分红方案是以资本公积转增股本，具体为每 10 股转增 10 股；爱美客（300896）2020 年度的分红方案是以资本公积转增股本，具体为每 10 股转增 8 股；力量钻石（301071）在 2022 年 2 月 26 日发布公告，称 2021 年的分红方案为 10 转 10 派 10 元（每 10 股转增 10 股，以及现金红利 10 元）。

兆易创新（603986）2020 年度的分红方案是每 10 股转增 4 股，以及现金红利 5.6 元。这个方案实施之后，兆易创新的股东将获得两部分红利，第一部分是每 10 股股票获得 5.6 元的现金红利——如果某股东持有 10,000 股兆易创新的股票，那么，该股东可以获得 5,600 元的现金红利，与之同时，兆易创新手中的现金减少 5,600 元；第二部分是股票，10 股转增 4 股的方案是股东每持有 10 股股票，将额外获得 4 股股票，这 4 股股票不是凭空来的，是从资本公积中转移过来的，即公司的资本公积会相应地减少，换句话说，如果某股东持有 10,000 股兆易创新的股票，那么，转增股本之后，该股东持有的股票数量增加 4,000 股，变成 14,000 股，同时，兆易创新的资本公积金减少 4,000 元。

兆易创新的此次股权登记日是 2021 年 5 月 20 日，也就是说，只有在 2021 年 5 月 20 日 15 时股市收市前持有或者买入了兆易创新的股票，才有权参与兆易创新的此次分红。

资本公积转增股本的影响之一：股价

理论上，资本公积转增股本这一行为对公司的市值与股东持有的股票的市值没有任何影响，其原因在于，在公司的价值没有变化的情况下，资本公积转增股本增加股票数量的同时，每股的价格会按比例下跌。

例如，兆易创新 2020 年度的分红方案是资本公积每 10 股转增 4 股，以及每 10 股 5.6 元的现金分红。这个方案在 2021 年 5 月 21 日实施后，兆易创新已公开发行的股票数量增长 40%，即从 2021 年 5 月 20 日的 4.744 亿股增长到 5 月 21 日的 6.641,6 亿股。因为在 2021 年 5 月 20 日到 21 日这两天的时间中，兆易创新的生产经营没有也几乎不可能发生根本性的改变，所以，兆易创新的价值几乎不可能有任何变化，这样，兆易创新的股价必然按比例下跌。那么，理论上，应该下跌到多少呢？

第一，要将现金分红扣除。兆易创新 2020 年度分红方案包括每 10 股 5.6 元的现金分红，即 0.56 元 / 股的现金分红，因此，在计算兆易创新分红方案实施之后的股价时，要将现金金额从股价中扣除。2021 年 5 月 20 日，兆易创新的收盘价是 173.96 元 / 股，那么，扣除 0.56 元 / 股现金分红后，兆易创新的股价为 173.4 元 / 股。

第二，实施每 10 股转增 4 股的方案后，兆易创新的股票数量是原来的 1.4 倍，因此，股价要除以 1.4，即（173.96 元 / 股−0.56 元 / 股）÷1.4=123.86 元 / 股。如此一来，在兆易创新 2020 年度的分红方案实施完成后，兆易创新的股价从 5 月

20 日的收盘价 173.96 元 / 股变成了 123.86 元 / 股，即在 2021 年 5 月 21 日开盘前，兆易创新的股价为 123.86 元 / 股。

在资本公积转增股本中，股东的股票数量增多了，但股东其实并没有从公司得到任何实质性的收益。资本公积转增股本，其实就是将股东的资产从资本公积这个科目转移到股本这个科目，对股东的财富没有任何影响。这就如同一个人左边的口袋里有 1,000 元现金，从左边口袋里拿走 400 元现金，放到右边的口袋里，这个人身上的现金总数仍然是 1,000 元，既没有增加，也没有减少。

例如，某股东持有 10,000 股兆易创新的股票，在分红方案实施前的 2021 年 5 月 20 日收盘时，该股东持有的股票的市值是 10,000 股 × 173.96 元 / 股 =173.96 万元；分红方案实施后的 5 月 21 日开盘前，该股东的 14,000 股股票的总市值为 5,600 元现金红利 +14,000 股 × 123.86 元 / 股 =173.96 万元。分红方案实施前后，该股东持有的股票的价值是完全一样的。

资本公积转增股本的影响之二：股东权益

资本公积转增股本实施完成后，公司的股本会增加，同时，资本公积会相应地减少，而且，股本增加的金额与资本公积减少的金额是相等的。

在兆易创新 2020 年每 10 股转增 4 股的方案实施后，兆易创新的股本会增加 40%，即增加 1.897,6 亿股。这样，兆易创新的总股本就从原来的 4.744 亿股增长到了 6.641,6 亿股，公司的注册资本也相应地从原来的 4.744 亿元增长到了 6.641,6 亿元。发生如此变化后，兆易创新需要到管理部门办理注册资本变更手续，与此同时，兆易创新的资本公积会相应地减少 1.897,6 亿元。

资本公积转增股本，即将股东权益从资本公积科目中转移一部分到股本（实收资本）科目中，股东权益总额不会有任何变化，但构成会发生变化。

四

股东权益构成变动之二：送红股

上市公司改变股东权益内部构成的途径之二是用净利润给股东送红股。送红股实施完成后，一方面，公司的股本会增加；另一方面，因为送红股来自公司赚取的利润，所以股东会获得实实在在的红利，即股票的数量会增加。

公司用未分配利润送红股的原因有很多，其中之一是送红股实施之后，公司的注册资本会有相应增加，从而提高公司的法定资金实力。

什么是送红股

送红股也叫股票股利或者股票分红，即公司用当年的净利润给股东分红。此时，公司给股东发放的红利不是现金，而是公司的股票。

例如，北摩高科（002985）2020 年度的红利分配方案是每 10 股送红股 7 股，并支付 3.0 元的现金红利。北摩高科的这个分红方案包括两部分，一部分是现金分红，即每 10 股支付 3.0 元现金红利；另一部分是使用 2020 年的净利润给股东送红股，每 10 股送 7 股。北摩高科此次分红的股权登记日是 2021 年 5 月 13 日，假设某股东在 2021 年 5 月 13 日 15 时前持有 10,000 股北摩高科的股票，那么，该股东第一可以获得 3,000 元的现金红利，第二可以获得 7,000 股的股票股利。在此次分红方案实施完毕后的 5 月 14 日开盘前，该股东的股票总数将从 10,000 股增加到 17,000 股。

送红股的影响之一：股价

理论上，送红股对股价的影响与资本公积转增股本对股价的影响是一样的，即对上市公司的市值与股东持有的股份的市值没有任何影响。送红股对公司的市值没有任何影响的原因与资本公积转增股本对公司的市值没有任何影响的原因是一样的，在公司的价值没有变化的情况下，送红股虽然增加了股票的数量，但每股的价格会按比例下跌。

例如，北摩高科的分红方案实施后，它的股价会有相应下跌。那么，它的股价应该下跌到多少呢？分红方案实施后北摩高科的股价的计算方式与前文所讲的资本公积转增股本方案实施后兆易创新的股价的计算方式是完全一样的。北摩高科 2021 年 5 月 13 日的收盘价是 144.98 元 / 股，那么，2021 年 5 月 14 日开盘前，其股价应该为（144.98 元 / 股 -0.3 元 / 股）÷1.7=85.106 元 / 股。

假设某股东持有 10,000 股北摩高科的股份，在分红方案实施前，该股东持有的股票的市值为 144.98 万元；分红方案实施后，该股东持有的股票的市值为 3,000 元现金红利 +17,000 股 ×85.106 元 / 股 =144.98 万元。该股东的财富既没有增加，也没有减少。

送红股的影响之二：股东权益

送红股会导致公司股本的增加，注册资本也会有相应增加，公司需要办理注册资本变更手续。同时，公司的未分配利润会减少。由此可见，送红股完成后，股东权益的总量保持不变，但内部结构会有变化。

例如，北摩高科 2020 年 12 月 31 日的股本总数为 1.501,6 亿股，在 2020 年度分红方案实施完成后，公司的股本会增加 70%，即增加 1.051,12 亿股，总股本变更为 2.552,72 亿股，注册资本也相应地变更为 2.552,72 亿元。发生如此变化后，北摩高科需要将 1.051,12 亿元从 2020 年度的净利润中转移到注册资本中。

五

送红股与资本公积转增股本：相同与不同

送红股与资本公积转增股本的相同之处在于，第一，公司的股东权益总量保持不变，但内部结构会发生变化；第二，公司的股本与注册资本会增加；第三，公司股票的数量会增加，但是，理论上，公司的市值与股东持有的股票的市值不受任何影响，因为股票的价格会按比例下跌。

两者的不同之处有如下两点。

第一，送红股的结果是股本增加，未分配利润减少；资本公积转增股本的结果是股本增加，资本公积减少。

第二，送红股完成后，股东通常需要缴纳所得税，因为送红股中的红股来自公司赚取的利润，股东从送红股中获得了实实在在的收益；资本公积转增股本完成后，股东通常不需要缴纳所得税，因为增加的股票来自资本公积，通常情况下，资本公积绝大部分是股东投入的资金，不是公司赚取的，股东并不会从资本公积转增股本中获得实质性的收益。

六

为什么 A 股喜欢炒作"高转送"

前文讲过，理论上，无论是资本公积转增股本，还是送红股，对公司的市值与股东持有的股票的市值都没有任何影响。

但是，在我国 A 股市场上，特别是在 2015 年以前，非常流行资本公积转增股本与送红股，无论是上市公司，还是股东，都极其热衷于炒作高转送的股票——一方面，上市公司热衷于推出"高转送"的分红方案；另一方面，无论是机构投资者，还是散户，都热衷于炒作"高转送"股票。那么，"高转送"究竟是什么意思？

 高转送

我国 A 股市场上，特别是 2015 年以前，高转送的股票很受追捧。"高转送"，指送红股每 10 股送 10 股及以上，或者资本公积转增股本每 10 股转增 10 股及以上。"高转送"股票，即推出高转送分红方案的公司的股票。

在炒作高转送的时候，高转送的股票经常会在公司公布分红方案后大涨，甚至出现几个涨停。例如，在深圳证券交易所创业板上市的拉卡拉（300773）于2019 年 12 月 26 日宣布 10 转 10，加 20 元现金股利，此后，它的股价在 12 月 27日与 12 月 30 日涨停，12 月 31 日上涨 6.86%，2020 年 1 月 2 日与 1 月 3 日又分别上涨 3.42% 与 1.02%——拉卡拉的股价从 2019 年 12 月 26 日的 60.68 元 / 股（收盘价）一直上涨到 2020 年 1 月 3 日的 81.98 元 / 股。

盛行炒作高转送的时候，有些投资者会试图提前买入可能推出高转送方案的公司的股票，这甚至成为当时比较流行的一种投机方式。同时，很多公司推出了高转送分红方案，以迎合市场的炒作。例如，2015 年，春兴精工（002547）与金一文化（002721）等十几家上市公司推出并实施了 10 转 10 的年度分红方案。

龙津药业（002750）是高转送的典型代表。2015 年中期，龙津药业推出并实施了每 10 股转 20 股的中期分红方案；2015 年年底，龙津药业又推出并实施了每 10 股送 2.2 股同时转 7.8 股的年度分红方案。这就是说，如果某股东在 2015 年年初的时候持有 10 股龙津药业的股票，那么，在每 10 股转 20 股的中期分红方案于 2015 年 9 月 15 日实施后，该股东持有的 10 股股票就变成了 30 股；在每 10 股送 2.2 股同时转 7.8 股的年度分红方案于 2016 年 5 月 18 日实施后，该股东的 30 股龙津药业股票进一步变成 60 股。经过 2015 年的两次高转送分红方案的实施，龙津药业的股本从 2015 年年初的 6,675 万元增长到了 2016 年 5 月 18 日的 4.005 亿元。

为什么炒作高转送

理论上，无论是资本公积转增股本，还是送红股，对公司的市值都不会产生任何影响，因为公司业绩并没有变化。但在 A 股市场上，高转送的股票经常大涨，这是为什么呢？为什么 A 股流行炒作高转送呢？

炒作高转送的一个很重要的原因是炒作填权行情。在分红方案实施的当天，股价会因为分红而按比例下跌，这个下跌很正常，而在随后的一段时间中，股价会上涨到分红方案实施当天的水平。股价因分红实施而下跌，完成下跌后开始的上涨过程被称为填权。

例如，前文讲过的兆易创新（603986）。2021 年 5 月 20 日，兆易创新的收盘价为 173.96 元 / 股，分红方案实施后，5 月 21 日开盘前，其股价下跌到 123.86 元 / 股。随后，该股票开始了填权。2021 年 6 月 22 日，兆易创新当天的股价最高为 179.5 元 / 股，这一价格已高于 5 月 20 日 173.96 元 / 股的收盘价，而且，6 月 22 日，该股票的收盘价为 173.15 元 / 股，与 5 月 20 日 173.96 元 / 股的收盘价几乎持平。这样，兆易创新的股价在 2021 年 6 月 22 日就完成了填权，只用了一个月的时间。

需要明确的是，并不是所有进行过资本公积转增股本或者送红股的股票都会出现填权行情。例如，前文讲过的拉卡拉（300773）。2020年4月14日，拉卡拉的收盘价为74.97元/股，2020年4月15日，拉卡拉的每10股转10股加20元现金分红方案实施完成，4月15日开盘前，其股价为36.485元/股。随后很长一段时间，该公司的股价毫无起色。直到2022年1月7日，拉卡拉的股价才创下自2020年4月15日以来的最高价，而这个最高价只有30.95元/股，不到2020年4月14日股价的二分之一。

综上所述，提醒大家以下两点：第一，虽然现在A股每年仍然有一些公司会推出并实施高转送分红方案，但是，现在A股炒作高转送的热情已经远不如2015年及2015年以前了；第二，并非所有高转送股票都会出现填权行情，而且，即使有填权行情，也可能需要很长时间才能完成填权。

第十一讲

读懂利润表

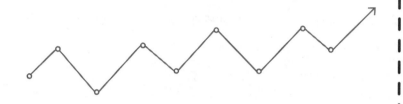

利润表是反映一定会计期间内企业经营成果的会计报表。企业在一定会计期间内的经营成果可能是盈利，也可能是亏损，因此，利润表也被称为损益表。利润表用于全面揭示企业在某一特定时期实现的各种收入，发生的各种费用、成本或支出，以及企业实现的利润或发生的亏损情况。

在本讲中，我们从以下 3 个方面入手，讲解如何读懂利润表。一是讲解利润的构成、成本与费用；二是讲解如何对利润进行质量分析；三是介绍营业外收支与非经常性损益对净利润的影响。

案例：大连圣亚卖企鹅的收入到底该怎么算

大连圣亚（600593）的全称为大连圣亚旅游控股股份有限公司，其主营业务为建设、经营水族馆、海洋探险人造景观，公司注册地址在辽宁省大连市。大连圣亚在上海证券交易所上市，因为经营亏损，2021 年 7 月 14 日，大连圣亚被实施风险警示，股票名称变更为 *ST 圣亚。

我们为什么要以大连圣亚为例，来讲企业的营业收入与利润的计算问题呢？

营业收入突然多了大约 2,000 万元

2020 年 4 月 30 日，大连圣亚披露的 2020 年年报显示，公司 2020 年度营业收入为 1.14 亿元，扣除非经常性损益后的净利润为 –8,405 万元。

上海证券交易所发现，大连圣亚年报披露的营业收入与此前公司预告的数据存在较大差异——此前，大连圣亚曾 3 次发布公告，表示预计公司主营业务收入将低于 1 亿元。于是，上海证券交易所向大连圣亚发出问询函，要求大连圣亚对突然多出的一两千万元的营业收入进行解释。

有人可能会说，年报里的营业收入是 1.14 亿元，而此前的预期为低于 1 亿元，两者的差别不是很大呀。何况，低于 1 亿元的是预计收入，预计不准确不是很正常吗？

但是，对大连圣亚来说，这一营业收入差异非常关键，甚至可以说是生死攸关。为什么呢？因为根据《上海证券交易所股票上市规则》，如果上市公司经审计后的净利润（扣除非经常性损益前后孰低）为负值，且营业收入（扣除与主营业务无关的业务收入和不具备商业实质的收入）低于 1 亿元，将被实施退市风险警示。

2017—2021 年，大连圣亚的营业收入、净利润与扣非净利润见表 11–1。

表 11-1　2017—2021 年，大连圣亚的营业收入、净利润与扣非净利润

年份	营业收入（万元）	净利润（万元）	扣非净利润（万元）
2017	34,476	5,546	4,862
2018	34,766	5,766	4,087
2019	31,948	4,233	4,336
2020	11,422	-6,998	-8,405
2021	20,459	-19,776	-13,658

数据来源：大连圣亚历年年报

从表 11-1 中可以看出，2020 年，如果大连圣亚的企鹅销售收入不能计入营业收入，大连圣亚就完全符合被实施风险警示的条件。对于表 11-1 中的"扣非净利润"这个名词，我们在本讲后续内容中进行讲解。

退市风险警示是我国 A 股市场中的一种制度，即向投资者发出警示，说 ×× 公司因为某种原因可能被终止上市。终止上市，即公司的股票不再在交易所交易，被终止上市的公司，会随之丧失上市公司的身份。被实施退市警示，意味着公司的一条腿已经被拉到了交易所大门之外，接下来，可能两条腿都要被拉到交易所的大门之外。

在我国，"上市公司"这个身份很有价值，除了可以公开发行股票与债券，与非上市公司相比，上市公司往往更容易得到银行贷款，贷款利率也可能更低。对于这个问题，我们在后续内容中还要讲到。

大连圣亚是在 2002 年上市的。2002 年，在我国 A 股上市的难度很大，所以，大连圣亚不愿意被实施退市警示，更不愿意被强制退市。

卖企鹅的收入该怎么算

那么，大连圣亚年报上的营业收入与此前 3 次预告的营业收入之间大约 2,000 万元的差额是怎么来的呢？

在对上海证券交易所问询函的回复中，大连圣亚说，新增的这部分收入主要来源于企鹅销售。2020 年，大连圣亚共卖掉了 52 只企鹅，其中，44 只企鹅的销

售收入确认为主营业务收入，共计 1,876 万元；其余 8 只企鹅的销售收入作为资产处置收益。

企鹅属于生物资产，而《企业会计准则》对生物资产有明确的规定。生物资产指有生命的动物和植物，分为消耗性生物资产、生产性生物资产和公益性生物资产。

对于出售生物资产能否确认为营业收入，《企业会计准则》有明确和严格的规定——如果出售的生物资产属于消耗性生物资产，可以确认为营业收入；如果出售的生物资产属于生产性生物资产，则不能确认为营业收入。

上海证券交易所认为，大连圣亚出售的企鹅属于生产性生物资产，出售企鹅的收入不是营业收入，不具备商业实质，属于非经常性损益。

2021 年 7 月 14 日，上海证券交易所对大连圣亚实施强制停牌。据媒体报道，2021 年 7 月 15 日，大连圣亚的微信公众号"精彩圣亚"推送文章，一本正经地指责上海证券交易所相关工作人员利用手中职权，阻挠上市公司正常的信息披露。

于是，上海证券交易所提出与中国证券监督管理委员会大连监管局联合对大连圣亚进行现场核查。在现场核查中，监管部门提出走访作为企鹅买方之一的重庆融创嘉晟文化旅游发展有限公司（以下简称重庆融创），但是，大连圣亚不予配合，先是给出"重庆融创不配合走访而未予协调"的理由，后又改口称"无法安排检查组现场走访，是因为对方对接的业务人员已离职"。

在停牌 5 个交易日后，大连圣亚的股票于 2021 年 7 月 22 日恢复交易，并被实施退市风险警示，股票简称由"大连圣亚"变为"*ST 圣亚"。复牌后，*ST 圣亚股价连续跌停。

大连圣亚这个案例的核心问题是出售企鹅的收入到底是营业收入，还是非经常性损益。该核心问题涉及与利润表有关的 3 个问题，一是收入到底包括哪些内容，如何确认收入？二是非经常性损益指的是什么？三是为什么要区分营业收入与非经常性损益？

利润表：一定会计期间的经营成果

利润表是企业 3 个主要财务报表之一。我们从以下几个方面入手，对利润表进行大致的了解。

第一，利润表反映的是在一定的会计期间内（例如，一个季度，或者一个会计年度），企业的经营状况与经营成果。

利润表中的数据是流量数据，因此，在当前会计年度结束时，利润表中的净利润要全部结转进入资产负债表中的股东权益。在我国，会计年度的结束时间是每年的 12 月 31 日，因此，在 12 月 31 日这一天，利润表中的净利润要全部结转进入资产负债表，即利润表中的数据全部清空。第二年的 1 月 1 日，利润表中所有科目的数据全部从 0 开始。

第二，利润表提供企业的经营成果与资源的消耗状况。

利润表中的营业收入、营业利润、利润总额、净利润等数据，会从不同方面反映企业当前年度的经营成果。同时，利润表中的营业成本，会反映企业当前年度的资源消耗状况。

第三，与资产负债表一样，利润表的编制也是基于一个基本等式。资产负债表的编制基于"资产＝负债＋股东权益"这一等式，而利润表的编制基于"收入–费用＋利得–损失＝利润"这一等式。

第四，利润表的格式有两种，即单步式利润表和多步式利润表，我国使用的是多步式利润表。

使用单步式利润表时，首先，将当期所有收入列在一起；其次，将当期所有费用列在一起；最后，用收入减去费用，得到当期的净利润（或净亏损）。

单步式利润表的计算公式为（收入＋利得）–（费用＋损失）＝利润。

使用多步式利润表，是通过对当期的收入、费用、支出项目按性质加以归类，按利润形成的主要环节列示一些中间性利润指标（例如，营业利润、利润总额、净利润），分步计算当期净利润（或净亏损）。使用多步式利润表，主要按照以下四步计算企业的净利润（或净亏损）：第一步，以主营业务收入为基础，减去主营业务成本和主营业务税金及附加，计算主营业务利润；第二步，以主营业务利润为基础，加上其他业务利润，减去期间费用（销售费用、管理费用与财务费用），计算营业利润；第三步，以营业利润为基础，加上投资净收益、补贴收入、营业外收入，减去营业外支出，计算利润总额；第四步，以利润总额为基础，减去所得税，计算净利润（或净亏损）。

营业收入：确认为营业收入的条件

在利润表中，首先列示的是营业收入。营业收入是在一定的会计期间内（例如，一个季度，或者一个会计年度），企业从销售商品或者提供劳务中获得的货币收入。

营业收入的确认

营业收入的确认，一般为产品已经销售、工程已经交付、服务或者劳务已经提供，而货款已经收到或者已经取得收取货款的权利。

那么，什么是"产品已经销售"或者"工程已经交付"呢？

一般情况下，根据法律或者合同的约定，产品的收益权与风险责任已经从出售方转移到购买方，对于出售方来说，就可以确认产品已经销售了。

例如，某经销商从格力电器手中买入 1,000 台空调机，如果根据合同，出售这些空调机获得的收益归属于经销商，同时，空调机因任何原因发生毁损与减值，责任由经销商承担，那么，格力电器就可以确认这 1,000 台空调机已经完成销售。

同样的，如果按照法律或者合同的约定，一项工程的收益权与风险责任已经从工程的承建方转移到业主头上，那么，承建方就可以确认该项工程已经完成交付。

在权责发生制下，一旦产品销售出去，无论是否收到货款，都应该确认为营业收入。

主营业务收入与其他业务收入

营业收入分为主营业务收入与其他业务收入。

主营业务收入是企业经常性的、主要业务产生的收入。例如，制造业的销售产品与半成品收入；商品流通企业（例如，格力电器、贵州茅台、东阿阿胶等公司的经销商）的销售商品收入；旅游服务业的门票收入、客户收入、餐饮收入等，都属于主营业务收入。

主营业务收入在企业收入中所占的比重较大，对企业的经济效益有着举足轻重的影响。例如，在格力电器 2020 年的 1,078 亿元销售收入中，主营业务收入为 1,019 亿元。

其他业务收入是各项主营业务收入之外的业务收入，包括材料销售、外购商品销售、废旧物资销售、下脚料销售、提供劳务性作业收入、房地产开发收入、咨询收入、担保收入等业务收入。

其他业务收入在企业收入中所占的比重较小。例如，在格力电器 2020 年的 1,078 亿元销售收入中，其他业务收入为 59 亿元。

四

营业成本：确认为营业成本的条件

在企业的利润表上，列在营业收入之后的是营业成本与费用。

营业成本是企业所销售产品或者所提供劳务的成本，是企业生产产品或提供劳务中发生的各种直接资源的消耗。

营业成本的确认

营业成本与营业收入直接相关，必须与营业收入相匹配。营业成本是与营业收入直接相关的、已经确定了归属期和归属对象的成本。怎么理解营业成本的概念呢？

营业成本必须与营业收入相匹配，确认了营业收入，就必然要确认营业成本。归属期，即属于哪个会计期间；归属对象，即属于哪一笔营业收入或者属于哪一批已销售产品。

第一，营业收入确认在哪个会计期间，营业成本也相应地确认在哪个会计期间，所以，营业成本是确定了归属期的。

假设格力电器在2022年1月20日销售了10万台空调机，这批空调机的批次为2021000A，当天，格力电器确认了一笔价值3亿元的营业收入，而这10万台空调机的成本是1亿元，那么，格力电器就要相应地确认1亿元的营业成本。这笔价值3亿元的营业收入是在2022年1月20日确认的，属于2022年第一季度的营业收入，那么，相应地，这1亿元的营业成本也是属于2022年第一季度的。

第二，营业成本是有具体对象的，即可确认这一笔成本是生产哪批产品或者提供哪项服务所发生的。在上面的例子中，格力电器的3亿元营业收入是销售批次为2021000A的空调机实现的，因此，格力空调的1亿元营业成本的归属对象是2022年1月20日确认的3亿元营业收入，也可以说它的归属对象是批次为2021000A的空调机。

成本核算

企业从生产开始，就要同时进行成本核算。

例如，格力电器从空调机的生产开始，就要进行空调机的生产成本核算。空调机的生产成本包括直接原材料成本、直接劳动力成本、间接原材料成本、间接劳动力成本与制造费用，空调机完工后，所有这些成本汇总成为产品的生产成本。假设每台空调机的生产成本为300元，格力电器将空调机以1,000元/台的价格销售出去后，可以确认销售收入1,000元，与此同时，300元的产品生产成本要结转到销货成本账户中去。在制造业企业中，销货成本通常是营业成本的主要部分。在格力电器编制财务报表的时候，这300元的销货成本会进入营业成本。

主营业务成本与其他业务成本

营业收入包括主营业务收入与其他业务收入，相应地，营业成本包括主营业务成本与其他业务成本。例如，格力电器2020年的营业成本为760亿元，其中，主营业务成本为704亿元，其他业务成本为56亿元。

费用

在第三讲中，我们讲过费用的定义，并具体介绍了费用的特征。在会计中，我们讲的费用通常指狭义上的费用，即期间费用。

费用的一个关键特点是其给企业带来的效益仅与本会计年度相关，因此，它们全部由本年度的收益补偿，即要从本年度的销售收入中全部扣除。正因为如此，费用经常被叫作期间费用。

期间费用主要由三大类费用组成，一是销售费用，包括广告费、展览费、运输费、自营销售网点的各种费用；二是管理费用，包括办公用品费用、管理人员的差旅费等；三是财务费用，包括利息支出、现金折扣等。

五

营业利润

在利润表上，列在营业成本与费用之后的是营业利润。

营业利润是企业在生产经营活动中取得的利润，是企业利润的主要来源。营业利润等于主营业务利润加上其他业务利润后减去期间费用。

营业利润的具体计算公式为营业利润 = 营业收入－营业成本－营业税金及附加－销售费用－管理费用－财务费用－资产减值损失＋公允价值变动收益（－公允价值变动损失）＋投资收益（－投资损失）。

营业外收入与营业外支出

营业外收入是企业的非经常性收入，是与企业日常经营活动没有直接关系的各种收益，具体包括固定资产盘盈、处置固定资产净收益、资产再次评估增值、债务重组收益、罚款收入、确实无法支付的应付款项、教育费附加返还款、政府补贴等。

营业外支出是企业的非经常性支出，是与企业日常经营活动没有直接关系的支出，具体包括固定资产盘亏、处理固定资产净损失、资产评估减值、非常损失等。

在企业的利润表中，营业外收入与营业外支出都需要单独列示。

例如，2020 年，格力电器的营业外收入为 2.87 亿元，其中包括 2.2 亿元的非经营活动相关的政府补助、41 万元的固定资产处置利得，以及 6,000 余万元的其他收入；2020 年，格力电器的营业外支出为 2,174 万元，其中包括 833 万元的固定资产毁损报废净损失，以及 1,341 万元的其他营业外支出。

七

利润总额与净利润

在企业的利润表中，利润总额列示在营业利润之后。利润总额的计算公式为利润总额 = 营业利润 + 营业外收入 – 营业外支出。

净利润是利润总额减去企业所得税之后的金额，即企业的税后利润。企业的所得税率是法定的，所得税率越高，净利润越少。我国现有两种所得税率，一是一般企业的所得税率，为 25%，即利润总额中的 25% 要作为税收上交国家财政；二是部分高科技企业采用的优惠税率，这些高科技企业的所得税率为 15%。

利润表的最底部是每股收益，每股收益包括基本每股收益与稀释（摊薄）每股收益。关于什么是每股收益，我们在第十八讲中进行讲解。

八

非经常性损益：大连圣亚玩弄的花招

在财经媒体上，我们经常看到"扣非净利润"这个词。在上市公司的财务报表中，有"扣除非经常性损益后的净利润"相关信息。那么，这些词是什么意思呢？

什么是非经常性损益

什么是"扣非净利润"与"扣除非经常性损益后的净利润"呢？这两者是一回事，"扣非净利润"是"扣除非经常性损益后的净利润"的简称。那么，什么是"非经常性损益"呢？

"非经常性损益"中的"损"是亏损，"益"是收益，而"非经常性"的意思是"不是经常发生的"。从字面上理解，"非经常性损益"的意思就是不是经常发生的亏损或者收益。

"非经常性损益"在财务报表中的意思与其字面意思基本一致。在企业的财务报表中，非经常性损益是与经营业务没有直接关系，或者虽然与经营业务相关，但由于其性质、金额或发生频率，影响了真实、公允地反映公司正常盈利能力的各项收入与支出。那么，怎么理解这句话呢？

其一，非经常性损益所指的收入与支出有两种。第一种是与企业的经营业务没有直接关系的收入与支出，例如，企业因为严重的自然灾害遭受损失后，政府给予企业补助，这种政府补助是企业得到的与其经营业务没有直接关系的收入。第二种是虽然与企业的经营业务相关，但是，因为其性质、金额与发生频率的原因，可能导致企业的盈利能力被低估或者高估的收入与支出，例如，以前年度已经计提各项减值准备的转回，虽然与企业的经营业务相关，但只是偶尔发生。

其二，无论是哪一种收入与支出，非经常性损益都可能导致人们对企业正常盈利能力的低估或者高估，因为这些收益与亏损都不是企业日常经营活动导致的。

非经常性损益的影响

有些企业的扣除非经常性损益后的净利润及其增速远高于其净利润及净利润增速。例如，宁德时代的扣除非经常性损益后的净利润的增速远高于其净利润增速。根据宁德时代2021年的年报，其2021年的净利润为159亿元，同比增长185%，而扣除非经常性损益后的净利润为134亿元，同比增长高达219%。

有些企业则刚好相反，扣除非经常性损益后的净利润及其增速远低于其净利润及净利润增速，江淮汽车（600418）就是如此。江淮汽车2021年度的净利润为2亿元，同比增长40.24%，但是，其扣除非经常性损益后的净利润为 –18.84亿元，创下公司历史最大亏损纪录。事实上，2017—2021年，江淮汽车的扣除非经常性损益后的净利润每年都是负数，在扣除非经常性损益的情况下，江淮汽车已累计亏损65.51亿元。

那么，扣除非经常性损益后的净利润金额更高（增速更高）的企业，经营业绩是否更好呢？

什么是扣非净利润

前文讲过，扣非净利润是扣除非经常性损益后的净利润。总体而言，扣非净利润基本上等于企业通过日常经营活动获取的净利润。同净利润相比，扣非净利润能够更公允、更客观地反映企业的正常盈利能力。

不过，扣非净利润并不一定全部是企业通过日常经营活动获取的利润，也就是说，即使是扣非净利润，也不一定能准确地反映企业的盈利能力。

例如，有些企业，特别是高科技企业，每年会从政府手中获得大量的补助与税收优惠。这些政府补助与税收优惠可以分为两部分，一部分是经常性损益，另一部分是非经常性损益。如果政府补助与税收优惠与企业的业务相关，并且企业是按照国家政策与国家统一标准享受的，就属于经常性损益。也就是说，有些企业，特别是高科技企业的扣非净利润中，可能包含大量的政府补助与税收优惠，在这种情况下，分析扣非净利润，也可能高估企业真实的盈利能力——一旦政府取消补助，企业的扣非净利润可能大幅下降。

非经常性损益、营业外收支与利得（损失）的关系

在我国的《企业会计准则》中，并没有"非经常性损益"这个名词，也没有"扣非净利润"这个名词。"非经常性损益"这一概念，是证监会在 1999 年首次提出的，当时将其定义为"公司正常经营损益之外的一次性或偶发性损益"。后来，证监会发布《公开发行证券的公司信息披露解释性公告第 1 号——非经常性损益》，将"非经常性损益"定义为"与公司正常经营业务无直接关系，以及虽与正常经营业务相关，但由于其性质特殊和偶发性，影响报表使用人对公司经营业绩和盈利能力做出正常判断的各项交易和事项产生的损益"。

因为《企业会计准则》中并没有"非经常性损益"这个名词，所以，没有非经常性损益这个科目。在企业的财务报表中，非经常性损益分散在很多地方，例如，处置长期股权投资、固定资产、在建工程、无形资产、其他长期资产产生的损益；各种形式的政府补贴；营业外收入、支出；以前年度已经计提各项减值准备的转回等。

非经常性损益与营业外收支的关系是，非经常性损益的范围比营业外收支的范围更广，包括营业外收入与营业外支出。

利得（损失）指由企业非日常经营活动形成的、会导致股东权益增加（减少）的、与所有者投入资本无关的经济利益的流入（流出）。利得（损失）分为两种，一种通过营业外收入（支出）计入利润，另一种直接计入股东权益。因此，利得（损失）包含营业外收入与支出。

因为《企业会计准则》中并没有"非经常性损益"这个名词，所以，难以对

非经常性损益与利得（损失）进行比较。两者有相同的部分，也有不同的部分。

上海证券交易所：大连圣亚出售企鹅的收入属于非经常性损益

现在，我们看看大连圣亚的营业收入与净利润到底应该怎么计算。

大连圣亚的主营业务是建设、经营水族馆、海洋探险人造景观，上海证券交易所认为，企鹅是大连圣亚用于日常经营活动的生产性物资，相当于制造业企业用于生产的机器设备，因此，大连圣亚出售企鹅类似于制造业企业出售生产用的机器设备，其销售收入不是营业收入，而是非经常性损益。按照上海证券交易所的上市规则，大连圣亚2020年出售52只企鹅所得的2,212万元不属于营业收入，大连圣亚2020年度营业收入约为9,000万元，扣非净利润为–8,405万元，符合实施风险警示的标准，故2021年7月21日，大连圣亚被实施退市警示。

读懂利润表：利润的质量更重要

作为企业的 3 个主要财务报表之一，利润表用于反映企业当前会计年度的经营成果。我们可以从以下几个方面入手，了解利润表。

利润表的主要内容

具体来说，利润表主要反映企业经营成果中以下几方面的内容。

首先，构成主营业务利润的各项要素。利润表以主营业务收入为基础，减去为取得主营业务收入而发生的成本、税金，即可得到主营业务利润。

其次，构成营业利润的各项要素。根据利润表的结构，可以看出，主营业务利润加其他业务利润后减期间费用（销售费用、管理费用、财务费用），即可得到营业利润。通常情况下，营业利润的金额大于主营业务利润的金额。

再次，构成利润总额的各项要素。营业利润加各种非经常性损益，即可得到利润总额。利润总额可能是负数。

最后，构成净利润（净亏损）的各项要素。利润总额减企业所得税，即可得到净利润。如果利润总额是负数，企业不用缴纳所得税。如果利润总额是负数，净利润肯定是负数，即企业是亏损的。

利润表包括企业的收入、费用与利润三大项目，每个项目都有几个组成部分。利润表是按照三大项目各自组成部分的重要性或者性质进行分类列示的。

对于收入，利润表是按收入各个组成部分的重要性进行列示的：首先，是最重要的主营业务收入；其次，是其他业务收入；最后，是非经常性损益（投资收益、补贴收入、营业外收入等）。

对于费用，利润表是按费用各个组成部分的性质进行列示的：首先，是主营业务成本，通常，这是企业最主要的支出；其次，是主营业务税金及附加；再次，是期间费用（销售费用、管理费用、财务费用）；复次，是其他业务支出与营业外支出；最后，是所得税。

对于利润，利润表按营业利润、利润总额、净利润等利润的组成部分进行列示。

利润表仅反映企业当前年度的经营成果

利润表反映的是基于权责发生制的企业当前会计年度的经营成果，因此，利润表存在以下两个方面的问题。

第一，利润表既不能反映企业过去的经营成果，也不能反映企业未来的经营状况。

虽然在一般情况下，企业的经营及其经营成果具有连续性，但企业的营业收入，特别是净利润，可能会因为各种原因发生波动，甚至发生较大幅度的波动。

例如，在上海证券交易所主板上市的大蓝筹公司上海电气（601727）于2021年1月28日发布2021年度业绩预告，表示预计2021年归属于母公司的净利润为–103亿元至–89亿元。按照这个亏损金额，上海电气将成为2021年我国A股上市公司中亏损最严重的公司之一。要知道，2020年度，上海电气的净利润高达37.58亿元。在业绩预告中，上海电气给出了2021年业绩大幅亏损的6个原因。最终，上海电气2021年的亏损为99.88亿元。

第二，利润表反映的不是企业长期经营成果的累积，而是某一特定时期的经营成果，因此，利润表中的数据很容易被操纵。

目前，几乎所有国内外企业都会进行盈余管理，而盈余管理本质上是企业在会计准则允许的范围内，合法地操纵利润。在此之外，企业非法操纵利润的手段非常多，而利润表中可以操纵的地方非常多。关于企业操纵利润的问题，我们在后续内容中进行讲解。

营业收入与净利润：总量与质量

无论是营业收入，还是净利润，我们要关注总量，更要关注质量（关于企业营业收入与净利润的质量问题，我们在财务报表分析部分详细讲解）。

虽然总体来说，企业的营业收入与净利润越多越好，但是，营业收入的质量，特别是净利润的质量更为重要。那么，如何判断营业收入与净利润的质量呢？能够体现营业收入与净利润质量的一个重要数据是扣除非经常性损益后的净利润，即扣非净利润。

我国 A 股的上市公司中，有些企业的营业收入与净利润看起来不少，但扣除非经常性损益后，这些企业的扣非净利润不是金额有限，就是亏损，甚至是严重亏损。

例如，在上海证券交易所主板上市的两面针（600249）。2016—2020 年，其营业收入分别是 15.62 亿元、14.72 亿元、12.45 亿元、11.87 亿元与 6.85 亿元，净利润分别是 2,690 万元、–1.44 亿元、2,172 万元、–5,380.54 万元与 5,801 万元，而扣除非经常性损益后的净利润分别只有 –1.09 亿元、–1.54 亿元、–7,473 万元、–1.195 亿元与 90 万元。2016—2020 年，扣除非经常性损益后，两面针几乎是连年亏损，而且亏损严重。

A 股市场上的一些高科技公司，扣除非经常性损益之后，扣非净利润往往只有原来的二分之一左右，原因在于这些公司每年获得大量的政府补助。例如，在深圳证券交易所上市的科大讯飞（002230）是一家高科技公司，2018—2021 年，科大讯飞的净利润分别为 5.4 亿元、8.2 亿元、13.6 亿元与 15.56 亿元，但扣除非经常性损益后归属于上市公司股东的净利润分别只有 2.7 亿元、4.9 亿元、7.7 亿元与 9.79 亿元。

前文讲过，企业按照国家统一标准定额享受的政府补助，以及与企业日常经营活动有关的政府补助属于经常性损益，不需要从企业的净利润中扣除，但是，这些政府补助不是企业依靠自身的产品与服务获得的，这部分补助会导致企业的真实盈利能力被高估。

当然，也有一些上市公司扣除非经常性损益后的净利润增长得非常快，这些企业的真实盈利能力比较强。例如，在创业板上市的南大光电（300346）的2021年财务报表显示，2021年，其归属于上市公司股东的净利润为1.36亿元，同2020年相比，增长了56.55%，而扣除非经常性损益后的净利润为7,042万元，同2020年相比，增长了3,237%。

净利润与现金

偿债能力的高低取决于企业是否有足够的资金偿还到期债务。偿债能力是企业财务健康状况的最基本指标，偿还债务使用的是现金，而不是净利润。

对于净利润与现金之间的关系，我们需要关注：一方面，利润表在一定程度上反映企业的经营状况与盈利能力，净利润是现金收入的基础；另一方面，由于多方面的原因，利润不是现金，企业的净利润不等于企业的现金收入，因此，净利润并不能准确地反映企业的偿债能力。关于净利润与现金流量，我们在后续内容中进行讲解。

为什么企业会增收不增利

分析利润表的时候，我们要关注企业是否存在常见的"增收不增利"问题。

增收不增利，可能存在3种情况，一是企业的营业收入增长了，但净利润没有相应地增长；二是企业净利润的增长速度明显低于营业收入的增长速度；三是企业的营业收入下降了，而净利润下降的速度更快。第三种情况尤其严重，值得企业好好分析原因。

例如，在上海证券交易所主板上市的三六零（601360）就存在第三种情况。2016年至2022年9月，三六零的营业收入与净利润增长情况如图11-1所示。2016年至2021年9月，三六零营业收入的增长率分别为-9.17%、406.28%、7.28%、-2.19%、-9.55%与-6.28%，同期净利润增长率分别为-29.29%、-57.28%、

4.83%、69.19%、–51.3% 与 –69%。对比之下，可以发现，2016 年至 2021 年 9 月，除了 2019 年，三六零的净利润增长速度都超过营业收入的增长速度，且净利润下跌幅度大多超过营业收入的下跌幅度。截至 2022 年 9 月 30 日，三六零 2022 年的营业收入下跌 18.79%，而净利润跌幅高达 295.7%。

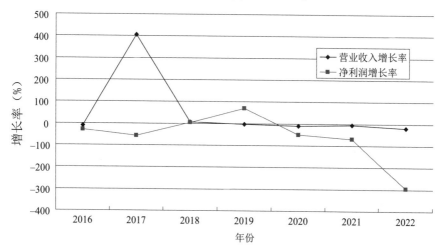

图 11-1　2016 年至 2022 年 9 月，三六零的营业收入与净利润增长情况

数据来源：三六零历年年报（2022 年数据截至 2022 年 9 月 30 日）

　　企业为什么会遇到增收不增利的问题？需要针对具体情况，分析具体原因。可能是因为企业的成本控制做得比较差，也可能是因为上游原材料价格大幅度上涨，企业难以将原材料价格上涨的成本转嫁到下游去等。

　　在有些企业中，增收不增利是暂时的，但在有些企业中，增收不增利可能成为持续性问题。一般来说，创立不久的创业企业处于规模扩张阶段，需要扩大规模、抢占市场份额，投资性支出规模比较大，出现增收不增利的现象比较常见，不是需要过度担心的问题。但是，三六零创立于 1992 年，并于 2011 在美国纽约证券交易所上市，早已过了创业阶段，仍然持续性地遇到增收不增利的问题，就需要管理层认真分析原因并寻找解决方案了。

雅戈尔：炒股的利润比做服装的利润多

1998 年在上海证券交易所主板上市的雅戈尔（600177），主营业务是服装服饰产品及服装辅料的设计、制造、销售、进出口贸易等，但是，从上市之后的第二年，即 1999 年开始，雅戈尔大规模着手炒股。

雅戈尔董事长李如成曾表示："投资就是不一样，一下子就能赚制造业 30 年赚的钱。"据统计，1999—2020 年，雅戈尔的利润总额约为 580 亿元，炒股等投资业务贡献了近 400 亿元。也就是说，做服装的雅戈尔的净利润中，有大约 70% 来自炒股。自 2012 年起，到 2021 年 9 月止，雅戈尔的净利润总额为 332.55 亿元，其中，投资收益为 306.18 亿元，投资收益占净利润总额的 92.07%。雅戈尔的财务报表披露的信息表明，投资收益中的绝大部分是处置长期股权投资产生的。通俗地说，处置长期股权投资产生的投资收益就是通过炒股获得的收益。

雅戈尔曾在 2019 年表示，公司将聚焦服装业务，不再开展非主营业务的财务性股权投资，但是，2020 年，雅戈尔再次因"股神"般的表现被媒体关注。2020 年，雅戈尔减持宁波银行的股份共计 2.96 亿股，套现 100 亿元，同年，雅戈尔的净利润约为 72 亿元，同比增长 82%，其中，投资业务实现归属于上市公司股东的净利润约为 46.6 亿元，同比增长约 215%。

第十二讲

读懂现金流量表

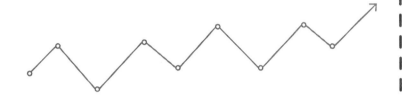

　　作为企业的 3 个主要财务报表之一，现金流量表反映的是企业在一定会计期间内的现金金额的增减状况，以及现金的增减是由企业哪方面的经营活动导致的。

　　本讲内容主要包括以下几个方面，一是解释为什么做企业就是做现金流量，即解释现金流量对企业的重要性；二是对现金流的构成与现金流的质量进行分析；三是讲解现金与利润有什么区别，为什么现金流量与净利润会不一致；四是净利润的现金含量分析，即分析企业的净利润与现金流量之间的关系。

案例：年年盈利的华夏幸福发生债务危机

华夏幸福（600340）是在上海证券交易所上市的一家房地产公司，其主营业务为实业投资、企业管理咨询、建筑装饰材料销售等。2021年，我国多家房地产公司发生债务危机，华夏幸福是其中之一。

年年盈利，却无力还债

2021年12月21日，华夏幸福发布公告，表示截至发布公告当日，公司累计未能如期偿还债务本息合计1,078.05亿元。也就是说，到2021年12月21日，华夏幸福已经到期但无力偿还的本金与利息已累计达到1,078.05亿元。从2021年年初华夏幸福宣布无力偿还到期债务开始，它的到期但无力偿还的债务金额就在不断上升。

根据华夏幸福的财务报告，对照华夏幸福的净利润与现金流状况，我们可以找到华夏幸福无力偿还债务的原因。

一方面，2015—2019年，华夏幸福的年度营业收入与净利润持续增长。在营业收入方面，华夏幸福的营业收入从2015年的383亿元增长到2019年的1,052亿元（具体到每一年，分别为383亿元、538亿元、596亿元、838亿元、1,052亿元）。虽然2020年，华夏幸福的营业收入下降为1,012亿元，但同2019年相比，仅仅是小幅下降。在净利润方面，华夏幸福的净利润从2015年的50亿元开始，持续增长，在2019年增长到了146亿元（具体到每一年，分别为50亿元、65亿元、88亿元、117亿元、146亿元）。虽然2020年华夏幸福的净利润下降到大约37亿元，但是，它仍然是盈利的，而且，它的净利润总额仍然位居房地产行业前列。

另一方面，2015—2020年，华夏幸福的现金流状况持续恶化。2015—2020年，华夏幸福的现金流净变化量分别为210亿元、81亿元、209亿元、−186亿元、−45

亿元与 –157 亿元。在此期间，华夏幸福的现金流量主要来自筹资活动，经营活动的现金流量恶化状况非常严重。2015—2020 年，华夏幸福筹资活动的现金净额分别为 193 亿元、254 亿元、571 亿元、–65 亿元、259 亿元、128 亿元，而经营活动产生的现金流量分别为 74 亿元、78 亿元、–162 亿元、–74 亿元、–318 亿元与 –232 亿元，更多数据见表 12-1。

表 12-1　2015—2021 年，华夏幸福的营业收入、净利润与经营活动产生的现金流量

年份	营业收入（亿元）	净利润（亿元）	经营活动产生的现金流量（亿元）
2015	383	50	74
2016	538	65	78
2017	596	88	–162
2018	838	117	–74
2019	1,052	146	–318
2020	1,012	37	–232
2021	432	–16	–26

数据来源：华夏幸福历年年报

　　显然，自 2017 年开始，华夏幸福的经营活动现金流量持续恶化，它几乎完全丧失了自己赚取现金过日子的能力，主要靠"圈来的钱"过日子。

做企业就是做现金流

　　根据华夏幸福的例子，我们可以发现，即使在利润表上，企业年年盈利，若不能将利润转化为现金，企业仍然可能因为缺乏现金而无力偿还债务。

　　2015—2020 年，6 年间，华夏幸福的净利润总额为 503 亿元，但是同期，它的经营活动现金流量总额为 –634 亿元。显然，2015—2020 年，华夏幸福通过自身经营活动赚取现金的能力非常差。在通过经营活动赚取现金的能力极差的情况下，华夏幸福只能通过银行贷款、发行债券等筹资活动来筹集资金——2015—2020 年，华夏幸福通过筹资活动获得的现金流量高达 1,340 亿元。借钱，是要还

的，一旦资金链断裂，难以筹集资金，企业很可能因为没有足够的资金偿还到期债务而发生债务危机。

根据华夏幸福的例子，我们可以得到这样的结论：如果一个企业的现金流量长期为负，特别是经营活动现金流量长期为负，那么，无论它的利润表上有多少利润，它迟早会出问题。

因此，可以说，做企业就是做现金流，而不是做利润。现金才是企业经营成果的终极体现。

"做企业就是做现金流"的原因非常简单，我们可以问自己这样一个问题：企业偿还债务、给员工发工资、缴税等，用的是现金，还是利润？答案显而易见：从来没有也永远不会有企业用利润偿还债务，从来没有也永远不可能有企业用利润给员工发工资，缴税等工作同理。

我在中央财经大学给 MBA（工商管理硕士）上有关公司财务的课，有一次，一个学生在朋友圈里发布动态："上了鲁教授（学校里的另一位教授）的课，我才知道做企业是做现金流！"我看见后，在下面评论："×××，我的有关公司财务的课你翘课了吧？我在课堂上讲过很多次，为什么公司财务中，我们更重视现金流，而不是利润。"

那么，经营活动现金流量是什么呢？为什么要单独编制现金流量表？接下来详细介绍相关内容。

现金流量表：一定时期内企业现金的增减状况

现金流量表是企业的 3 个主要财务报表之一，我们可以从以下两个方面入手，对现金流量表进行大致的了解。

第一，现金流量表反映的是在一定会计期间内（例如，一个季度或者一个会计年度），以现金表示的企业经营成果。

与利润表一样的是，现金流量表中的数据是流量数据，在当前会计年度结束时，现金流量表中的当前会计周期现金及现金等价物的净增加额会结转到资产负债表中。在我国，会计年度的结束时间是每年的 12 月 31 日，因此，在 12 月 31 日这一天，现金流量表中的现金及现金等价物的净增加额都要结转进入资产负债表，现金流量表中的数据会被全部清空，次年的 1 月 1 日，现金流量表中的所有科目从 0 开始。

与利润表不一样的是，现金流量表是以现金表示的企业经营成果，而利润表是以净利润表示的企业经营成果。此外，现金流量表中的现金及现金等价物的净增加额结转进入资产负债表中资产部分的货币资金科目，而利润表中的净利润结转进入资产负债表中的股东权益。

第二，现金流量表反映企业的现金流量，以评价企业获得现金净流量的能力。企业现金流量的信息包括两个方面，一是现金流的来源信息，即经营活动产生的现金流量、投资活动产生的现金流量与筹资活动产生的现金流量，共计 3 个现金流量来源；二是现金的流入、流出与净现金流量的增减信息。

现金流量表包括经营活动产生的现金流量、投资活动产生的现金流量与筹资活动产生的现金流量三大部分，每个部分内部分为现金流入与现金流出，现金流入与现金流出又各自包含很多项目。通常情况下，现金流入与现金流出的各个项目是按其重要性列示的，例如，对于制造业企业来说，经营活动现金流入最重要的来源是"销售商品、提供劳务收到的现金"，因此，"销售商品、提供劳务收到的现金"要列在经营活动现金流入部分的最前面，而"购买商品、接受劳务支付的现金"是经营活动现金流出的主要部分，要列在经营活动现金流出部分的最前面。

现金流量3个部分的现金流入与现金流出相互抵销之后的净额，是各部分的现金净额；将3个部分的现金净额汇总，是当前会计期间的现金及现金等价物净增减额；将当前会计年度现金及现金等价物净增减额与当前会计周期的期初余额相加，是公司当前会计周期的期末现金及现金等价物余额。

例如，格力电器2020年度的经营活动产生的现金流量净额为192亿元、投资活动产生的现金流量净额为0.98亿元、筹资活动产生的现金流量净额为–211亿元，此外，汇率变动导致格力电器的现金及现金等价物减少3.7亿元。将上述四项汇总，2020年度，格力电器的现金及现金等价物净增加额为–21.72亿元。2020年会计年度开始（2020年1月1日）时，格力电器现金及现金等价物余额（2020年会计年度的期初余额）为263亿元，因此，2020年12月31日，格力电器现金及现金等价物余额为241.28亿元（对于什么是现金及现金等价物，企业会在财务报表附注中做出明确的定义）。

资产负债表、利润表与现金流量表之间的关系

前面，我们简单提及过资产负债表、利润表与现金流量表这三者之间的关系。在具体了解了这 3 个报表之后，我们详细介绍它们之间的关系。

总体而言，现金流量表如同桥梁，将利润表与资产负债表联系起来，向投资者与债权人提供更全面、更有用的信息。

利润表与现金流量表

利润表列示了公司在一定时期内实现的净利润及其主要来源，但是，利润表没有揭示利润与现金流量的关系。

我们可以在利润表的基础上，计算得出经营活动产生的现金流量。具体而言，是以利润表中的净利润为起点，调整有关项目，将以权责发生制为基础计算的净利润调整为以收付实现制为基础计算的经营活动的现金流量净值。计算中，"调整有关项目"主要是将在计算净利润时作为成本扣除的折旧摊销等非现金流项目加回到净利润中去。

例如，公司 A 的净利润为 1,000 万元，当年计提折旧 200 万元。计算经营活动产生的现金流量时，要将这 200 万元的折旧与 1,000 万元的净利润相加。如果公司 A 没有其他项目，那么，当年，它的经营活动产生的现金流量为 1,000 万元净利润 +200 万元折旧 =1,200 万元。

上市公司通常会在财务报表附注中说明本公司是如何通过利润表计算现金流量的。例如，格力电器就在 2020 年度财务报表中的"合并财务报表项目附注"中具体说明了是如何以利润表为基础计算得出公司在 2020 年度的经营活动中产生的现金流量的。

资产负债表与现金流量表

资产负债表展示了企业货币资金在当前会计年度的期末与期初的增减变化，但是，它没有揭示货币资金增减的原因。现金流量表则具体说明了货币资金的变化是由哪些因素导致的。

前文讲过，资产负债表是基于基本会计等式"资产＝负债＋股东权益"编制的。资产可以分为货币资产与非货币资产，而股东权益包括实收资本、资本公积、盈余公积与未分配利润，货币资产＝负债＋股东权益-非货币资产，即货币资产＝负债＋（实收资本＋资本公积＋盈余公积＋未分配利润）-非货币资产。

从上面的等式中，我们可以看出，货币资产的变化来自以下3个方面。

一是负债的增减，即增加债务或者偿还债务可能导致货币资产的增加或者减少。

二是股东权益的增减，即股东权益的增加或者减少可能导致货币资产的增加或者减少。股东权益的增减可能来自两方面，第一个方面是实收资本与资本公积的增减，即股东投入资金的增减可能导致企业货币资金的增减。例如，2021年12月22日，中国移动发行了560亿元的股票，即中国移动的股东向公司投入了560亿元，中国移动手中的货币资金相应地增加了560亿元；相反，2020—2021年，格力电器先后3次回购了价值270亿元的股份，这实际上是格力电器的股东减少了270亿元自有资金的投入，格力电器的货币资金会相应地减少270亿元。第二个方面是盈余公积与未分配利润的变动，这两部分几乎完全是企业通过自身经营赚到的，因此，如果企业盈利，其货币资产会相应地增加。

三是非现金资产的增加（减少）会导致企业货币资产的减少（增加）。例如，企业进行固定资产投资（例如，购买设备）会导致货币资产的减少，而进行固定资产处置（例如，出售闲置设备）通常会导致货币资产的增加。

现金流量的构成

企业的现金流量来自 3 个方面，即经营活动、投资活动与筹资活动。

经营活动产生的现金流量

经营活动产生的现金流量是企业在日常经营活动中从事经常性经营业务所产生的现金流入、流出与净现金流量。经营活动产生的现金流入主要是销售商品、提供服务收到的现金；经营活动产生的现金流出主要是为购买商品、接受劳务支付的现金。

例如，2020 年度，格力电器的经营活动产生的现金流入为 1,639 亿元，其中，通过销售商品、提供服务收到的现金为 1,559 亿元；经营活动产生的现金流出为 1,447 亿元，其中，为购买商品、接受劳务支付的现金为 1,218 亿元。

投资活动产生的现金流量

企业的投资活动包括对内投资与对外投资。对内投资主要是对非货币长期资产的投资，包括对固定资产、无形资产、其他长期资产的投资，例如，企业购买设备、扩建厂房、通过研发形成知识产权等；对外投资包括对外股权投资与对外债权投资，企业收购其他企业的股权，属于对外股权投资，例如，格力电器在 2021 年8 月 31 日通过司法拍卖公开竞拍，以 18.3 亿元收购了珠海银隆新能源 30.47% 的股权。

投资活动产生的现金流入包括收回投资取得的现金、取得投资收益的现金、固定资产处置收回的现金等。例如，我国很多 A 股上市公司购买了理财产品，理财产品到期收回本金是收回投资取得的现金，而因理财产品收到利息属于取得投资收益的现金；企业将设备、厂房卖掉获得的现金属于固定资产处置收回的现金。

投资活动产生的现金流出包括为购建固定资产、无形资产和其他长期资产支付的现金等。例如，格力电器在 2021 年 8 月 31 日为获得珠海银隆新能源 30.47% 的股权而支付的 18.3 亿元属于投资活动产生的现金流出。

筹资活动产生的现金流量

筹资活动产生的现金流量是企业在筹集资金的各项活动中产生的现金流入、流出与净现金流量。企业的筹资活动包括发行股票、发行债券、银行贷款、支付利息、支付股利等。

筹资活动产生的现金流入包括通过发行股票、发行债券、银行借款等活动取得的现金流入。例如，2021 年 12 月 22 日，中国移动通过发行股票筹集了 560 亿元的资金；2020 年度，格力电器通过借款获得了 376 亿元的现金流入。

筹资活动产生的现金流出包括为偿还债务、支付股利、支付利息等支付的现金。例如，格力电器在 2020 年度偿还到期债务产生了 295 亿元的现金流出、分配股利与支付利息总共产生了 142 亿元的现金流出。

为什么现金流量与净利润不一致

企业现金流量的金额与净利润的金额常常不一致，有时候，两者的差距甚至非常大。例如，2020 年度，格力电器的现金流量净额为 –21.72 亿元，即在 2020 年度，格力电器发生了 21.72 亿元的现金净流出，与此同时，2020 年度，格力电器的净利润为 223 亿元——2020 年度，格力电器的现金流量与净利润之间相差 244.72 亿元。

现金流量的金额与净利润的金额不一致的原因主要有以下两点。

收入与现金的确认原则不同

前文讲过，按照会计准则，企业依据不同的原则确认收入与现金——收入确认的原则是权责发生制，现金确认的原则是收付实现制。

在权责发生制下，只要按照法律或者合同的约定，商品的收益权与风险责任从商品的出售方转移到了购买方，即使出售方一分钱货款都还没有收到，它也可以确认收入。因为收入意味着利润，所以，确认收入就是确认利润。

与收入确认不同，现金确认的原则是收付实现制，现金流量表是按收付实现制编制的。在收付实现制下，必须已经收到现金，才能予以确认。

比较极端的一种情况是，某公司在 2021 年 12 月 30 日完成了一个价值 100 亿元的销售，但所有货款要到 2022 年 1 月 30 日才能收到。按照会计准则，该公司可以将这 100 亿元确认为 2021 年的销售收入，这样，该公司 2021 年的销售收入会增加 100 亿元，净利润会相应地增加，但是，因为没有收到货款，该公司的现金不会有任何增加。

非现金流项目的存在

大量非现金流项目的存在也会导致现金流量的金额与净利润的金额不一致。

前文介绍过非现金流项目，即在计算净利润时，会作为成本从收入中扣除，但实际上并没有现金支出的项目。

非现金流项目包括固定资产折旧、无形资产摊销、长期待摊费用等。作为企业的成本费用，这些项目会在随后的年度中，每年从企业的收入中扣除一部分，从而导致随后年度中企业的净利润的减少，但是，随后的年度中，并没有相应的现金支出。

净利润的现金含量：净利润质量的重要指标

净利润的现金含量是现金净流量与净利润之比，即企业的每1元净利润对应多少现金。

总体而言，企业净利润的现金含量越高越好，原因如下。

第一，净利润的现金含量高，表明销售回款能力较强、资金周转速度较快；

第二，净利润的现金含量高，特别是净利润中经营活动产生的现金多，能够让企业自身拥有足够的资金，不需要寻找成本比较高的外部资金，有助于企业降低成本费用；

第三，净利润的现金含量高，能够让企业有足够的资金偿还到期债务，降低财务压力。

净利润现金含量长期低下意味什么

理论上，净利润的现金含量应该为100%左右，即1元净利润大约对应1元现金收入。但是，因为各种原因，净利润的现金含量往往会有大幅度波动，有的年份，净利润的现金含量很高，而有的年份，净利润的现金含量很低。

偶尔一两年，净利润的现金含量低是正常的，即使是很低的负值也正常。原因有很多，其中，最常见的原因是在某年，企业进行了大规模的固定资产投资，耗费了大量现金。

但是，如果净利润的现金含量长期很低，特别是经营活动产生的现金长期很少，那么，企业迟早会无力偿还到期债务，发生财务危机。若企业的净利润现金含量很低，特别是经营活动产生的现金很少，企业很可能存在以下3个方面的问题。

第一，企业的净利润有可能是假的、是伪造出来的。利润造假比较容易，现金流量造假相对困难。企业有可能在很多地方、以多种方式进行财务造假，以虚增利润。如果企业净利润的现金含量长期很低，那么，企业的净利润的真实性存疑。

第二，企业应收账款的回收能力很差。如果企业的净利润是真实的，但净利润的现金含量长期很低，那么，企业的应收账款回收能力可能很差，也就是说，企业把产品卖出去了，但货款收不回来。企业的应收账款回收能力差，可能是因为企业管理混乱，应收账款管理能力差。

第三，在产业链的上下游中，企业的地位很低，缺乏与客户讨价还价的能力。如果某个行业的竞争极其激烈，企业可能为了争夺客户，不得不以很宽松的赊销条件将产品卖给客户。若企业给客户很长时间的付款优惠期，导致企业的应收账款回收周期很长，企业就会有大量的应收账款。

如果企业的产品很畅销、供不应求，企业面对客户时的谈判能力很强，那么，企业的货款回收速度就会非常快——企业甚至可以要求客户用现金购买自己的产品，一手交钱，一手交货。如此一来，企业净利润的现金含量会非常高，应收账款余额会非常少。

例如，在上海证券交易所上市的贵州茅台（600519）的产品（特别是53度飞天茅台）供不应求，贵州茅台的净利润现金含量就非常稳定，除了2016年超200%，其余年度始终在100%左右，如图12-1所示。2016—2021年，贵州茅台的净利润现金含量分别为224%、82%、118%、110%、111%与122%。与此同时，2016—2021年，贵州茅台的营业总收入分别高达402亿元、611亿元、772亿元、889亿元、980亿元与1,095亿元，而它的应收票据与应收账款余额只有8.2亿元、12.2亿元、5.6亿元、14.6亿元、15.3亿元与0元。这意味着，贵州茅台往往能在当前会计年度将几乎所有货款收回，客户几乎没有拖欠货款。这主要是因为贵州茅台的产品供不应求，贵州茅台面对客户有极强的议价能力，谁敢拖欠货款，贵州茅台可以随时给它断供。

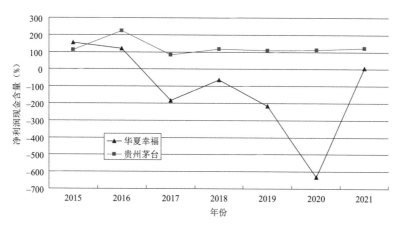

图 12-1　2015—2021 年，贵州茅台与华夏幸福的净利润现金含量

数据来源：贵州茅台与华夏幸福历年年报

华夏幸福的净利润现金含量：从 155% 跌到 −631%

前文讲过，华夏幸福在 2021 年发生了债务危机。其实，从华夏幸福净利润现金含量中可以发现，华夏幸福早就有发生债务危机的迹象。

一方面，2015—2019 年，华夏幸福的营业收入大幅增长，从 2015 年的 383 亿元增长到 2019 年的 1,052 亿元，2020 年小幅下降到 1,012 亿元；另一方面，从 2017 年开始，华夏幸福现金不足的问题就多方面暴露，2015—2020 年，华夏幸福净利润的现金含量分别为 155%、119%、−183%、−63%、−217% 与 −631%，平均为 −137%，其净利润现金含量急剧且严重的恶化趋势可参见图 12–1。

在我国房地产行业中，万科以经营稳健为特色。相应地，万科的现金流量非常稳定。2015—2020 年，万科 A（万科的股票简称，其代码为 000002）的净利润现金含量分别是 85%、188%、293%、100%、118% 与 128%，平均为 152%，在这期间，万科 A 的经营活动产生的现金流量分别为 160 亿元、396 亿元、823 亿元、336 亿元、457 亿元与 532 亿元，显然，万科 A 的经济活动产生的现金流量不仅金额大，而且非常稳定。

七

分析现金流量：现金流量也可能是骗人的

与利润表一样，现金流量表反映的仅仅是企业当前会计年度的经营成果。我们可以从以下几个方面入手，了解现金流量表。

永煤控股：现金流量也是可以操纵的

现金流量表反映的仅仅是以现金衡量的当前会计年度的经营成果，因此，它与利润表存在类似的问题，即现金流量表中的现金流量余额也是可以操纵的。

虽然总体而言，与营业收入与净利润造假相比，现金流量造假要困难得多，但是，现金流量与现金余额造假并非不可能。

很多上市公司采用临时协议还款的方式操纵现金余额，这种临时协议还款其实就是虚假还款。上市公司通常有大量的关联企业，所谓关联企业，即之间存在重大的直接或间接关系的两个企业，利用关联企业，上市公司有可能通过虚假还款来操纵现金流量表。

举个例子，公司 A 是公司 B 的控股股东，且公司 B 为上市公司。2021 年 1 月 1 日，公司 A 从公司 B 无偿借走 100 亿元，因为 12 月 31 日为会计年度结束日，所以，公司 A 在 2021 年 12 月 30 日将 100 亿元的借款归还给公司 B。这样，虽然公司 A 将公司 B 的 100 亿元现金无偿挪用了一整年的时间，但在公司 B 的资产负债表与现金流量表上并没有明显的资金被挪用的痕迹。除了审计机构能够在审计的时候发现资金被挪用过，其他外部人员仅研究年度财务报表，很难发现资金被挪用的问题。事实上，只要公司 A 在季报、半年报与年报编制之日前一天将借款归还给公司 B，那么，无论是在季报、半年报上，还是在年报上，外部人员都难以发现资金被挪用的问题。当然，如果在公司 B 需要资金的时候，公司 A 能够及时将资金归还给公司 B，公司 B 除了损失一些利息收入，也不会有什么严重的问题。

不过，我们说外部人员难以发现公司 B 的资金被挪用问题，并不是说无法发现。通过分析财务报表，是可以发现资金被挪用的迹象的。这个迹象就是，如果公司 B 的 100 亿元资金没有被挪用，那么，它必定会有利息收入。如果公司 B 账面上有很多现金，却没有任何利息收入，或者利息收入明显过低，那么，不是它的资金被无偿挪用了，就是它的账面资金是假的。

河南能源化工集团（以下简称河南能化）挪用永城煤电控股集团有限公司（以下简称永煤控股）的 861 亿元资金就是一个典型实例。河南能化是永煤控股的控股股东，持有永煤控股 96.01% 的股份。河南能化是目前河南省最大的国有企业，其实际控制人是河南省人民政府国有资产监督管理委员会。2020 年 11 月 10 日，永煤控股因为无法按期偿还大约 10 亿元的本金与利息发生违约，这一违约事件震惊全国，因为当时永煤控股账面上有多达 469.68 亿元的现金。

为什么永煤控股账面上有将近 470 亿元的现金，却还不起大约 10 亿元的到期债务呢？证监会调查发现，永煤控股账面上的货币资金已全部被河南能化挪用。2017 年至 2020 年 9 月，河南能化分别挪用了永煤控股 112.74 亿元、235.64 亿元、241.07 亿元与 271.74 亿元的资金，即河南能化总共挪用了永煤控股约 861 亿元的资金，永煤控股则配合河南能化，操纵了资产负债表的现金余额数据。

按照会计准则，被河南能化挪用资金后，永煤控股应该怎么做呢？它应该将被挪用的约 861 亿元列入资产负债表中的债权类科目（包括其他应收款、长期应收款、垫款等），同时，在资产负债表的关联方占款中予以披露。但是，永煤控股没有这么做，而是将这约 861 亿元列入了货币资金科目。

有人可能会问，无论永煤控股把这些资金列在货币资金科目中，还是列在债权类科目中，不都是公司的资产吗？有什么区别吗？

虽然货币资金与债权都是公司的资产，但两者不仅有区别，而且区别很大。如果将这 861 亿元列入债权类科目，那么，投资者就知道，虽然永煤控股确实有 861 亿元的资金，但是，第一，资金并不在永煤控股手中，而是借给别人了，在收回这些资金之前，永煤控股无法使用这些资金；第二，永煤控股能否全部收回借出的这 861 亿元资金并不是 100% 确定的事情，因为这些资金有可能全部或者部分成为呆账，收不回来了。而如果永煤控股将这 861 亿元列入货币资金科目，意味着这 861 亿元的资金在永煤控股手中，它可以随时使用这些资金，也不存在可能成为呆账的问题。因此，永煤控股将这些资金列入货币资金科目的做法是造假，会严重误导投资者。

永煤控股操纵现金流量的事情之所以东窗事发，是因为河南能化挪用它的资金后盲目投资，导致亏损，无法按时将挪用的资金归还给永煤控股。

现金流量总量：可能具有误导性

在分析企业的资产负债表、利润表时，我们要重视企业资产的总量与净利润的总量，同时，注意资产总量与净利润总量都可能具有的误导性。同样，在分析企业的现金流量时，我们不仅要重视现金流量总量，还要注意现金流量总量也可能具有的误导性。

为什么现金流量总量可能误导我们呢？原因在于现金流量由 3 个部分组成，分别是经营活动产生的现金流量、投资活动产生的现金流量，以及筹资活动产生的现金流量，对于企业，特别是非金融企业来说，投资活动产生的现金流量与筹资活动产生的现金流量往往是难以持续的。

对于非金融企业来说，投资活动产生的现金流量主要来自固定资产处置收回的现金，以及投资理财产生的收益，而固定资产处置收回的现金不可能经常性地出现，投资理财产生的收益不应该也不可能成为非金融企业的主营业务产生的现金流量。如果一个非金融企业的现金流量大部分来自投资理财的收益，那么，这个企业很可能是在不务正业。

对于非金融企业来说，筹资活动产生的现金流量主要来自两个方面。一是通过增发股票，让股东投入资金。例如，2021 年 12 月 22 日，中国移动通过发行股票，从股东手里筹集了 560 亿元的资金。不过，股东不可能没完没了地投入资金。二是向银行借钱，或者通过发行债券向投资者借钱。无论以哪种方式借钱，借来的钱都是要还的。

因此，如果一个非金融企业的现金流量总量很大，但主要来自投资活动产生的现金流量，或者主要来自筹资活动产生的现金流量，那么，这个企业的现金流量大概率是难以持续的。

现金流量的质量

在分析企业的资产负债表、利润表时，我们要重视资产的质量、净利润的质量，同理，在分析企业的现金流量时，我们也要重视现金流量的质量。我们可以从以下两个方面入手，判断企业的现金流量的质量。

一是现金流量总量中经营活动产生的现金流量所占的比重。经营活动产生的现金流量是企业通过自身的经营活动创造的现金流量，在现金流量总量中，经营活动产生的现金流量所占的比重越大，企业自身创造现金流量的能力就越强。

二是销售商品与提供劳务收到的现金与现金流量总量的比率。对于非金融企业来说，销售商品与提供劳务往往是主营业务，因此，这一比率越大，说明企业通过主营业务创造现金流量的能力越强，现金流的可持续性就越强。

做服装的雅戈尔靠炒股赚了多少钱

在第十一讲中讲解利润表时，我们说过雅戈尔（600177）的例子。雅戈尔的主营业务是服装服饰产品及服装辅料的设计、制造、销售、进出口贸易等，从1999年开始，雅戈尔涉足炒股，在2007年，我国A股的牛市中，雅戈尔买卖的股票数量多达69只；在2015年的牛市中，雅戈尔买卖的股票数量达33只。

雅戈尔的净利润大部分来自炒股产生的投资收益，其现金流量中，炒股赚到的现金占了很大比例。2012年至2021年9月，雅戈尔经营活动产生的现金流量净额为310亿元，而同期投资收益收到的现金流量为84.68亿元。雅戈尔的财务报表披露的信息表明，投资收益收到的现金中，绝大部分是处置长期股权投资收到的现金。通俗地说，处置长期股权投资收到的现金就是炒股赚的钱。

虽然雅戈尔通过炒股赚的钱并没有传说中的那么多，雅戈尔本身也没有达到传说中的"股神"级别，但在我国 A 股市场中，能够通过炒股净赚 84.68 亿元的现金，确实相当罕见。

对于净利润与现金流量主要来自炒股的制造业企业，投资者还是小心一点为好。雅戈尔虽然通过炒股赚了不少钱，但也有遭受巨额亏损的时候。2017 年，雅戈尔买入约 180 亿元的中信证券的股票，因为中信证券股价下跌，同年，雅戈尔不得不计提 33.08 亿元的资产减值准备，这直接导致雅戈尔 2017 年的净利润骤降。

Lecture

13

第十三讲

财务报表分析（1）：概述

　　前文讲过，会计的基本功能之一是反映，即通过记账与编制财务报表，反映企业的财务状况与经营状况。

　　财务报表分析是对企业财务报表所提供的数据进行汇总、对比与分析，对财务报表中的信息进行解释，从而对企业的财务状况与经营业绩进行评价，并在此基础上对企业的发展前景进行预测，为企业财务报告使用者的决策提供依据。

为什么要进行财务报表分析

财务报表中的数据本身并不能说明什么问题，对财务报表进行分析与解释后，才能发现财务数据中隐含的信息。

财务报表分析不是为了分析财务报表的真实性

因为我国 A 股上市公司经常被卷入财务造假案件，且一些上市公司的财务造假行为极端恶劣，造假手段简单粗暴，所以，有些人认为，财务报表分析的目的是发现上市公司是否存在财务造假行为。

事实上，财务报表分析的主要目的不是核实财务报表的真实性，更不是发现上市公司是否存在财务造假行为。

财务报表分析是以财务报表真实为前提的，也就是说，我们是在假设财务报表真实、准确的基础上进行财务报表分析。财务报表分析的目的不是去发现上市公司是否造假了，而是以财务报表是真实、可靠的这一假设为基础，评估企业的管理效率与经营效益。

上市公司财务报表的真实性是由注册会计师来保证的。注册会计师会对上市公司的财务报表进行审计，并对财务报表的真实性发表自己的审计意见。

财务报表分析需要关注财务报表是否真实

虽然财务报表分析的目的不是核实财务报表的真实性，但是，财务报表分析需要关注财务报表的真实性，因为审计机构并不能 100% 地保证财务报表的真实性。

审计机构并不能 100% 地保证财务报表的真实性，一是因为即使审计机构与注册会计师尽职尽责了，也不一定能够发现所有的财务造假行为；二是因为我们并不能排除一些审计机构与注册会计师不仅没有尽职尽责，反而与上市公司勾结起来进行财务造假的可能，前文讲过，深圳的堂堂会计师事务所就与上市公司 *ST 新亿（600145）串通起来进行过财务造假。

在财务报表分析的过程中，我们可能会发现企业涉嫌财务造假的一些迹象，从而对其财务报表的真实性保持警惕。

📈 财务报表分析能帮助投资者做出决策

虽然企业财务报表的使用者很多，但是，编制财务报表的主要目的是给投资者做决策提供信息。投资者需要判断企业经营的好坏，以决定是否向企业提供资金。例如，银行需要通过对企业的财务报表进行分析，了解企业的经营状况，以决定是否向企业提供贷款；股市投资者需要了解企业的财务状况，以确定应该购买哪个公司的股票。

投资者可以用于投资的资金通常是有限的，因此，常需要在不同的投资标的（例如，不同上市公司的股票）之间做出选择。截至 2022 年 2 月，我国 A 股的投资者账户首次超过 2 亿个，即 A 股投资者大约有 2 亿人。一方面，这 2 亿个投资者中，超过 99% 是散户，更具体地说，超过 90% 的散户在股市中的投资资金不到 50 万元；另一方面，截至 2022 年 2 月，我国 A 股上市公司有 4,600 多个，绝大多数投资者必须从这 4,600 多个公司中选择几个进行投资。在这种情况下，到底应该购买哪个公司的股票是一个问题。例如，我国家电行业的上市公司中，格力电器、美的集团与海尔智家是 3 个比较具有代表性的家电公司，一般的散户投资者不会也不应该同时购买这 3 个公司的股票，而是三者取其一。那么，到底应该购买哪个公司的股票呢？可以用财务报表分析辅助决策。

虽然我国 A 股市场是一个投机性很强的市场，但在大多数情况下，股民会尽量选择购买业绩比较好、风险比较低的公司的股票。

财务报表会提供大量关于企业经营状况的第一手资料，但是，这些资料远不足以成为投资者进行投资决策的全部依据，因为财务报表本身并不能完整地反映企业的财务状况，也无法充分反映在与其他投资机会相比的情况下，企业是否具有更好的投资价值。

投资者需要先通过财务报表分析，对企业的业绩与风险等各方面进行综合评价与比较，再确定购买哪只股票。

财务报表分析能更完整地反映企业的经营业绩

财务报表是历史性的静态文件，只能概括地反映企业在某一特定时间点或某一特定时间段内的财务状况与经营成果。例如，资产负债表反映的只是资产负债表编制日这一特定时间点的企业的财务状况，而利润表与现金流量表反映的只是某一会计期间企业的经营成果。财务报表中的财务数据（例如，净利润与现金流量等）本身没有太大的意义，说明不了什么问题。

例如，格力电器2020年度的利润表显示，2020年，格力电器的净利润为221.75亿元。那么，格力电器2020年度的经营业绩到底怎么样呢？可以说，仅根据221.75亿元这个净利润数据，我们无法得出任何结论，因为我们既不知道同2019年相比，格力电器的净利润是增加了，还是减少了，也不知道同格力电器的竞争对手相比，格力电器的盈利能力是强于竞争对手，还是弱于竞争对手。

进行财务报表分析后，我们才能充分地了解企业的财务健康状况、经营业绩、管理效率，以及企业的发展前景。一方面，通过财务报表分析，对企业的财务数据进行纵向对比，即对企业历年的经营业绩进行对比分析，我们可以确定企业的经营业绩是有改善还是在恶化；另一方面，通过横向对比，即对企业与它的竞争对手的经营业绩进行对比分析，可以确定企业的经营业绩是优于竞争对手，还是比竞争对手差。

财务报表分析能帮助投资者规避风险

在进行投资决策的过程中，投资者可能面临两个方面的风险，而财务报表分析可以在一定程度上帮助投资者规避这两个方面的风险。

风险之一是企业的财务健康状况与经营业绩方面的风险，即企业未来的财务健康状况可能恶化、经营业绩可能下滑、发展前景可能不及预期。企业的财务健康状况或者经营状况恶化之前，通常会出现某些迹象，这些迹象往往具有某些共同的特征，因此，通过对财务数据进行比较分析，可以在一定程度上提前发现企业经营方面的风险。

例如，在 2021 年发生债务问题之前的数年间，华夏幸福的经营活动产生的现金流量不仅持续为负，而且持续下降，这导致华夏幸福几乎完全依靠筹资获得的资金维持企业的经营活动。通过分析华夏幸福的财务报表，完全可以避免踩上华夏幸福财务危机这个大"地雷"。

风险之二是企业提供的财务数据中存在虚假信息的风险，即企业可能进行财务造假。上市公司可能出于各种动机进行财务造假，而财务造假可能让投资者遭受重大损失。在我国 A 股市场中，上市公司财务造假的问题相当普遍，且有些上市公司的财务造假行为极其恶劣。例如，在深圳证券交易所上市的金正大（002470）是山东省知名肥料企业，证监会调查显示，2015 年至 2018 年上半年，金正大累计虚增营业收入 230.73 亿元，累计虚增净利润 19.9 亿元。

通过分析财务报表，可以发现一些企业的财务造假行为，或者发现一些企业涉嫌财务造假的迹象。

一方面，财务造假要做到天衣无缝是非常困难的。人们常说，"一个谎言需要至少十个谎言来掩盖"，说明撒谎者要自圆其说其实是非常困难的，企业财务造假也是如此。企业的财务数据非常繁杂，这些数据看似杂乱无章，但实际上，在正常情况下，各项数据之间是具有一定财务逻辑的，各项数据及其间的关系是有合理的解释的。伪造的财务数据很难保证这一内在逻辑，也常常难以拥有合理的解释，因此，很容易留下造假的迹象。

另一方面，财务造假的企业通常会有一些共同点，具有某些共同且比较典型的特征。通过分析财务报表，可以发现目标企业是否有这种特征，从而判断它是否存在财务造假的可能。

财务报表分析准备之一：明确财务报表分析的目的

在进行财务报表分析之前，我们需要做一些基本准备。准备之一是明确财务报表分析的目的。有了明确的目的，才能有针对性地进行财务报表分析，从财务报表中获得尽可能多的有价值的信息。

财务报表分析的目的

财务报表分析的基本目的有两个，一是对企业的经营业绩与财务健康状况进行评价，二是帮助决策者做出正确的决策。具体而言，可以细化为以下 3 个目的。

财务报表分析的目的之一是评价企业的经营业绩，衡量企业的管理效率。要知道，企业经营的目的是通过高效率管理，充分利用企业有限的资源，在合理的风险范围内，实现尽可能高的回报。

虽然企业财务报表提供了大量企业经营成果方面的数据，但是，这些数据本身并不会自动地反映企业的经营业绩，更不会自动地反映企业的管理效率，这主要是由以下两个原因造成的。

原因之一是企业的经营业绩与管理效率通常用回报率来衡量，因为回报率能够更好地反映企业资源的利用效率。企业的财务报表通常只提供以货币资金表示的资产、负债与利润金额数据，不提供回报率数据。财务报表的使用者需要对数据进行计算与分析，才能得到企业资源的利用效率数据。例如，净资产收益率（英文简称为 ROE）是一个常用的综合衡量企业收益率的指标，但企业的财务报表通常不直接提供净资产收益率数据。

原因之二是企业的经营业绩与管理效率往往会受到很多因素的影响，其中有些因素并非企业及其管理层所能控制，故评价企业的经营业绩与管理效率时，需要将这些因素排除在外。值得关注的是，财务报表并没有将这些因素排除在外。此外，企业会计政策的变更也会影响企业的经营业绩。例如，大部分企业有研发支出，前文讲过，会计准则规定，符合条件的开发阶段的支出可以资本化处理，而资本化处理会导致企业当期利润增加，让企业的经营业绩看起来更好。

我们用一个例子来说明。某企业研发支出中开发阶段的支出是 10 亿元，假设它在 2021 年将这 10 亿元全部费用化处理，而在 2022 年将其中的 30%（3 亿元）作为资本化支出处理，那么，它 2022 年的税前利润会比 2021 年多 3 亿元。这增加的 3 亿元利润并非经营改善的结果，而仅仅是会计政策变更的结果——可以说，这种利润的增长是"注水"的结果。企业的利润表并不会直接显示会计政策变更对企业利润的影响，此时，只有对财务报表进行分析，我们才能发现该企业利润增长的真实原因。

财务报表分析的目的之二是评价企业的财务状况，揭示企业的财务风险，判断企业的发展趋势。企业的财务状况主要指企业的财务流转是否正常，即企业是否有足够的资金偿还到期债务。2021 年，我国很多企业发生了债务危机，无法偿还到期债务，其中，恒大集团、华夏幸福、泰禾集团、阳光城等房地产企业的债务危机尤其严重。例如，根据在 A 股上市的华夏幸福发布的公告，截至 2021 年 12 月 21 日，华夏幸福累计未能如期偿还的债务本息合计为 1,078.05 亿元；泰禾集团也是在 A 股上市的房地产企业，2022 年 3 月 16 日，市场上出现了泰禾集团因为无力偿还到期债务而破产的传言。对于企业来说，首要任务是保证企业的生存，而企业要生存，必须保持财务上的健康。虽然企业的财务报表会提供企业的资产与负债等数据，但这些数据本身并不能自动说明企业的财务健康状况及其发展趋势，原因如下。

原因之一，财务报表提供的是以货币形式表示的资产与负债金额，这些金额本身并不能自动说明企业的财务健康状况。资产负债率能更有效地反映企业的财务健康状况，但财务报表通常并不直接提供资产负债率数据。

原因之二，判断企业财务健康状况时，需要将它的负债与它的盈利能力结合起来进行分析，以便全面、完整地判断企业的财务健康程度。如果一个企业自身的盈利能力很强，而且这种高盈利能力具有可持续性，那么，短期的高负债并不一定导致企业发生财务危机。因此，需要将企业的资产负债表、利润表与现金流量表结合起来进行分析。

原因之三，评估企业财务健康状况时，非常重要的一点是预测它的财务健康状况的发展趋势，即企业的财务状况是在恶化还是在改善。预测企业财务健康状况的发展趋势，需要结合企业的经营状况进行分析。

财务报表分析的目的之三是揭示业绩问题及其出现原因，寻求改善途径。具体而言，是通过对比分析，揭示企业的业绩是否存在问题、在哪些方面存在问题，以及问题产生的原因。通常需要从两个方面入手进行分析。

其一，对企业进行自我对比分析，以确定企业的业绩是否达到了预定的目标。例如，格力电器董事长董明珠在 2019 年 1 月 16 日召开的临时股东大会上宣布，到 2023 年，格力电器的年营业收入要达到 6,000 亿元。但事实上，格力电器的营业收入在 2019 年达到 2,005 亿元后就开始下降，根据目前的数据，格力电器在 2023 年实现营业收入达到 6,000 亿元的目标的可能性几乎为 0。2023 年结束后，格力电器可以通过财务报表分析，寻找无法实现这一目标的原因。

其二，将企业与竞争对手（同行业中的其他企业）进行对比分析，以确定企业与竞争对手之间是否存在差距。例如，通过分析财务报表，可以看出格力电器与美的集团之间的差距。2018 年 1 月 3 日，在中央电视台财经频道的《交易时间》节目中，董明珠公开说："如果一定拿美的跟格力比，我觉得两家企业不是一个等级，我们在空调领域是绝对的老大，谁都不能撼动。"虽然董明珠认为美的集团比格力电器至少低了一个等级，但是，公众通常认为美的集团是格力电器的主要竞争对手之一。2020 年，格力电器的营业收入增长率为 -15%，而美的集团的营业收入增长率为 2.3%；同年，格力电器的净利润为 221.751,1 亿元，而美的集团的净利润为 272.229,7 亿元，这是近 5 年来，美的集团首次在净利润方面超越格力电器。前文讲过，净资产收益率是一个能够比较全面地衡量企业经营效率的指标，美的集团的净资产收益率在 2019 年首次超过格力电器之后，在 2020 年与 2021 年都比格力电器的净资产收益率高出大约 5 个百分点。显然，在很多方面，同美的集团相比，格力电器已处于比较明显的劣势地位。通过对财务报表进行对比分析，可以寻找格力电器被美的集团超越的原因。

不同使用者的使用目的不同

财务报表的使用者有很多，包括管理层、股东、债权人、监管机构等。在使用财务报表时，不同的报表使用者有不同的目的。因为目的不同，大家面对财务报表所提供的信息时，关注的重点是不同的。

企业管理层使用财务报表的目的之一是评估企业的经营业绩，找到经营业绩未能达到预期的原因，从而改善企业的经营管理，提高资源利用效率，防止财务风险的出现。与此同时，财务报表提供的信息是企业对管理层进行绩效考核的依据。例如，格力电器 2021 年公布的员工持股计划规定，员工持股计划的业绩考核标准是同 2020 年相比，2022 年净利润增长率要达到 10%，2023 年必须达到 20%，财务报表可以为格力电器提供业绩考核的依据，以及员工持股计划是否执行的依据（2022 年 5 月，格力电器修改了员工持股计划的业绩考核标准）。

股东与潜在投资者使用财务报表的主要目的之一是为投资决策提供重要依据。中长期投资者往往根据企业的经营业绩做投资决策；企业现有股东往往根据企业的业绩及其发展前景决定是继续持有股票还是将股票卖掉；潜在的投资者则常根据企业的业绩及其发展前景决定是否买入其股票。例如，格力电器的机构投资者数量在 2020 年 12 月 31 日为 1,129 家，他们累计持有格力电器的股票数量为 35.47 亿股，而到 2021 年 12 月 31 日，据不完全统计，格力电器的机构投资者数量下降到大约 116 家，持股数量约为 9,000 万股。从 2020 年年底到 2021 年年底，格力电器的机构投资者数量及其持股数量都出现了明显的下降，其中一个重要原因应该是格力电器的业绩出现了明显的下滑。

债权人通常包括银行、债券持有人等。债权人主要关心企业的偿债能力，即企业是否有足够的资金可用于偿还到期债务，因为企业的偿债能力是债权人判断自己是否向企业提供资金的依据。资产负债率过高且盈利能力比较差的企业发生债务危机的可能性相对较大，银行等资金提供方往往会避免向这些企业提供资金。例如，2021年，在A股上市的华夏幸福、泰禾集团等房地产企业都发生了债务危机，在此之前，它们的负债率都已高达85%左右。负债率如此之高的企业，很容易有债务问题。

供应商、客户、员工等各方都是与企业有利益关系的相关方，都会关心企业的财务状况——供应商会关心企业是否有足够的资金，能否按时支付自己的货款；客户会关心企业的财务状况，因为企业的财务健康状况决定了它能否为自己提供售后服务等保障；员工会关心企业的财务状况，因为这决定了自己的收入水平，甚至决定自己是否应该离职等。例如，2021年7月24日，中共中央办公厅、国务院办公厅印发《关于进一步减轻义务教育阶段学生作业负担和校外培训负担的意见》之后，教育培训行业的基本面发生了根本性变化。这些根本性变化体现在企业的财务报表中后，会决定员工、客户、供应商等各方与教培企业之间的商业往来关系，例如，员工可能会考虑离开教培行业，去别的行业找工作。

有竞争关系的企业分析对方的财务报表，主要目的之一是了解对手企业的发展战略、策略及其实施结果，从而制定相应的对策。要知道，企业的财务报表甚至可能隐含着企业的某些商业机密，例如，产品的成本信息往往是企业的商业机密，而通过分析对手企业的财务报表，可能能发掘出对手企业的某些产品的成本信息。

券商、会计师事务所、投资机构等不同类型的中介机构也可能会出于不同的目的分析企业的财务报表。例如，券商与投资机构分析企业的财务报表，可能是寻找自己投资决策的依据，或者向客户提供投资建议的依据；会计师事务所分析客户的财务报表的重要目的之一是确保客户的财务报表的真实性。

政府管理与监管部门关心企业的财务报表的重要目的之一是评估政府政策、法律法规的效果。例如，2022年3月18日，财政部、证监会发布了《关于进一步提升上市公司财务报告内部控制有效性的通知》，以提升上市公司财务报告内部控制有效性和会计信息质量。这一通知的效果如何呢？企业财务报告信息质量是否真正得到了提高呢？这些问题，需要在对企业的财务报表的信息进行分析的基础上做出回答。

财务报表分析准备之二：确定评价标准

财务报表分析的主要目的之一是评价企业的经营业绩，而进行行业业绩评价前，需要确定评价标准。一般而言，有以下几个不同类型的评价标准可供选择。

经验标准

经验标准是在大量实践经验的基础上总结出来并经过实践检验的标准。这些标准不一定有明确的理论依据，但是，在实践中，将这些标准用于评价企业的经营业绩与财务健康状况，往往行之有效。

例如，在制造业中，为了保证企业具有足够的偿还短期债务的能力，企业的流动资产与流动负债的比率（流动比率）不应该低于 2；扣除存货后的流动资产与流动负债的比率（速动比率）不应该低于 1；流动负债与有形净资产的比率超过 80% 时，企业将面临比较大的财务压力……上述标准，都属于经验标准。

使用经验标准进行财务报表分析时需要注意，不同的行业有不同的特点，经验标准应该有所不同。例如，互联网、出版与文化影视传媒等行业中，有形资产通常不多，用来衡量其偿还债务能力的经验标准与有形资产比较多的制造业的相关经验标准应该有所不同。

历史标准

历史标准是以被分析企业在过去某一时期的实际业绩为标准，这个标准可以是该企业历史上的最好水平，可以是该企业正常经营情况下的正常业绩水平，也可以是该企业过去一段时间或者自该企业创建以来的平均水平。

例如，格力电器 2018 年的净利润为 262 亿元，这是格力电器净利润的历史最高水平，而其营业收入的历史最高水平是 2019 年的 2,005 亿元。在对格力电器进行财务报表分析时，可以以其 2018 年的历史最高净利润作为评价其经营业绩的标准，对比分析 2018 年以来，格力电器的净利润下滑幅度及下滑原因。

以企业以往业绩为基础，以历史标准为评价依据的优点在于，其一，将企业的实际经营业绩与历史数据进行对比，可以判断企业财务状况与经营成果的发展趋势，从而用发展的眼光评判企业的经营水平，合理评价企业的经营状况与财务状况的改善情况；其二，历史标准是以企业实现过的水平为基础的，具有较高的可靠性、可比性与可行性，即使以历史最好水平为标准，也是企业经过努力可以达到的。

以历史标准为评价依据的不足有两点，一是无法判断企业在行业中的地位与水平，因为历史标准仅仅以企业自身的历史数据为基础，不包括同行业中其他企业的业绩数据，所以只能用于评价企业自身纵向发展过程中经营业绩的发展变化状况，无法评估在行业中同竞争对手相比时企业的业绩状况与竞争优势；二是如果企业发生过重大变化，比如企业通过收购、兼并，在主营业务上发生了重大变化，那么，历史数据可能会失去意义或者不能直接用于比较。举个例子，在深圳证券交易所上市的顺丰控股（002352）的主营业务为快递物流，而顺丰控股是在 2017 年通过收购鼎泰新材得以在深圳证券交易所上市的，2010 年在深圳证券交易所上市的鼎泰新材的主营业务为金属材料表面防腐技术的研发及应用。在这种情况下使用历史标准对顺丰控股进行财务报表分析时一定要关注到，2017 年以后的数据才是真正的顺丰控股的财务数据，之前的数据是鼎泰新材的财务数据。

行业标准

行业标准是以被分析企业所在行业的经营业绩为评价标准。行业标准反映的是行业平均水平或者最优水平，将被分析企业的实际业绩与行业标准进行比较，可以了解被分析企业与行业平均水平或者最优水平之间的差距，从而判断被分析企业在行业中所处的地位，以及与竞争对手相比是否具有竞争优势、在哪些方面具有竞争优势等，这是使用行业标准的优点。

可供选择的行业标准通常有两个，一是以行业最优水平为标准，即以行业中经营业绩最好的企业的经营业绩为标准，例如，在我国已上市的商业银行中，招商银行通常被认为是在零售银行业中做得最好的银行，那么，在零售银行业中，招商银行的经营业绩可以作为行业标准；二是以行业平均水平为标准，即以所在行业中所有企业或者主要企业的经营业绩的平均值为标准。

行业标准的优点很明显，缺点也很明显，主要有以下两点。

其一，同行业中的企业，业务可能并不完全相同，因此，可能不完全具有可比性。例如，通威股份通常被划入电力设备行业中的光伏设备业，与隆基股份、大全能源、中环股份进行比较，但是，通威股份的主营业务包括光伏业务与农牧业务两大部分，其中，光伏业务占营业收入的比重大约为60%，农牧业务占比大约为40%，隆基股份等3家企业的营业收入则几乎全部来自光伏业务，其间的可比性并不大。

其二，同一行业中的企业可能采用不同的会计政策，这会影响评价的准确性。例如，按照《企业会计准则》的规定，企业研发支出中开发阶段的支出可以在符合规定条件的情况下进行资本化处理，在实践中，有些企业会将开发阶段的支出全部费用化处理，而有些企业会对其中的一部分进行资本化处理，这种不同的会计政策必然导致两个企业的业绩有差异。假设A与B两个企业在同行业中，且2021年度，两个企业研发支出中开发阶段的支出都是10亿元，企业A选择将这10亿元支出全部作为费用处理，而企业B选择对其中的40%进行资本化处理，结果是企业B 2021年的利润比企业A多大约4亿元。这4亿元的差距完全是对会计政策的选择不同导致的，跟两个企业的实际经营效率没有关系。

预算标准或预期标准

预算标准是以企业根据自身的经营状况确定的经营目标为评价标准。

例如，2019年1月16日，格力电器董事长董明珠在格力电器2019年第一次临时股东大会上说："格力电器到 2023 年实现营业收入达到 6,000 亿元的目标。"这个 6,000 亿元的营业收入目标，即可作为评价格力电器经营状况的预算标准。董明珠公开宣布这个目标后，我在中央财经大学 MBA（工商管理硕士）的课堂上分析说，按照基本的财务常识与财务逻辑，格力电器实现这个目标的可能性几乎为 0。在后来几年给 MBA（工商管理硕士）上课时，我一再陈述这个观点。事实上，2018 年，格力电器的营业收入只有 2,000 亿元，2019 年，格力电器的营业收入达到历史最高，为 2,005 亿元，此后，格力电器的营业收入开始下降，2020 年，格力电器的营业收入只有 1,705 亿元，2021 年略有回升，为 1,896 亿元，2022 年前 3 个季度为 1,475 亿元。显然，格力电器不可能在 2023 年实现 6,000 亿元的营业收入目标。

预期标准是以资本市场（主要是股市分析师们）根据企业与行业的情况，对企业的经营状况做出的预测为评价标准。

例如，牧原股份是在深圳证券交易所上市的公司，其主营业务为生猪的养殖与销售。2020 年 2 月 26 日，牧原股份发布年报，表示 2019 年，公司的净利润为 61.14 亿元。于是，分析师们纷纷对牧原股份 2020 年的净利润做出预测。例如，方正证券的分析师程一胜认为牧原股份 2020 年的净利润将达到 388.9 亿元，中泰证券的分析师刁凯峰的预测数据为 404.39 亿元，而招商证券农牧业分析师雷轶、陈晗认为，2020 年，牧原股份的净利润将达到 429 亿元。当时，在中央财经大学 MBA（工商管理硕士）的课堂上，我曾经说，我没有对牧原股份进行过研究，只看过它最近几年基本的财务数据，依据基本的财务常识与财务逻辑，我敢肯定，牧原股份 2020 年的净利润绝对不可能达到 350 亿元，能达到 300 亿元就很不错了。事实上，牧原股份 2020 年的净利润为 274 亿元。

以上几种不同分析标准的实质是从不同的角度入手，分析企业的经营业绩。我们可以根据企业的实际情况与财务报表分析的目的，选择恰当的分析标准。如果是为了判断企业的经营发展趋势，可以选择历史标准；如果是为了判断企业能否达到预期的经营目标，可以选择预算标准或预期标准；如果是为了判断企业在行业中的竞争地位，可以选择行业标准。

在实践中，可以同时使用上述几个标准，从不同角度入手，对企业的经营状况进行全面、综合的分析，以便全面、客观地评价企业的经营业绩与财务健康状况。

不过，无论使用哪个标准，都需要结合基本的财务常识与财务逻辑。否则，容易有过度乐观的预期，导致对企业的经营业绩和财务健康状况有所误判。

四

财务报表分析准备之三：了解企业及其所属行业

在对企业的财务报表进行分析之前，我们还需要做一项准备工作，即了解企业及其所属行业。无论是使用经验标准、历史标准，还是使用行业标准进行财务报表分析，我们都需要了解企业及其所属行业。

了解企业

我们需要对被分析的企业有所了解，了解它的所属行业、经营范围、主营业务、历史、控股股东，及其在行业内的主要竞争对手。

很多投资者在投资之前对企业没有任何了解，结果做出一些非常可笑的事情。

例如，太平洋证券（601099）是在上海证券交易所上市的证券公司，其主营业务是证券承销和上市推荐、证券自营买卖、证券代理买卖等。2021年6月11日，新闻报道日本政府决定将福岛核电站的核废水排放入太平洋，于是，有投资者在上海证券交易所投资者互动平台上向太平洋证券的董事会秘书提问："公司受到辐射了吗？对公司有无影响？"太平洋证券的董事会秘书回答："对公司没有直接影响。"于是，有投资者在投资者互动平台上继续追问："贵司回复说，日本核废水排入太平洋对公司没有直接影响，意思是存在间接影响。那贵司将通过何种方式来降低影响？"日本将核废水排入太平洋与A股的上市公司太平洋证券可以说是毫无关系，显然，提出以上问题的投资者对太平洋证券一无所知，没有任何了解。

使用历史标准进行财务报表分析，要求我们了解被分析企业的历史。很多企业在其发展过程中，因为收购与兼并等活动，导致主营业务发生了重大变化。如果不了解企业的发展历史，很可能使用错误的财务数据对企业进行财务报表分析。

例如，前文讲过，顺丰控股在 2017 年通过收购鼎泰新材实现上市，而 2010 年上市的鼎泰新材的主营业务与顺丰控股的主营业务完全不一样，如果因为不了解顺丰控股这家上市公司的历史而使用 2017 年以前的数据对顺丰控股进行财务报表分析，肯定会得到错误的分析结果。

了解行业

对于被分析企业所属行业，我们也需要有一定的了解，这样才能更好地评估被分析企业在行业中所处的地位，及其所拥有的竞争优势。

需要了解的行业信息包括以下四个方面，接下来，我们逐一了解。

一是行业的历史、现状与发展趋势，特别是要了解行业的现状及其发展趋势。在高科技行业中，技术变革非常快，现有技术可能很快就被新技术取代，因此，需要了解行业中技术的发展方向，以便确定在核心技术上，被分析企业是否拥有竞争优势。

二是行业的市场规模，即整个行业潜在的市场规模有多大。行业的市场规模决定企业成长的天花板，了解被分析企业所属行业的市场规模，有助于我们评估被分析企业的发展潜力。在一个市场规模只有 100 亿元的行业中，即使某企业占领了全部市场，它的营业收入也最多为 100 亿元，这个企业很快会碰到成长天花板。相反，在一个有 1 万亿元市场规模的行业中，即使某企业只占有 5% 的市场份额，也能获得 500 亿元的营业收入。

三是行业结构，即行业中的上下游产业链。了解行业结构，有助于了解企业在行业产业链中的地位及其议价能力。例如，新能源汽车有一个很长的产业链，最近几年，虽然新能源汽车看起来卖得很不错，每家车企每年能卖掉十几万辆，甚至几十万、上百万辆，但是，除了特斯拉，新能源车企没有几家真正赚钱。在北京，北汽新能源车特别多，但是，生产北汽新能源车、在上海证券交易所上市的北汽蓝谷（600733）的财务报表相当难看。2020 年，北汽蓝谷亏损了 64.82

亿元；2021 年，亏损了 52.44 亿元；2022 年前 3 个季度，亏损了 17.54 亿元。两年多的时间里，北汽蓝谷亏损了将近 140 亿元。除了北汽蓝谷，号称"造车新势力"的蔚来、小鹏、理想这 3 家新能源车企也都亏得惨不忍睹。为什么会这样呢？有人说，新能源汽车的成本中，60% 是电池成本，因此，钱都被宁德时代等上游的电池厂家赚走了。据媒体报道，2022 年 7 月 21 日，在世界动力电池大会上，广汽集团董事长曾庆洪公开抱怨动力电池价格太高，曾庆洪说："目前动力电池成本占汽车总成本的 60%，我们现在不是在给宁德时代打工吗？"但是，第二天，7 月 22 日，宁德时代首席科学家吴凯在世界动力电池大会上说："我们公司今年虽然还没亏本，但是基本上在稍有盈利的边缘挣扎，非常痛苦。利润往哪儿走，大家也可以想象。"这是宁德时代在叫屈，表示宁德时代也没赚到什么钱，钱都被上游的锂矿等原材料生产商们赚走了。由此可见，要分析新能源汽车、新能源电池等企业的经营状况，首先要弄清楚企业所属行业的产业结构是怎样的，明确哪个环节拥有最大的议价能力、最赚钱。

　　四是行业中的头部企业，即行业中各方面都做得很好的企业。了解行业中的头部企业，有助于确定比较标准，进行比较分析，从而发现被分析企业与头部企业之间的差距。例如，很多人说招商银行是国内零售银行业中的头部企业，甚至被称为"零售之王"，那么，分析国内银行的零售业务时，我们就可以以招商银行的业务数据为零售银行业务的行业比较标准。

五

财务报表分析准备之四：了解收集企业信息的渠道

除了企业披露的各种公开信息，财务报表分析的信息还包括行业信息，以及国家经济政策等信息。

"董事会秘书会回答你的问题？你炒的是假A股吧！"

前文讲过，有一次，在一个网络课程上，我讲到企业财务报表与财务报表分析时，有听众质疑："你能看到别人公司的财务报表？你炒的是假A股吧！"后来，我说："如果我们对上市公司的经营有什么疑问，可以在上海证券交易所与深圳证券交易所的投资者互动平台上提问，上市公司的董事会秘书会回答的。"继续有听众质疑："董事会秘书会回答你的问题？你炒的是假A股吧！"

其实，董事会秘书在投资者互动平台上回答投资者的提问是上市公司与投资者保持沟通的一个常见操作。深圳证券交易所在2013年发布的《关于深圳证券交易所上市公司投资者关系互动平台（"互动易"）有关事项的通知》规定，上市公司应当指派和授权董事会秘书或证券事务代表负责回复"互动易"上投资者的问题，如果没有特殊原因，上市公司原则上应当在两个交易日内回复"互动易"上投资者的问题；如涉及暂时无法解答的问题，也应当及时做出回复，并说明暂时无法解答的原因。

不可否认的是，上市公司对待投资者的问题的态度差别很大，有些上市公司会非常及时并认真地回复投资者的问题，而有些上市公司敷衍塞责，或者根本不理会投资者的问题。

除了以上质疑，还有不少听众提出"在哪儿可以查到上市公司的财务报表""在哪儿可以查到上市公司股东股权质押信息"等问题，由此可见，很多人要么完全不知道上市公司的财务报表等信息是可以公开获取的，要么不知道应该去哪儿获取这些信息。接下来，我们详细介绍。

企业的公开信息

上市公司必须按照法律法规的规定，及时公开发布相关信息。上市公司应该公开发布的信息包括两大部分，一是按照规定，上市公司必须定期发布财务报告、审计报告等，例如，上市公司必须按规定发布年度报告、半年报与季度报告；二是按照规定，上市公司必须及时发布各种公告等，这些公告用于披露上市公司日常经营活动中的各种重大事项。具体来说，上市公司的公开信息包括以下内容。

先说上市公司的财务报告。上市公司的财务报告是上市公司按照法律法规的规定，必须定期公开发布的信息。其中，上市公司的年度报告必须经过具有资质的审计机构的审计，并由负责审计的审计机构发表审计意见，才能对外公开发布。半年报与季度报告可以不经审计机构审计，但上市公司必须对报告中信息的真实性承担法律责任。

上市公司的财务报告包括财务报表，以及其他应当在财务报告中予以披露的相关信息与资料。年度财务报表包括资产负债表、利润表、现金流量表与所有者权益变动表。半年报与季度报告是否包括所有者权益变动表，由上市公司自己决定。

财务报表的附注是上市公司财务报表的重要组成部分。有些上市公司可能故意将一些极其重要的信息隐藏在报表附注中，因此，报表附注分析对于财务报表分析具有极其重要的作用。

再说上市公司的其他信息与资料。按照规定，上市公司必须及时就经营过程中的重大事项公开发布相关信息。此类信息种类繁多，例如，控股股东进行股权质押或者解除股权质押的信息。

那么，在哪儿可以查到上市公司公开发布的信息呢？很多地方可以查到上市公司的财务报表与各种公告。一是上海证券交易所与深圳证券交易所的官网。这两家交易所的官网上有"披露"或者"信息披露"链接，点击链接，进入"上市公司信息"页面，用上市公司的股票代码或者简称搜索，即可搜索得到。例如，格力电器在深圳证券交易所交易，那么，在深圳证券交易所的官网上以格力电器的股票代码"000651"或者"格力电器"为关键词进行搜索，即可搜索出相关信息。二是巨潮资讯网。巨潮资讯网是证监会指定的上市公司信息披露网站，在巨潮资讯网的"公告"页面中，可以搜索到在我国各个交易所与各个板块上市的上市公司的各种公开信息。三是上市公司的官网。运行规范的上市公司通常会有自己的官网，并会在自己的官网首页设置"投资者关系"链接，在"投资者关系"页面同步发布财务报表与其他公告。例如，在创业板上市的宁德时代（300750）在自己的官网中设置了"投资者关系"页面，在那儿发布需要公开发布的信息。

行业信息、产业政策、宏观经济政策与形势

首先，财务报表分析的标准之一是行业标准。不同的行业有不同的特点，企业的生产经营会受行业特点的影响，例如，我国房地产行业的负债率普遍较高。进行财务报表分析时，应该收集、了解行业信息。

其次，企业的生产经营活动会受国家产业政策的影响。例如，我国为实现"双碳"目标，制定了大量扶持新能源产业的政策，这些政策必然影响光伏、新能源汽车等多个产业的发展。

最后，宏观经济政策与形势会直接或间接地影响所有企业。例如，中央银行的货币政策直接影响商业银行的信贷状况，而商业银行的信贷状况直接影响实体经济中的企业。

行业信息、产业政策、宏观经济政策与形势等信息的来源渠道非常多，在此不做逐一介绍。

六 财务报表分析的局限性

财务报表分析有助于我们了解企业的经营业绩与财务健康状况，但是，财务报表分析也存在局限性，并不一定能够让我们全面、完整、准确地了解企业的所有经营业绩与财务健康状况。财务报表分析的局限性主要体现在以下几个方面。

会计准则的不同影响可比性

前文讲过，财务报表是根据会计准则编制的，因为不同国家的会计准则可能有很大的不同，所以，不同国家的公司的财务信息不一定具有可比性。同一家公司，在不同国家的股市上市，在不同国家发布的财务报表中的财务数据也可能不一样。

中国与美国的会计准则在很多方面存在差异。例如，在存货的市场价格下跌的情况下，企业需要计提存货减值准备或者计提减值，那么，如果计提存货减值准备或者计提减值后，存货的价格上涨了，应该怎么应对价格上涨这个情况呢？中国与美国的会计准则不同：中国的会计准则允许减值转回，而美国的会计准则禁止减值转回。在这一问题上，中国的会计准则相对宽松，而美国的会计准则相对严格。在进行成本核算时，对于存货的计价，中国的会计准则只允许"先进先出法（FIFO）"，不允许"后进先出法（LIFO）"，而美国的会计准则没有对此做出限制性规定。在这一问题上，中国的会计准则相对严格，而美国的会计准则相对宽松。

因为中国的会计准则与美国的会计准则多有不同，所以，两个国家的公司的财务数据不一定具有可比性。有时候，还可能出现比较奇怪的现象，即同一家公司，按照中国的会计准则进行会计核算，它在2021年是赚钱的，但按照美国的会计准则进行会计核算，它在2021年是亏损的。

例如，2022 年 2 月 24 日，阿里巴巴发布的 2021/2022 财年第三季度财务报表显示，按照美国的会计准则，2022 年，它的第三季度营业收入为 2,425.8 亿元，同比增长 10%；净利润为 204.29 亿元，同比下降幅度高达 75%。但是，按照中国的会计准则，其净利润数据为 446.24 亿元，同比下降幅度只有 25%。

财务报表本身的局限性

财务报表反映的是企业会计核算的结果，而企业会计核算是根据会计准则，在一定的假设条件下进行的，因此，财务报表中的数据只是符合会计准则与假设条件的数据，并不一定全部真实地反映了企业的实际情况。财务报表的局限性主要体现在以下 3 个方面。

首先，财务报表中的资产、负债等，大部分是依据交易发生时的历史成本进行确认的，而历史成本反映的是企业资产、负债的账面价值，并不一定能反映企业资产、负债的现实价值或者市场价值。例如，某企业在 2016 年之前购买了一批钢材，购买价格为 2,000 元 / 吨，2022 年，该类型钢材的价格上涨到了 5,000 元 / 吨，但是，在企业的资产负债表上，钢材的价格仍然是 2,000 元 / 吨。显然，以历史成本确认钢材的价值，低估了企业钢材存货的现实价值。

其次，财务报表不考虑通货膨胀的影响，也不考虑物价变动的影响。因此，企业财务报表的信息往往无法反映现实社会的物价水平，及其对企业资产、负债的影响。

最后，会计准则的稳健性原则可能导致企业的资产与收益被低估。简单地说，会计准则的稳健性原则为，对于成本、费用、损失等可能导致企业收益与资产减少的项目，在可以确认也可以不确认的情况下，企业应该尽可能选择确认；对于收入等可能导致企业收益与资产增加的项目，在可以确认也可以不确认的情况下，企业应该尽可能选择不予确认。不过，现实中，我国的一些上市公司不仅没有遵守稳健性原则，反而与这一原则背道而驰，采用激进的会计核算方法，导致企业的资产与收益被高估，企业的成本、负债与风险被低估。

会计核算的分期问题

会计核算是按会计年度进行的，这可能导致大家过度关注企业的短期经营成果与财务健康状况，忽视企业长期发展的趋势。

按会计年度分期编制并报告财务信息是企业会计核算的基本前提，这一做法既有优点，也有缺陷。其缺陷在于，企业的经营活动是连续性的，企业需要从长远角度着眼，合理地制定企业的发展规划，而会计核算人为地将企业的经营按会计年度进行分期，可能导致人们过于关注企业是否达到了年度业绩目标。从企业的持续经营角度看，年度目标是短期目标，按年度评估企业业绩，实际上是在关注企业的短期经营成果。

财务报表的真实性问题

做财务报表分析时，通常会假设财务报表是真实的、准确的、全面的，因为只有在财务报表是真实、准确、全面地反映企业经营成果与财务状况的情况下，财务报表分析才有意义，财务报表使用者才能正确、全面地评价企业的经营效率与财务健康状况。

财务报表的真实性、准确性与全面性需要注册会计师通过审计来保证，因此，在进行财务报表分析前，我们需要关注两点：一是审计报告意见的类型，即审计机构出具的审计意见是"标准无保留意见"，还是其他类型的意见；二是出具审计意见的会计师事务所与具体负责审计的注册会计师的信誉如何。

例如，2016—2018 年，康美药业进行了极其恶劣的财务造假，但它的审计机构正中珠江会计师事务所出具的居然是"标准无保留意见"。此事爆出后，对于正中珠江会计师事务所出具的其他审计意见，大家也需要小心谨慎。

当然，对于"标准无保留意见"的财务报表，通过进行认真、细致的财务报表分析，我们也有可能发现企业财务造假的蛛丝马迹，或者发现财务报表中值得怀疑的数据。

会计政策的不同影响可比性

对于同样的会计事项，会计准则允许企业在规定的范围内选择不同的会计政策，即不同的核算原则与核算方法。如此一来，对于同样的会计事项，在同一国家的同一行业内，不同企业的会计处理方法也有可能不一样，这会影响不同企业财务数据的可比性。虽然企业通常会在财务报表的附注中对企业选择的会计政策做出说明，财务报表使用者可以对使用不同会计政策的财务报表按照相同的会计政策进行重新处理后使用，但是，并非所有的财务报表使用者都能够完成这一重新处理工作。

例如，我国的《企业会计准则》规定，对于企业的研发支出，研究阶段的支出必须全部费用化处理，但开发阶段的支出中，符合规定条件的可以资本化处理。这一规定导致我国企业在开发支出的处理上有比较大的差异。有的企业对开发阶段的支出进行资本化处理的比例为 30% ~ 40%，甚至高达 75%，有些企业则将开发阶段的支出全部费用化处理。如果 2022 年，A 与 B 两个企业的开发阶段的支出都是 100 亿元，企业 A 选择对其中的 30% 进行资本化处理，而企业 B 将其全部费用化处理，那么，企业 A 2022 年的净利润可能比企业 B 高出大约 30 亿元。显然，这种业绩上的差异与经营效率无关，完全是所选择的会计政策不同导致的。

因此，进行财务报表分析前，必须认真阅读财务报表附注，了解企业所选择的会计政策，对其所选择的会计政策的谨慎程度做到心中有数。一般来说，所选择的会计政策越谨慎、越稳健（保守），财务报表的可靠性越高。

Lecture
14

第十四讲

财务报表分析（2）：方法

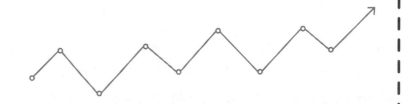

　　进行财务报表分析，能够发现财务报表中隐含的关于企业经营效率与财务健康状况的信息。发现这些信息，需要借助某些分析方法，这些分析方法，就是财务报表分析方法。

　　进行财务报表分析时，应该根据财务报表分析的目的与分析角度，使用不同的分析方法。完整、全面的财务报表分析，甚至需要同时使用多种分析方法。

　　可用于财务报表分析的方法很多。常用的财务报表分析方法有比较分析法、比率分析法、趋势分析法、因素分析法、结构分析法等。

比较分析：四大不同类型银行之间的比较

比较分析法是一种常用的分析方法。我们常说，"有比较才有鉴别""货比货得扔，人比人得死"，通过比较，才能发现差距。

财务报表分析的比较分析就是通过对比进行分析。通过比较分析，我们可以发现差距，进而寻找产生差距的原因。

什么是比较分析法

比较分析法是将财务报表中体现的企业实际完成的业绩与事先确定的比较标准进行比较，从数量上确定实际完成的业绩与比较标准之间是否存在差异，并进行差异分析或者趋势分析的分析方法。

从上述比较分析法的定义中，我们可以看出以下三点。

首先，我们要确定比较的标准。关于比较标准，我们在第十三讲中进行过详细讲解。

其次，在比较分析的基础上，我们需要进行差异分析。比较分析的目的之一是确定企业实际完成的业绩与比较标准之间是否存在差异，即企业实际完成的业绩有没有达到比较标准，以及达到比较标准的程度。在此基础上，我们需要进一步分析差异产生的原因，以便为企业改善经营管理指明方向。例如，格力电器董事长董明珠在 2019 年 1 月 16 日召开的临时股东大会上宣布，到 2023 年，格力电器的年营业收入要达到 6,000 亿元。这是格力电器确定的目标。我们可以将 6,000 亿元的营业收入目标作为比较标准，到 2023 年年底，将格力电器实际完成的营业收入与 6,000 亿元的目标进行对比，看格力电器有没有达到这一目标，以及达到这一目标的程度。如果没有达到这一目标，我们需要进一步分析原因，以便为格力电器改善经营提出建议。

最后，在比较分析的基础上，我们可以进行趋势分析，即将企业实际完成的业绩与企业以往的业绩进行对比，明确企业的经营效率与财务健康状况的发展趋势。

横向比较与纵向比较

进行比较分析，可以分别对企业进行横向比较与纵向比较，从而全面、完整地评价企业的经营效率与财务健康状况。

横向比较是根据行业标准，将企业与同行业的其他企业进行比较。行业标准可以是行业的平均水平，即将企业的业绩与行业的平均业绩进行比较；可以是行业的最优水平，即将企业的业绩与行业中最优秀的企业的业绩进行比较；也可以是企业的主要竞争对手的水平，即将企业的业绩与它的主要竞争对手的业绩进行比较。

横向比较分析可以显示企业在行业中的地位与竞争优势。例如，将格力电器与它的主要竞争对手美的集团进行比较分析，可以发现，在业务多元化、业务国际化等方面，格力电器明显落后于美的集团。在业务多元化方面，格力电器的业务比较单一，其营业收入中，空调机的生产与销售超过70%，其他家电的业务收入占比只有20%左右；美的集团的营业收入中，空调机的生产与销售所占比例只有45%左右，其他家电的业务收入占比超过40%。在业务国际化方面，格力电器的国内收入占比65%以上，来自国外的收入占比不到35%；美的集团的营业收入中，来自国内的收入占比不到60%，来自国外的收入占比超过40%。

纵向比较是根据历史标准，将企业目前的经营业绩与其以往的业绩进行比较。纵向比较不仅可以显示企业经营业绩与财务健康状况的发展趋势，还可以揭示企业发展战略的实施效果。

例如，格力电器多年前就提出业务多元化、业务国际化的发展战略，并做出了努力。在业务多元化方面，为了降低对空调机业务的依赖程度，格力电器投入大量的资金，用于智能手机、电饭煲等小家电制造，并于2015年6月正式推出第一代手机。但是，格力电器的财务报表显示，格力电器的营业收入中，空调机占比一直在70%左右。对格力电器的业务构成进行纵向比较后我们可以发现，在业务多元化方面，格力电器并没有取得明显的进展。格力电器董事长董明珠也认识到了这一点，2022年5月31日，在格力电器2021年度业绩说明会上，董明珠说："过去30年，格力电器被空调绑架了"。

比较对象要具有可比性

进行比较分析时，被比较的对象要具有可比性。

其一，被比较的对象要在同一个行业中，而且尽可能在同一个子行业中。有些行业的产业链很长，业务种类很多，可以分出很多子行业。例如，在房地产行业中，有些企业专门从事住宅开发与销售，还有些企业专门从事写字楼开发与经营，这两类房地产企业虽然都属于房地产行业，但属于不同的子行业，两者之间的可比性并不高。

其二，被比较的对象在经营规模、财务规模与经营目标上要大致相当。有些企业虽然处于同一个行业，甚至同一个子行业中，但是两者在经营规模等方面具有较大的差距，那么，两者之间的可比性存疑。

例如，中信证券（600030）与太平洋证券（601099）都是证券行业的上市公司，但是，中信证券的资产总额高达1万亿元，是一家全国性的大型证券公司，而太平洋证券的资产总额只有大约200亿元，是一家以云南省为主要经营区域的区域性证券公司。对太平洋证券进行财务报表分析时，将它与中信证券进行比较分析显然不太合适，因为两者之间的可比性较差。

截至2022年年底，我国A股市场有42家上市商业银行。这42家上市商业银行可以分为4个不同的类型，一是中、农、工、建、交、邮储六大国有银行；二是中信银行、招商银行、光大银行、浦发银行等股份制银行；三是北京银行、上海银行、长沙银行等城市商业银行；四是渝农商行（重庆农村商业银行）、苏农商行（苏州农村商业银行）、青农商行（青岛农村商业银行）等农村商业银行。

　　虽然这些银行都是上市商业银行，但是，其间存在很大的差异。例如，农村商业银行与六大国有银行之间几乎不存在可比性，原因在于两者的经营范围存在很大的不同。进行财务报表分析时，将重庆农村商业银行、苏州农村商业银行等农村商业银行与六大国有银行进行比较肯定是不合适的。

　　六大国有银行与农村商业银行经营范围的不同体现在众多方面。举例说明，在商业银行的业务范围内，六大国有银行的经营几乎不受业务种类的限制，也不受地域的限制，可以在全国范围内开展综合性服务，而按照银保监会的要求，农村商业银行应该专注于服务本地、服务县域、服务社区，严格审慎开展综合化和跨区域经营，原则上机构不出县（区）、业务不跨县（区）。

比率分析：拓荆科技的大客户与单一产品依赖问题

比率，即把存在相关关系的两个数值相比，得到一个数值。例如，资产负债率是一个非常重要的财务比率，是企业的负债总额与资产总额之比。用于计算比率的两个数值必须有相关性，否则，计算得到的比率没有意义。

什么是比率分析法

财务比率是存在相关性的两个财务数据的比值，体现的是经营活动之间的相关性。例如，资产负债率是一个很常用，也很重要的财务比率，它是企业的债务与企业的资产这两个财务数据的比值，体现的是企业的资产是否足以偿还企业的债务。

比率分析，即通过计算存在相关性的企业财务数据之间的比率，并对其进行分析，评价企业的经营业绩与财务健康状况。企业的财务数据相当庞杂，但很多财务数据之间是有相互关联的关系的，通过计算并分析这些财务比率，我们可以更好地评估企业的经营状况与财务健康状况。

例如，企业的销售收入与总资产是相互关联的，因为企业利用资产获取收入的能力越强，企业的销售收入越高。通过计算销售收入与总资产之间的比率，我们可以了解企业的经营效率。

财务比率的主要类型

我国的财务报表分析通常将财务比率分为三大类，从不同的方面入手，反映企业的经营状况。

第一类是偿债能力比率。偿债能力比率用于衡量企业偿还债务的能力，反映的是企业财务健康状况。偿债能力比率可细分为两类，一类是长期偿债能力比率，反映从长期角度看，企业偿还债务的能力，包括资产负债率、产权比率等；另一类是短期偿债能力比率，反映企业偿还短期债务的能力，包括流动比率、速动比率等。

第二类是运营能力比率。运营能力比率用于衡量企业在利用资产进行生产经营方面的效率，包括固定资产周转率、流动资产周转率、总资产周转率等。

第三类是盈利能力比率。盈利能力比率用于衡量企业利用资产获取收入的能力，包括总资产收益率（ROA）、净资产收益率（ROE）、营业利润率等。

比率分析的优点

比率分析的一个显著优点是它能够更好地反映企业的经营效率。

企业财务报表上的财务数据通常是以货币金额的形式显示的。例如，美的集团 2020 年度的利润表显示，2020 年，美的集团的净利润总额为 272 亿元，而格力电器 2020 年度的利润表显示，2020 年，格力电器的净利润总额为 221 亿元。这两个数据告诉我们，2020 年，美的集团的净利润总额比格力电器的净利润总额多，但是，这两个数据没有告诉我们，美的集团与格力电器这两个企业在 2020 年的经营效率怎么样，更没有告诉我们，美的集团与格力电器谁的经营效率更高。此时，通过计算并分析净资产收益率等财务比率，我们可以了解谁的经营效率更高。2020 年，格力电器的净资产收益率为 19%，美的集团的净资产收益率为 25%。由此可见，2020 年度，美的集团不仅净利润总额比格力电器多，而且经营效率也比格力电器高。

比率分析的缺点

财务比率的缺点在于，如果我们只看比率，不结合企业的财务数据进行分析，单个财务比率可能有误导性。

例如，固定资产周转率是企业销售收入与固定资产净值的比率，用于衡量企业利用固定资产获取收入的能力。通常情况下，固定资产周转率越高，企业利用固定资产获取收入的能力越强。但是，固定资产周转率高也可能是因为企业固定资产投资不足，或者固定资产更新速度太慢。固定资产投资不足及更新速度太慢都可能降低企业长远的盈利能力，因此，固定资产周转率的高低本身并不能说明问题。

拓荆科技：过度依赖大客户与单一产品

前文所讲的三大类比率是基本的财务比率，对这三大类比率进行分析，可以大致了解企业的财务健康状况与经营效率。要想深入了解企业的健康状况与经营状况，需要进行更深入的比率分析。

例如，企业的经营独立性是其首次公开募股申请过程中，证监会发行审核委员会与交易所的上市审核委员会审核的重点，也是财务报表分析中的重点内容之一。企业的经营独立性的内容之一是企业在经营过程中对供应商或者客户的依赖度，如果企业的经营独立性比较差，对某些客户或者单一客户的依赖度过高，那么，它的持续经营能力就存在问题。因此，企业的经营独立程度能反映企业的持续经营能力。

衡量企业经营独立性的重要指标之一是企业对前五大客户的依赖度与对第一大客户的依赖度。企业会在财务报表中披露对前五大客户的依赖度，具体而言，就是企业前五大客户合计销售金额占其年度销售总额的比例。

有些企业的前五大客户销售收入占了企业销售收入的绝大部分，这些企业过度依赖大客户，独立性就比较差。

对前五大客户与第一大客户的依赖高到匪夷所思的程度的一个典型实例是拓荆科技（688072）。

2018年至2021年6月，拓荆科技的客户依赖度与产品依赖度如图14-1所示。

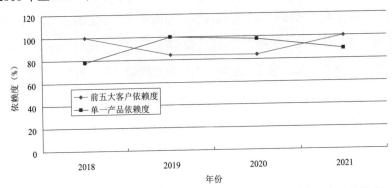

图 14-1　2018年至2021年6月，拓荆科技的客户依赖度与产品依赖度

数据来源：拓荆科技年报。2021年数据截至2021年6月30日

拓荆科技于2022年4月20日在科创板上市，其主营业务是高端半导体专用设备的研发、生产、销售和技术服务。根据拓荆科技的《招股说明书》及其2022年的半年报，2018年至2021年上半年，拓荆科技的前五大客户销售占比分别为100%、84.02%、83.78%、100%。2021年第一季度，拓荆科技对第一大客户长江存储科技有限公司的销售金额为2,746万元，占比51.87%；对第二大客户华虹集团的销售金额为1,598万元，占比30.18%；对第三大客户中芯国际的销售金额为950万元，占比17.94%——前三大客户合计占比达100%。也就是说，2021年第一季度，拓荆科技只有这3个客户。

对照一下同行业其他公司的状况，可以看出拓荆科技对前五大客户的依赖程度有多可怕。中微公司（688012）、芯源微（688037）与盛美上海（688082）都是在科创板上市的公司，2018—2020年，中微公司对前五大客户的依赖度分别为60.55%、67.51%与59.65%；芯源微对前五大客户的依赖度分别为57.07%、45.61%与54.33%；盛美上海对前五大客户的依赖度分别为92.49%、87.33%与83.36%。显然，拓荆科技对前五大客户的依赖度远远超过中微公司与芯源微，虽然盛美上海对前五大客户的依赖度也很高，但它的依赖度在逐年下降。

拓荆科技还有一个更严重的问题，是它对单一产品的依赖度。

拓荆科技的主要产品为薄膜沉积设备，包括等离子体增强型化学气相沉积（PECVD）设备、原子层沉积（ALD）设备和次常压化学气相沉积（SACVD）设备3个产品系列。

虽然拓荆科技有3个产品系列，但它的收入非常单一。根据拓荆科技的《招股说明书》，2018年至2021年上半年，其PECVD的销售收入占主营业务收入的比重分别为77.98%、100%、97.55%和88.69%，且根据拓荆科技2022年的半年报，2022年上半年，其PECVD的销售收入占主营业务收入的比重为90.39%。拓荆科技如此高度依赖PECVD，说它是"只有一个产品的公司"也不算太冤枉它。

像拓荆科技这样既高度依赖前五大客户，又高度依赖单一产品的公司，经营风险是显而易见的。这是在进行财务报表分析时，需要深入分析的内容。

除了上述对客户依赖度与单一产品依赖度进行的深入分析，我们还可以进行其他方面的深入分析。例如，通过分析企业研发支出资本化的比率，了解研发支出资本化对企业利润的影响程度，从而发现企业是否存在利用研发支出的资本化比率粉饰财务报表的现象。

趋势分析：越来越依赖苹果公司的后果

趋势分析法是一种动态分析法，它以比较分析法和比率分析法为基础，能较好地弥补比较分析法与比率分析法的不足。

什么是趋势分析法

趋势分析法是通过对有关指标的各期对基期的变化趋势的分析，从中发现问题，并预测企业发展趋势的分析方法。

在具体应用中，随分析对象的不同，趋势分析法有不同的使用方法。总体而言，趋势分析法的使用流程如下：选择某一财务指标，确定一个基期（基准年份），对企业连续多年的数据进行比较，发现该指标的变化趋势，分析趋势变化的原因，寻找应对措施。

我们以格力电器为例，对它的净资产收益率进行简单的趋势分析。净资产收益率是净利润与净资产总额的比率，能够综合反映企业的盈利能力。2015—2021年，格力电器及其主要竞争对手美的集团的净资产收益率如图14-2所示。我们以2015年为基准年份，分析2015—2021年，格力电器净资产收益率的变化。2015—2021年，格力电器的净资产收益率分别为27.31%、30.44%、37.44%、33.36%、25.72%、18.88%与21.34%。根据这些数据，我们可以发现，总体来看，格力电器的净资产收益率呈明显的下降趋势，是一种趋势性下降，而不是偶然性下降。格力电器的净资产收益率在2017年达到自1996年上市以来的最高点37.44%之后，就开始逐年下降，且降幅明显。2020年，格力电器的净资产收益率为18.88%，大约是2017年的净资产收益率的一半。有人可能会将格力电器净资产收益率的下降归因于"新冠"病毒的大面积传播，但是，这一解释的说服力并不强。原因之一是格力电器业绩的下降从2018年开始，而"新冠"病毒的大面积传播是从 2019 年 12 月底开始的，其对业绩的影响应该只发生在 2020—2021 年；原因之二是格力电器的主要竞争对手美的集团的同期净资产收益率分别是 29.06%、26.88%、25.88%、25.66%、26.43%、24.95% 与 24.09%，虽然也有所下降，但降幅并不明显。

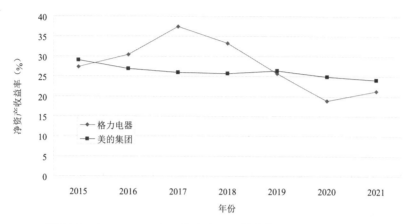

图 14-2　2015—2021 年，格力电器及美的集团的净资产收益率

数据来源：格力电器与美的集团历年年报

如何使用趋势分析法

趋势分析的优点是动态分析，能够从发展的角度着眼，动态地评估企业的财务状况、经营成果、发展趋势，从而帮助投资者判断这种发展趋势是否对自身有利。

使用趋势分析法时，需要关注以下 3 点。

首先，关注基准年份的选择，基准年份的业绩要具有代表性。以异常年份作为基准年份，很可能导致分析结论有偏差。

其次，剔除偶然性因素对企业业绩的影响，用于趋势分析的数据要能够比较准确地反映企业在正常经营状况下的经营业绩与财务健康程度。这要求我们对企业与行业的经营状况有比较深入的了解，熟悉可能影响企业与行业业绩的偶然性因素。

最后，关注异常现象，即显著背离趋势的情况。在某些时候，企业的经营业绩可能异常高于或者低于正常水平，这种异常状况值得特别关注。

欧菲光与歌尔股份：越来越依赖苹果公司

我们常说，"靠山山会倒，靠水水会流，靠人人会走"，这句话的意思是自己要学会独立，不要过度依赖某个人或者某件事，尤其是不要对某个人或者某件事的依赖度越来越高。

在趋势分析中，有一个值得关注的问题，即企业对大客户，特别是对某一个大客户的依赖度是否越来越高。

对单一客户与单一产品的高度依赖是不定时炸弹，这是在财务报表分析时，我们必须要特别关注的。

在创业板上市的欧菲光（002456）与歌尔股份（002241）都在这个问题上犯了错——对大客户（特别是单一大客户）的依赖度越来越高，最终为此付出了惨痛的代价。

分析欧菲光与歌尔股份的财务报表，我们会发现，这两家公司对大客户的依赖度越来越高，尤其是对第一大客户的依赖度。虽然两家公司并没有说明其第一大客户是谁，但人们普遍认为，两家公司的第一大客户都是美国的苹果公司。

欧菲光的主营业务是精密光电薄膜元器件的研发、生产和销售。根据欧菲光的年报，2017—2020年，公司前五大客户合计销售金额占年度销售总额的比例分别为70.4%、81.93%、83.61%与85.59%。显然，欧菲光对前五大客户的依赖度在逐年上升。其中，第一大客户为其带来的销售收入占其年度销售收入的比例分别为23.22%、28.94%、31.16%与30.01%。

2021年3月，欧菲光发布公告，表示因为境外特定客户终止了与公司及其子公司的采购关系（通常所说的遭客户"砍单"），2020年度，公司净利润可能为负。后来，欧菲光又发布公告，表示因为上述原因，公司计提资产减值准备

27.71 亿元。虽然欧菲光没有说这个境外客户是谁，但人们普遍认为是苹果公司。

苹果公司对欧菲光的砍单导致欧菲光的业绩急剧恶化。2019—2021 年，欧菲光的营业收入分别是 519.74 亿元、483.5 亿元与 228.44 亿元，净利润分别为 5.1 亿元、–19.45 亿元与 –26.25 亿元，其市值从 400 多亿元下跌到 100 多亿元。

在 2020 年遭受苹果公司砍单后，2021 年，欧菲光对前五大客户的依赖度有所下降，但仍然高达 70.5%。

歌尔股份的主营业务为微型电声元器件和消费类电声产品的研发、制造和销售，2017—2021 年，歌尔股份对前五大客户与第一大客户的依赖度如图 14-3 所示。2017—2021 年，歌尔股份对前五大客户的依赖度分别为 65.86%、66.45%、69.26%、79.07% 和 86.54%，逐年上升，上升到了与欧菲光一样的程度。同期，歌尔股份对第一大客户的依赖度分别为 30.75%、33.9%、40.65%、48.08% 与 42.49%，整体上看，同样呈上升趋势。而且，歌尔股份对前五大客户，特别是对苹果公司的依赖度，甚至超过了欧菲光。

很快，同样的事情发生在了歌尔股份身上。2022 年 11 月 8 日，歌尔股份发布公告，表示应境外某大客户的要求，公司暂停生产一款智能声学整机产品。2022 年 11 月 9 日、11 月 10 日，歌尔股份的股价连续两天跌停。2022 年 12 月 2 日，歌尔股份再次发布公告，表示受大客户"砍单"影响，公司直接损失和资产减值损失约 20 亿 ~ 24 亿元，因此，公司将 2022 年度的净利润预期从之前的 40.6 亿 ~ 47 亿元下调到 17.1 亿 ~ 21.4 亿元。2021 年，歌尔股份的净利润为 42.75 亿元，这就是说，同 2021 年相比，歌尔股份 2022 年的净利润将下降 50% ~ 60%。

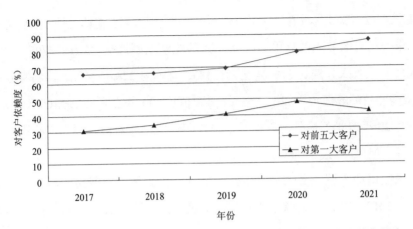

图 14-3　2017—2021 年，歌尔股份对前五大客户与第一大客户的依赖度

数据来源：歌尔股份历年年报

　　在 A 股上市公司中，对单一大客户的依赖度方面，欧菲光与歌尔股份并非最高，有些公司对单一大客户的依赖度高到离谱。因为这些公司目前尚未遭遇客户"砍单"，不方便作为实例，所以我们在这里不说它们。

四

因素分析：格力电器净资产收益率持续下降的原因

因素分析法是通过分析财务指标及其影响因素的关系，在数量上确定各因素对财务指标影响方向与影响程度的方法。

什么是因素分析法

怎么理解上述因素分析法的定义呢？

首先，我们要确定需要分析的财务指标。例如，在对格力电器进行财务报表分析时，我们选择净资产收益率这一财务指标。

其次，我们需要确定影响所分析的财务指标的因素。例如，净资产收益率是净利润与净资产总额之间的比率，因此，影响净资产收益率的直接因素有两个，即净利润与净资产总额。影响净利润的因素有很多，所以，我们还需要确定影响净利润的具体因素。

最后，我们需要分析各个因素是如何影响所分析的财务指标的。例如，分析上述各个因素是如何影响格力电器的净资产收益率的。具体而言，是分析这些因素是提高了还是降低了格力电器的净资产收益率，以及它们对格力电器净资产收益率的影响程度到底有多大。

在实际应用中，因素分析法包括连环替代法、差额分析法、杜邦分析法（指标分解法）等多种方法。

格力电器的净资产收益率为什么持续下降

杜邦分析法是财务报表分析中常用的一个方法，又名指标分解法。杜邦分析法将影响净资产收益率的因素分解为总资产收益率与权益乘数，总资产收益率可以进一步分解为营业净利率与总资产周转率，因此，净资产收益率可以分解为营业净利率、总资产周转率与权益乘数，等式为净资产收益率＝营业净利率 × 总资产周转率 × 权益乘数，其中，权益乘数为总资产与股东权益之比。值得关注的是，在杜邦分析法中，净资产收益率的影响因素可以进一步分解。

我们可以用营业净利率、总资产周转率与权益乘数这 3 个因素来分析格力电器的净资产收益率持续下降的原因。

自 1996 年上市，格力电器的净资产收益率一路上升，在 2017 年达到历史最高。2017 年，格力电器的净资产收益率为 37.44%，2017 年后，该数据持续下降。2017 年至 2022 年第三季度，格力电器的加权净资产收益率分别为 37.44%、33.36%、25.72%、18.88%、21.34% 与 17.94%，显然，总体来看，格力电器的净资产收益率呈明显的下降趋势，是一种趋势性下降，而且降幅明显。2022 年前 3 个季度，格力电器的净资产收益率不到 2017 年的一半。

格力电器的净资产收益率为什么持续下降？我们分别对各指标加以分析。

第一，我们看看格力电器的权益乘数。

权益乘数是总资产与股东权益的比率。权益乘数越大，企业的负债率越高，且权益乘数越大，企业的净资产收益率越高。这是符合金融理论的，背后的逻辑在于，权益乘数越大，股东投入的资金越少，在净利润不变的情况下，股东投入的资金越少，股东投入的回报率越高。

2017 年至 2022 年第三季度，格力电器的权益乘数分别为 3.22、2.71、2.53、2.39、2.96 与 3.51，显然，格力电器的权益乘数在上升。同样的情况也反映在格力电器的资产负债率中，2017 年至 2022 年第三季度，格力电器的资产负债率分别为 67.93%、67.13%、66.23%、69.74%、71.59% 与 71.50%，显然，格力电器的资产负债率也在上升。

前文讲过，权益乘数越大，企业的净资产收益率越高。但是，随着格力电器权益乘数的上升，其净资产收益率不但没有提升，反而在下降，这说明格力电器权益乘数上升对其净资产收益率产生的积极影响完全被其他因素抵消了。

第二，我们看看格力电器的总资产周转率。

总资产周转率越高，企业的净资产收益率越高，因为总资产周转率越高，资产的周转速度越快，同样的资产，每年能够用来赚钱的次数越多。总资产周转率是企业运营能力的体现之一。

2017年至2022年第三季度，格力电器的总资产周转率分别为0.746,4次、0.849,9次、0.741,9次、0.598,4次、0.627,5次与0.437,4次，显然，格力电器的总资产周转率整体呈下降趋势。同样的情况反映在格力电器的存货周转率、流动资产周转率与固定资产周转率的下降中，例如，2017年至2022年第三季度，格力电器的存货金额分别为166亿元、200亿元、241亿元、279亿元、428亿元与405亿元，存货周转率从2017年的7.78次下降到了2022年前3个季度的2.64次。从2020年开始，格力电器的存货增加非常明显，相应地，存货周转率下降非常明显。同期，虽然美的集团的总资产周转率也出现下降，但没有格力电器明显——美的集团存货金额分别为294亿元、296亿元、324亿元、310亿元、459亿元与366亿元。虽然美的集团的存货金额在增加，但其增长幅度远远低于格力电器，其存货周转率的下降幅度也明显低于格力电器存货周转率的下降幅度。

格力电器存货金额的大幅增长与存货周转率的明显下降很可能与格力电器的销售方式变革有关。2020年以前，格力电器的销售主要通过经销商进行，在经销商模式中，格力电器可以通过给销售商压货的方式，将存货转移到经销商手里。

市场上一直有格力电器给经销商压货的传言，这一传言在2022年得到了格力电器董事长董明珠的承认。据媒体报道，在2022年5月31日举行的格力电器2021年度业绩说明会上，董明珠首次公开承认了格力电器给经销商压货的做法。董明珠说，在经销商模式中，格力电器每年有价值200亿～300亿元的空调机压在经销商手里。换句话说，压在经销商手里的这价值200亿～300亿元空调机其实并没有卖掉，但其款项已经算进格力电器的销售收入了。压货这一做法，往轻了说是投机取巧，往重了说就是造假。

2020年，格力电器进行了销售体系改革，导致经销商与格力电器之间出现严重矛盾。2022年8月，媒体报道，格力电器在河北地区的总经销商徐自发宣布退出格力电器的经销体系，并带着一批人投向格力电器的竞争对手飞利浦空调。格力电器无法再像以前那样向经销商压货，这可能是导致格力电器的存货出现明显增加的原因之一。

第三，我们看看格力电器的营业净利率。

营业净利率是营业净利润与营业收入的比率，反映的是每1元营业收入能够带来多少净利润，是企业盈利能力的重要体现之一。

2017年至2022年第三季度，格力电器的营业净利率分别为15.18%、13.31%、12.53%、13.25%、12.15%与11.83%。显然，格力电器的营业净利率的整体趋势是下降的。

其实，在大多数情况下，营业毛利率更能反映企业产品的竞争力。原因在于影响营业净利率的因素除了企业产品的竞争力，还有很多其他因素，例如，企业的费用控制能力、税务筹划能力等。有的企业产品竞争力很一般，但费用控制能力比较强，营业净利率也可能很不错。相比之下，影响企业营业毛利率的因素要少一些，其中最主要的是企业的主营业务成本。因此，营业毛利率往往能更好地反映企业产品的竞争力。

2017年至2022年第三季度，格力电器的营业毛利率分别为32.86%、30.22%、27.58%、26.14%、24.28%与25.54%。显然，格力电器的营业毛利率的整体趋势也是下降的。2017年至2022年第三季度，格力电器及其主要竞争对手美的集团的营业毛利率状况如图14-4所示。

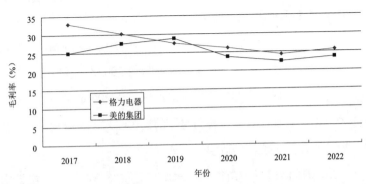

图14-4　2017年至2022年第三季度，格力电器及美的集团的营业毛利率状况

数据来源：格力电器与美的集团历年年报。2022年数据截至2022年9月30日

　　格力电器的营业毛利率整体呈下降趋势，说明它的产品面临的竞争压力越来越大。

　　从因素分析的角度看，虽然格力电器权益乘数的提高（资产负债率的上升）有助于其净资产收益率的提高，但是，由于其营业净利率与总资产周转率都呈明显的下降趋势，其净资产收益率也出现明显的下降趋势。营业净利率下降，说明格力电器的盈利能力因为面临更激烈的竞争而下降；总资产周转率下降，说明格力电器的运营能力在下降，这很可能与格力电器的销售体系改革有关。

　　总体来看，一方面，格力电器的资产负债率已经达到71%，高于美的集团的65%，格力电器以提高资产负债率（提高权益乘数）的方式提高净资产收益率的空间已非常有限；另一方面，要提高净资产收益率，格力电器必须提高营业毛利率与总资产周转率，但是，在家用空调行业，无论是格力电器还是美的集团，提高营业毛利率与总资产周转率的空间都非常有限。格力电器需要寻找别的途径，例如，进行有限的多元化经营——这应该是董明珠一心想收购新能源车企珠海银隆的原因。

五

结构分析：贵州茅台的负债有点神奇

结构分析法是分析企业财务报表项目各个组成部分所占的比例及其相互关系的方法。结构分析可以帮助我们在总体上把握企业内部各个报表项目所占的比例是否合理。

什么是结构分析法

怎么理解结构分析法的定义呢？

第一，企业财务报表的各个项目通常由很多不同的部分组成。例如，资产负债表中的资产由流动资产与非流动资产两大部分组成，其中，流动资产由货币资金、应收账款、存货等组成，而非流动资产包括固定资产、无形资产、商誉等。同样，资产负债表中的负债包括流动负债与非流动负债两大部分，其中，流动负债包括应付账款、应付票据、应付工资等，而非流动负债包括长期借款、应付债券、长期应付款等。以此类推，利润表与现金流量表中的各个项目也是由不同的部分组成的。

第二，结构分析即分析这些项目的各个组成部分占对应项目的比例，并分析其合理性。

例如，2016—2020 年，格力电器的资产总额分别为 1,823 亿元、2,149 亿元、2,512 亿元、2,829 亿元与 2,860 亿元，其中，货币资金（包括现金、银行存款等）分别为 958 亿元、996 亿元、1,131 亿元、1,254 亿元与 1,364 亿元，占资产总额的比重分别为 52.6%、46.3%、45%、44% 与 47.7%。2016—2020 年，格力电器的资产总额中，货币资金所占的比重一直在 45% 左右（2016 年较高）。

我们看一看格力电器的主要竞争对手美的集团、海尔智家（600690）的资产结构是怎样的。2016 年至 2022 年第三季度，格力电器、美的集团与海尔智家的资产总额中，货币资金所占的比重如图 14-5 所示。2016—2020 年，美的集团的资产总额分别为 1,706 亿元、2,481 亿元、2,637 亿元、3,020 亿元与 3,604 亿元，其中，货币资金分别为 272 亿元、483 亿元、279 亿元、709 亿元与 812 亿元，货币资金占资产总额的比重分别为 16%、19.5%、10.6%、23.5% 与 22.5%。同期，海尔智家的资产总额分别为 1,315 亿元、1,572 亿元、1,681 亿元、1,875 亿元与 2,035 亿元，其中，货币资金分别为 236 亿元、358 亿元、384 亿元、362 亿元与 465 亿元，货币资金占资产总额的比重分别为 17.9%、22.8%、22.8%、19.3% 与 22.9%。显然，格力电器的资产总额中，货币资金所占的比重一直远远高于美的集团与海尔智家的同一数据。

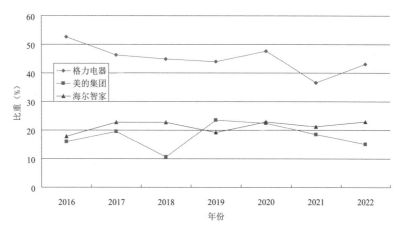

图 14-5　2016 年至 2022 年第三季度，格力电器、美的集团与海尔智家货币资金占资产总额的比重

数据来源：格力电器等 3 家公司历年年报。2022 年数据截至 2022 年 9 月 30 日

我们都知道，持有现金几乎没有回报，银行的存款利率也很低，因此，货币资金的回报率非常低。那么，格力电器为什么一直持有如此多的货币资金呢？格力电器的货币资金占资产总额的比重一直在 45% 左右，这一决策的合理性值得商榷。

结构分析的内容

对企业的资产负债表、利润表与现金流量表中的各个项目，都可以进行结构分析。

对资产负债表，我们可以进行债务结构分析、资产结构分析。对利润表，我们可以进行营业收入结构分析，分析主营业务收入、其他业务收入、营业外收入等占营业收入的比重，此外，还可以进行利润来源结构分析、成本费用结构分析等。对现金流量表，我们可以进行现金流入结构与现金流出结构分析。

企业财务报表分析，还有综合分析法等方法。上述介绍的财务报表分析方法通常只用于揭示企业经营业绩与财务健康状况的某个或者某些方面，在进行财务报表分析时，往往需要同时使用几种方法，以便全面、完整地评估企业的经营业绩与财务健康状况。

贵州茅台的负债其实是生息资产

前文，我们讲过联想集团的负债问题。2021 年 10 月 1 日，联想集团在我国 A 股科创板提交了 IPO 申请书，遭到很多人的质疑，其遭到质疑的原因之一是资产负债率太高了。根据联想集团提交的 IPO 申请材料，截至 2021 年 3 月 31 日，联想集团的资产负债率高达 90.5%。但是，对联想集团的负债进行结构分析之后，我们可以发现，联想集团的负债绝大部分是无息负债，其有息负债所占的比重并不高。

我们看看贵州茅台的负债状况，特别是看看它的负债结构。

根据贵州茅台的年报，2017 年至 2022 年第三季度，贵州茅台的负债总额分别为 386 亿元、424 亿元、412 亿元、457 亿元、582 亿元与 343 亿元。

有人可能会说，怎么回事？贵州茅台那么赚钱，怎么会有几百亿元的负债？贵州茅台确实非常赚钱，根据贵州茅台 2022 年 12 月 29 日发布的公告，其 2022 年度的净利润预期高达 626 亿元，按照这个预期净利润数据计算，贵州茅台每天净赚 1.72 亿元。

我们看看贵州茅台的债务构成。根据贵州茅台的年报，2017—2019 年，公司负债中的预收款项分别为 144 亿元、136 亿元与 137 亿元；2020 年至 2022 年第三季度，公司负债中的合同负债分别为 133 亿元、127 亿元与 118 亿元。

根据我国的会计准则，合同负债指企业已经收到了客户的货款，但是还没有将货物发给客户，或者虽然企业还没有收到客户的货款，但是，企业已经取得了无条件向客户收取货款的权利，同时，并没有将货物发给客户。在以上情况下，企业可以将已收到的货款或者未来可以无条件收取的货款作为合同负债列入资产负债表。预收款项则指企业向客户预收的购货定金或部分货款。

贵州茅台关于合同负债的具体定义是什么呢？贵州茅台有明确说明："本公司在与客户签订合同并收到订单，但未向客户交付产品之前，将已从客户处收取的合同对价金额确认为合同负债。公司销售以预收款项方式进行，交易的信用风险小。"

这就是说，无论是合同负债，还是预收款项，贵州茅台其实都已经收到了客户的货款，但还没有将货物发给客户。

所以，贵州茅台每年 130 亿元左右的预收款项或者合同负债，其实是客户为了确保能够获得贵州茅台的发货而提前支付给贵州茅台的定金或者货款。

假设这些客户在每年的 1 月 1 日将这 130 亿元左右的款项付给贵州茅台，而贵州茅台把这 130 亿元左右的款项存入银行，这么一个大额存单，利率应该能到 2% 左右，即贵州茅台每年可以轻松地赚 2.6 亿元左右的利息。对于贵州茅台来说，无论是预收款项，还是合同负债，实际上都是客户把自己的资金免费给贵州茅台使用。

如果从经济学上看，而不是从会计学上看，对贵州茅台来说，这 130 亿元左右的合同负债或者预收账款不是负债，而是生息资产。

在中国，有能力每年向客户预收大约 130 亿元货款的企业，除了贵州茅台，恐怕找不出几家来。

第十五讲

财务报表分析（3）：内容

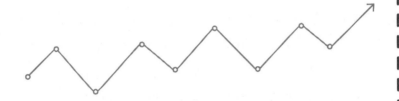

　　本讲，我们讲解财务报表分析的内容，即如何使用前文介绍的财务报表分析方法，从哪些方面入手对财务报表的内容进行分析，以便具体评价企业的经营业绩与财务健康状况。

　　财务报表分析的内容可以分为两大部分，一是对资产负债表、利润表与现金流量表的整体分析，目的是对企业的经营业绩、经营能力与财务健康状况做出比较全面、综合的评价；二是分析企业的偿债能力、盈利能力、运营能力、发展能力等，目的是从不同的角度入手，对企业的经营能力、经营业绩、财务健康状况与发展前景做出进一步的具体评价。

财务报表的整体分析：百济神州的困境

对财务报表进行整体分析，能够让我们对企业的经营业绩与财务健康状况有全面、综合的了解。财务报表整体分析，主要包括对资产、负债、利润与现金流进行结构分析、质量分析与重点项目分析。

对资产的整体分析

对资产负债表中资产的整体分析包括对资产进行结构分析、质量分析与主要资产项目分析。

一是对资产结构的分析。企业资产包括流动资产与非流动资产两大部分，流动资产包括货币资金、应收账款、存货等，非流动资产包括固定资产、无形资产、商誉等。对资产结构的分析，主要从以下两个方面入手。

其一是分析流动资产与非流动资产在总资产中所占的比例是否合理。流动资产的优点是变现能力比较强、风险比较低，缺点是收益率低，例如，现金几乎没有收益，2022 年，我国中央银行活期存款的年利率只有 0.35%；非流动资产的优点是潜在收益率高，缺点是变现能力比较差、风险比较高，两者互补。因此，在企业的总资产中，流动资产与非流动资产所占的比例要合理。以前文讲的格力电器、美的集团与海尔智家为例，格力电器的总资产中，流动资产所占的比例一直在 75% 左右，美的集团的这一数据为大约 68%，而海尔智家的这一数据只有大约 56%，3 家公司的流动资产占总资产的比例存在很大的差异。

其二是分别对流动资产与非流动资产的内部结构进行分析，看结构是否合理。例如，联想集团于 2021 年 10 月 1 日提交在 A 股科创板上市的申请，通过分析联想集团的 IPO 招股说明书，我们可以发现，截至 2021 年 3 月 31 日，联想集团的资产总额为 2,496 亿元，其中，流动资产总额为 1,533 亿元，非流动资产总额为

963亿元，而非流动资产中的无形资产为552亿元——无形资产占非流动资产的比例高达57.3%。显然，在联想集团的非流动资产中，固定资产占比非常低，不太合理。

二是对资产质量的分析。资产质量是影响企业盈利能力的重要因素之一，对资产质量的分析主要包括以下几个方面。

其一是结合会计准则、企业的会计政策与报表附注中的其他信息，分析资产负债表是否准确地反映了企业的资产状况。例如，企业是否存在通过少计减值等方式虚增资产等情况。

其二是分析企业资产实现增值的能力。例如，前文讲过，流动资产的盈利能力比较差，流动资产占比过高会降低企业的潜在盈利能力，而研发支出形成的无形资产能够增强企业的竞争力，从而提高企业的长远盈利能力。因此，长远看，若企业的总资产中，通过自主研发形成的专利权等知识产权比较多，企业的资产质量比较高，实现资产增值的能力也比较强。

例如，联想集团的科创板IPO招股说明书显示，截至2021年3月31日，联想集团的无形资产总额为552亿元，其中，专利权及技术价值65.8亿元，占无形资产的比例为11.9%，占非流动资产的比例只有6.83%。由此可见，在研发方面，联想集团并没有投入多少资金，或者投入了大量资金，但并没有能够形成专利等知识产权。事实上，联想集团的研发支出确实不高，2019—2021年，3年间，联想集团的研发支出分别为102.03亿元、115.17亿元和120.38亿元，占对应年份营业收入的比例分别为2.98%、3.27%和2.92%。仅从研发支出占营业收入的比例这一点看，联想集团很难被认定为高科技公司。按照科创板IPO的规定，申请在科创板上市的企业的研发支出占营业收入的比例不得低于5%，显然，联想集团没有达到这个标准。这不仅是联想集团的盈利能力差（净利润率只有2%左右）的重要原因，也是联想集团提交科创板IPO申请的消息被媒体报道后，联想集团遭到公众抨击的重要原因之一。

其三是分析企业表外资产的质量。在关于资产负债表的章节中，我们讲过，因为各种原因，有些资产并没有体现在资产负债表中，这些资产就是表外资产。

企业的品牌、人力资本、组织管理水平、治理质量等都是企业的资产，但并不体现在资产负债表内，都属于企业表外资产。一些企业的表内资产很多，质量也不错，但企业管理水平差、治理质量低下，长远看，这些表外资产会降低企业的盈利能力。

三是对主要资产项目的分析。主要资产项目包括货币资金、存货、应收账款、其他应收款等流动资产，以及固定资产、无形资产、商誉、长期股权投资等非流动资产。通常情况下，这些资产项目在企业总资产中所占比例比较高，能够直接影响企业偿还债务的能力以及盈利能力，因此，要对这些资产项目进行重点分析。

例如，联想集团的科创板 IPO 招股说明书显示，截至 2021 年 3 月 31 日，联想集团的资产总额为 2,496 亿元，其中，流动资产总额为 1,533 亿元，非流动资产总额为 963 亿元。在联想集团的非流动资产中，无形资产总额为 552 亿元，而在联想集团的无形资产中，商誉为 318.5 亿元。根据以上数据，联想集团的资产总额中，无形资产占非流动资产的比例达到 57.3%，商誉占非流动资产的比例达到 33%，都比较高，一旦无形资产或者商誉发生减值，将对联想集团的资产负债表产生比较大的影响。

主要资产项目分析中，其他应收款也是值得关注的项目。很多企业将对控股股东等关联方的贷款放在其他应收款中，其实质是关联方占用企业的资金。如果某企业的其他应收款的金额比较大，那么，该企业被关联方占用资金的情况可能比较严重。

对负债的整体分析

对资产负债表中负债的整体分析包括对负债进行结构分析与主要负债项目分析。

一是对负债结构的分析。企业的负债包括流动负债与非流动负债两大部分，流动负债包括应付账款、应收票据、其他应付款等，非流动负债包括长期借款、长期债券等。对负债结构的分析，主要从以下两个方面入手。

其一是分析流动负债与非流动负债在总负债中所占的比例是否合理。流动负债的优点是成本比较低，甚至没有成本，例如，供应商通常会给予客户一定天数的付款期，在付款期内，客户不用向供应商支付利息，实际上，客户是免费占用着供应商的资金。流动负债的缺点是要在短期内偿还，流动负债过多，企业的短期偿债压力比较大。非流动负债的缺点是成本比较高，优点是企业短期偿债的压力比较小。

其二是分析有息负债与无息负债在企业的总负债中所占的比例是否合理。通常情况下，企业负债中的应付账款、预收货款等属于无息负债。前文讲过，2021年10月1日，联想集团在我国A股科创板提交IPO申请书后，公众发现联想集团的资产负债率高达90.5%，远高于同行业其他企业，意见很大。后来，联想集团董事长杨元庆说，联想集团的负债中，约70%为应付账款，有息负债比例很小。联想集团90.5%的总体负债率确实很高，但从联想集团的负债构成看，联想集团的有息负债所占比例确实比较低。

二是对主要负债项目的分析。长期借款是一个需要关注的负债项目，因为通常情况下，企业的长期借款不仅金额比较大，而且借款的成本比较高。在分析企业的长期借款时，要关注企业长期借款的金额、成本及其变化，以及企业的利润是否有伴随增长。如果在企业长期借款增加的同时，企业的利润也出现增长，说明企业管理层比较有效地利用了资金。

资产结构与资本结构的对称性分析

进行资产结构与资本结构的对称性分析，有助于评估企业的风险与收益状况。

企业从银行、股东等资金供应方手中筹集资本，通过投资等方式，对资本加以利用，形成企业的资产。企业的资产由流动资产与非流动资产两部分构成，企业的资本则由长期资本与短期资本两部分构成，其中，长期资本包括长期借款、长期债券与所有者权益等，短期资本主要是流动负债。

企业的资产结构与资本结构的对称性分析，即分析企业的资产结构是否与资本结构相对称。比较合理的状况是企业的流动资产主要通过利用短期资本形成，而企业的非流动资产主要通过利用长期资本形成，即短期资本对应流动资产，长期资本对应非流动资产。这种对称之所以比较合理，是因为短期资本的成本低，而流动资产的收益低；长期资本的成本高，而非流动资产的潜在收益高。

如果资产结构与资本结构错配，结果会怎样呢？一种情况是用成本比较低的短期资本进行长期投资，形成潜在收益率比较高的非流动资产，这就是人们常说的"短贷长投"，短贷长投可以提高企业的盈利能力，但会增加企业的经营风险。另一种情况则相反，即用成本比较高的长期资本进行短期投资，形成潜在收益率比较低的流动资产，这样做的结果是企业的短期偿债压力不大，但盈利能力会有所下降。

📈 对利润的整体分析

对利润的整体分析包括对利润进行质量分析、对成本与费用进行结构分析，以及对利润表中的重点项目进行分析。

一是对利润的质量进行分析。对利润的质量进行分析可以从以下几个方面入手。

其一是分析企业的营业收入中，主营业务收入所占的比例——主营业务收入所占的比例越高，企业的利润质量越高。

其二是分析企业是否存在通过会计政策的变更增加净利润的情形。企业可以使用很多方法调整利润，调整研发支出资本化的比例是其中之一。

举个例子，中科创达（300496）是在深圳证券交易所上市的公司，根据中科创达的财务报表，公司 2021 年的净利润为 6.472,7 亿元、2020 年的净利润为 4.434,6 亿元，2021 年，其净利润增长率为 45.96%。但是，2019—2021 年，中科创达研发支出分别为 3.39 亿元、4.8 亿元与 8.26 亿元，其中，资本化的研发支出分别为 5,830 万元、7,735 万元与 3.13 亿元，资本化比例分别为 17.20%、16.11% 与 37.89%，资本化研发支出占当期净利润的比例分别为 24.59%、17.2% 与 49.69%。2021 年，其研发支出资本化的比例是 2020 年与 2019 年的两倍多，资本化研发支出占当期净利润的比例也是 2020 年与 2019 年的两倍多。如果 2021 年，中科创达仍然按 2020 年的资本化比例进行研发支出的资本化，那么，它的资本化金额应该为 1.33 亿元，比实际资本化金额 3.13 亿元少 1.8 亿元。也就是说，2021 年，中科创达的净利润应该比利润表中报告的 6.472,7 亿元少 1.8 亿元，即应该只有 4.672,7 亿元。如此算来，中科创达 2021 年的净利润仅比 2020 年的 4.434,6 亿元多 2,381 万元，2021 年的净利润增长率其实只有 5.4%。

二是对成本与费用的结构进行分析，即分析成本与费用的构成。通过分析成本与费用的构成，可以判断企业的成本与费用是否合理。有些企业的营业成本中，员工薪酬占绝大部分，显然是不够合理的。例如，根据中金公司的年报，2019—2021 年，公司的营业支出总额分别为 102 亿元、149.1 亿元与 171.5 亿元，其中，员工成本分别为 72 亿元、108 亿元与 133 亿元，员工成本占营业支出的比例分别高达 70.59%、72.4% 与 77.6%。这个"员工成本"，实际上就是以各种方式支付的员工薪酬，所占比例明显超过行业平均水平。

三是对利润表中的重点项目进行分析。对利润表中的重点项目进行分析包括对主营业务收入、营业成本、期间费用等项目进行分析，以及对这些项目的构成及其比例进行分析等。

对现金流量的整体分析

对现金流量的整体分析包括对现金流量的结构分析、对现金流量的质量分析、对现金流量表重点项目的分析，以及结合利润表与现金流量表进行的盈利质量分析等。

一是对现金流量的结构分析。对现金流量的结构分析包括对现金流入的结构分析、对现金流出的结构分析，以及对经营活动现金流量、投资活动现金流量与融资活动现金流量的结构分析。完成对现金流量的结构分析，可以了解企业现金流量的主要来源及其去向。例如，经营活动产生的现金流量通常是企业最重要的现金流量，来自众多不同的方面，其中需要特别关注的是销售商品、提供劳务产生的现金流量占经营活动产生的现金流量的比例。

二是对现金流量的质量分析。讲解现金流量表的时候，我们讲过，在非投资性企业中，经营活动产生的现金流量是最重要的，因为它能够反映企业通过生产并销售产品与服务获得现金的能力。如果一个企业通过经营活动产生的现金流量持续为负，主要通过筹资活动或者投资活动获得现金，那么，这个企业的现金流量的质量是比较差的，它的持续经营能力值得怀疑。

三是对现金流量表重点项目的分析。现金流量表中有一些需要重点关注的项目，例如，经营活动产生的现金流量来自众多不同的方面，其中特别需要关注的是销售商品、提供劳务产生的现金流量占经营活动产生的现金流量的比例；筹资活动产生的现金流出中需要重点关注的是为偿付利息支付的现金，因为这可以反映企业的借债成本。

四是结合利润表与现金流量表进行的盈利质量分析。将利润表与现金流量表结合起来进行分析，可以看出企业盈利的质量。衡量盈利质量的一个重要指标是净利润与销售商品收到的现金流量是否匹配，如果一个企业的净利润很多，但销售商品收到的现金流量很低，那么，这个企业的盈利质量比较差，因为这一状态说明企业货款的回收能力比较差，或者其净利润并非主要来自其主营业务。

百济神州：6 年亏掉 440 亿元

使用前文介绍的分析方法，我们看看百济神州（688235）的财务状况。

百济神州是我国 A 股的创新药龙头公司之一，主营业务为研究、开发、生产、商业化创新型药。百济神州于 2021 年 12 月 15 日在 A 股科创板上市，发行价为 192.6 元 / 股，在此之前，它已在中国香港与美国纳斯达克上市，是第一家在中国 A 股、中国香港与美国纳斯达克三地上市的公司。

根据百济神州的年度财务报表，2017 年至 2022 年第三季度，公司的净利润分别为 –9.82 亿元、–47.46 亿元、–69.15 亿元、–113.84 亿元、–97.48 亿元与 –104.34 亿元，即 2017 年至 2022 年第三季度，大约 6 年的时间里，百济神州累计亏损了超 442 亿元。

百济神州的问题之一是经营活动的现金流量非常差。

百济神州的财务报表显示，2017 年至 2022 年第三季度，它的经营活动产生的现金净额分别为 0.584,5 亿元、–42 亿元、–55 亿元、–52 亿元、–83 亿元与 –65 亿元，同期，其筹资活动产生的现金净额分别为 33 亿元、110 亿元、6 亿元、314 亿元、229 亿元与 4 亿元，此外，2021 年，百济神州通过在 A 股科创板上市，筹集了 223 亿元的资金。分析以上数据，可以发现，百济神州的现金流量几乎完全依靠筹资，如果它不能在未来几年中让经营活动产生的现金流量由负转正，那么，它的持续经营能力会挂上一个巨大的问号。

百济神州的问题之二是巨额研发支出的使用效率并不高。

巨额成本是造成百济神州连年巨亏的重要原因，例如，2020 和 2021 年，百济神州的营业总成本分别高达 137.11 亿元与 173.9 亿元。

通过分析营业成本的构成，我们可以发现，百济神州的成本中，最主要的是研发费用。2018—2021 年，百济神州的研发支出分别高达 45.97 亿元、65.88 亿元、89.43 亿元与 95.38 亿元，占营业收入的比例分别为 351%、223.02%、421.78% 与 125.69%。在 A 股的上市医药公司中，百济神州的研发支出金额之大、占营业收入比例之高是独一无二的。一般来说，研发支出越多，开发出来的新产品越多，企业的竞争力越强，然而，长期的高研发支出背后，截至 2021 年年底，百济神州商业化的产品只有 3 个，即百悦泽（泽布替尼）、百泽安（PD–1 单抗替雷利珠单抗注射液）和百汇泽（帕米帕利胶囊）。

《证券市场周刊》在 2022 年 3 月 23 日报道，在研发效率上，百济神州被市场质疑不及其竞争对手。据公开资料，百济神州的百泽安（PD–1 单抗替雷利珠单抗注射液）已累计投入 39.38 亿元，君实生物（688180）和恒瑞医药（600276）

作为其竞争对手，在 PD-1 单抗上的累计投入分别为 24.47 亿元与 13 亿元，而且，这两个公司的产品获批时间均早于百济神州。

不过，百济神州在其 2021 年年报中表示，除了 3 款上市药品，百济神州还有众多产品处于临床在研阶段、临床或商业化阶段的合作阶段，对于这些研发管线，百济神州管理层及部分机构持乐观态度。

百济神州的问题之三是成本巨大，且成本的使用效率不高。

百济神州的营业成本并不高，2020 年和 2021 年，分别只有 4.74 亿元与 10.61 亿元，占营业总成本的比例分别为 3.3% 与 6.1%。其营业成本主要是直接原材料成本、直接劳动力成本、制造费用等，同为 A 股创新药企业的恒瑞医药 2020 年和 2021 年的营业总成本分别为 213 亿元与 218 亿元，营业成本分别为 33.5 亿元与 37.4 亿元，占营业总成本的比例分别为 15.73% 与 17.16%。

百济神州的营业总成本中，员工薪酬所占比例远超行业平均水平。例如，百济神州研发人员的人均薪酬远高于行业平均水平。根据百济神州的年报，2020 年与 2021 年，百济神州的研发人员分别为 2,076 人与 2,949 人，研发人员薪酬总额分别为 17.91 亿元与 23.41 亿元，研发人员人均薪酬分别高达 86.27 万元与 79.38 万元。根据恒瑞医药的年报，2020 年与 2021 年，恒瑞医药的研发人员分别为 4,721 人与 5,478 人，研发费用中的直接人工费用总额分别为 14.2 亿元与 20.1 亿元，人均分别为 30 万元与 36.69 万元——恒瑞医药研发人员的人均薪酬不到百济神州研发人员的人均薪酬的二分之一。

为研发人员提供具有竞争力的薪酬当然能够激励创新，长远看有助于百济神州获得并保持竞争力。但是，从百济神州目前产品的商业化状况来看，效果并不理想。

目前来看，百济神州让人感到宽慰的地方有 5 个。

一是它的营业收入在增长。2017 年至 2022 年第三季度，百济神州的营业收入分别为 16.11 亿元、13.1 亿元、29.54 亿元、21.2 亿元、75.89 亿元与 68.69 亿元。

不过，百济神州营业收入的大幅度增长中也存在问题。其一是其 2021 年与

2022 年前 3 个季度的营业收入大幅增长很可能是销售费用的大幅增长带来的，2020 年至 2022 年第三季度，百济神州的销售费用分别为 26.18 亿元、44.52 亿元与 43.82 亿元，以销售费用的增长换营业收入的增长，其可持续性值得关注；其二是从营业收入的构成看，2021 年，百济神州 75.89 亿元的总营业收入中，仅有 40.9 亿元来自药品销售，占比为 53.89%，其余的 34.99 亿元来自技术授权、研发服务和知识产权许可使用，这部分收入的可持续性值得关注。

二是百济神州的毛利率为 80% ~ 90%，与行业平均水平大致相当。2017 年，百济神州的毛利率为 90.89%，此后虽然有所下降，但保持在 80% 左右。2022 年前 3 个季度，百济神州的毛利率为 79.51%，虽然低于恒瑞医药的 83.26%，但高于同在科创板上市的同行业企业君实生物（688180）的 64.93% 与百奥泰（688177）的 66.21%。

三是百济神州的研发支出资本化比例一直为 0。仅从研发支出资本化这一点看，目前，百济神州的净利润没有任何水分。百济神州长期将研发支出资本化比例确定为 0，显示了巨大的魄力，这一点非常值得肯定。如果百济神州将研发支出资本化的比例提高到 30%，每年将减少十几亿元的亏损，足以帮助百济神州粉饰利润表，让其利润表数据更好看，从而提高股价。但是，就算百济神州真的这么做，也仅仅是减少利润的亏损金额，无助于改善难看的经营活动现金状况。

四是百济神州的销售费用远低于研发支出。A 股上市医药公司普遍存在的一个严重问题是公司的销售费用远高于研发支出。在 A 股的上市医药公司中，恒瑞医药一直以高研发支出而备受称赞，但是，很多人不知道，恒瑞医药的销售费用远高于研发支出。例如，2020 年与 2021 年，恒瑞医药的研发支出分别为 49.89 亿元与 59.43 亿元，销售费用则分别高达 98.03 亿元与 93.84 亿元，几乎是研发支出的两倍。再看百济神州，2020 年与 2021 年，其研发支出分别高达 89.43 亿元与 95.38 亿元，而同期销售费用分别为 26.18 亿元与 44.52 亿元，即使 2021 年，百济神州大幅度增加了销售费用，销售费用仍不到研发支出的二分之一。

五是在研发支出上，百济神州的研发支出水平是行业平均水平的五六倍，表现出了巨大的魄力，非常值得肯定。百济神州的当务之急是提高研发的效率。

2018—2021 年，百济神州与恒瑞医药研发支出占营业收入的比例如图 15-1 所示。在我国上市医药公司中，恒瑞医药以舍得进行大规模研发支出而著名，但是，看研发支出占营业收入的比例，百济神州远远超过恒瑞医药。

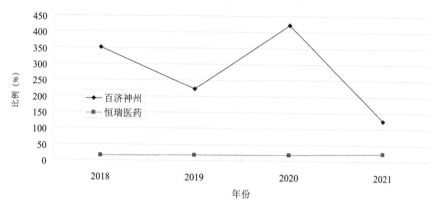

图 15-1　2018—2021 年，百济神州与恒瑞医药研发支出占营业收入的比例

数据来源：百济神州与恒瑞医药历年年报

偿债能力分析："借钱是要还的"

在 2018 年 5 月 15 日召开的全国政协专题协商会上，国务院副总理刘鹤说了一句扎心的话："做生意是要有本钱的，借钱是要还的，投资是要承担风险的，做坏事是要付出代价的。"

很多企业忘记了"借钱是要还的"这一常识，大量借债，并用借来的钱进行扩张，最终的结果就是，"眼见他起高楼，眼见他宴宾客，眼见他楼塌了"。

2021 年年初以来，我国的恒大集团、华夏幸福、泰禾集团、阳光城等众多房地产企业都在艰难地偿还债务，有些房地产企业已经违约了。例如，根据 A 股上市公司华夏幸福（600340）的公告，截至 2021 年 12 月 21 日，华夏幸福累计未能如期偿还的债务本息达 1,078 亿元。

偿债能力反映企业的财务健康状况

偿债能力是企业偿还到期债务的能力。企业能否按时偿还到期债务，不仅体现企业的财务状况健康与否，还直接关系到企业能否生存。如果企业无法按时偿还到期债务，且没有能够与债权人达成债务重组协议，那么，企业就可能倒闭。

企业偿还债务的资金来源主要有以下 3 个。

来源之一，企业通过日常经营活动获得现金，即企业通过销售产品与提供服务获得现金。

来源之二，企业通过出售资产获得现金。例如，自 2021 年下半年爆发债务危机，恒大集团就一直在通过出售资产偿还债务。2021 年 8 月 31 日，恒大集团发布 2021 年中期业绩公告，表示恒大集团已出售多项子公司股权和资产，其中，恒大集团以大约 20 亿元的价格，出售恒大冰泉集团有限公司 49% 的股权。2022 年 3 月 29 日，恒大集团发布公告，表示准备将附属公司持有的杭州水晶城项目权益以 36.6 亿元的价格出售给浙江省建工集团有限责任公司（以下简称浙江建工），出售这一资产获得的现金，将部分用于抵偿其欠浙江建工的 9.2 亿元工程款。

来源之三，企业通过借新债还旧债。

在上述 3 个主要来源中，最好的来源当然是第一个，即依靠日常经营活动获得现金。这也是我们分析企业的现金流量时，认为经营活动产生的现金流量最重要的原因。

偿债能力分析的目的是揭示企业偿还到期债务的能力的强弱，从而判断企业财务健康状况的优劣与财务风险的高低。企业的偿债能力是企业的财务健康状况与财务风险的决定性因素之一，它直接或间接地影响管理层、员工、股东、债权人、客户、供应商、政府，甚至企业所在的社区等各个方面的利益。

例如，2021 年 9 月 24 日，网上流传一份名为《恒大集团有限公司关于恳请支持重大资产重组项目的情况报告》的文件，内容为恒大集团请求广东省人民政府帮助恒大集团解决债务问题。该文件透露，恒大集团的上下游合作企业达 8,441 家，涉及 317 万人的就业，如果恒大集团无法解决债务问题，将严重影响经济平稳发展。文件写得很真，不过，当天晚上，恒大集团发表声明，说上述文件内容是谣言。

偿债能力包括短期偿债能力与长期偿债能力，因此，偿债能力分析相应地分为短期偿债能力分析与长期偿债能力分析。

短期偿债能力分析

短期偿债能力是企业偿还流动负债的能力。流动负债是预计在一年内或者超过一年的一个营业周期内到期的债务，是企业马上需要偿还的债务。在进行短期偿债能力分析时，我们需要关注以下 3 个方面的内容。

一是影响短期偿债能力的因素。

影响短期偿债能力的因素之一是资产的流动性，即资产变现的能力。通常情况下，货币资金、应收账款、存货等流动资产变现的能力比较强。流动资产可以按变现能力的强弱分为速动资产与存货，货币资金与应收账款等为速动资产，变现能力更强，存货的变现能力相对较差。与流动资产相比，固定资产、无形资产等非流动资产变现的能力更差一些。总体来说，企业的流动资产（特别是速动资产）占比越高，短期偿债能力越强。

影响短期偿债能力的因素之二是流动负债的规模，即流动负债金额的多少。流动负债金额越大，企业偿还债务的压力越大。

影响短期偿债能力的因素之三是企业日常经营活动产生的现金流量的大小。如果企业通过日常经营活动，例如，销售产品与提供服务，能够产生大量的现金，那么，企业偿还短期债务的能力很强。

二是衡量短期偿债能力的常用指标。

用于衡量企业短期偿债能力的指标包括流动比率、速动比率、现金比率、现金流量比率、近期支付能力系数等，其中，比较常用的是流动比率与速动比率。流动比率是流动资产与流动负债的比率，流动比率＝流动资产÷流动负债。速动比率是速动资产与流动负债的比率，速动比率＝（流动资产-存货）÷流动负债。在制造业企业中，流动比率通常不应该低于2，速动比率通常不应该低于1。

三是在使用流动比率与速动比率衡量企业短期偿债能力时需要关注的关键点。

首先，不同的行业具有不同的特点，行业不同，对企业的流动比率与速动比率的要求就不同。流动比率与速动比率的高低与行业的特点强相关，判断企业的流动比率与速动比率是否正常，重要的参考点之一是行业的平均流动比率与平均速动比率。

其次，流动比率与速动比率高，并不一定意味着企业有足够的资金偿还债务，因为在企业的流动资产与速动资产中，存货或者应收账款可能占绝大部分，而存货与应收账款很可能难以变现。

再次，虽然企业的流动资产与速动资产越多，企业偿还短期债务的能力越强，债权人的利益越能得到保护，但是，流动资产与速动资产的收益率很低，特别是流动资产中的货币资金（库存现金与银行存款），几乎没有收益。对企业来说，流动资产与速动资产并非越多越好，而是应该保持在一个合理的水平上。

最后，企业可能弄虚作假，导致流动比率与速动比率失去意义。永煤控股违约就是一个典型的例子。永煤控股是河南省国有大型煤炭企业，2020年11月10日，永煤控股因资金紧张，无法按期足额偿付约10亿元的本息金额而发生债务违约。不符合逻辑的是，当时，永煤控股的资产负债表上有多达470亿元的现金。永煤控股违约之所以发生，是因为这470亿元现金全部被它的控股股东河南能化挪用，虽然永煤控股将这470亿元现金列在了自己的货币资金中。

长期偿债能力分析

长期债务是非流动负债，即到期期限在一年以上或者一个营业周期以上的债务。长期偿债能力是企业按时支付长期债务利息和到期偿还长期债务本金的能力。在进行长期偿债能力分析时，我们需要关注以下3个方面的内容。

一是影响长期偿债能力的因素。

企业的资产与所有者权益是清偿长期债务的最终保障，而企业的盈利能力是清偿长期债务的经营收益保障，也是最稳定、最可靠的保障。

影响长期偿债能力的因素之一是企业的盈利能力。企业的盈利能力是企业偿还债务利息与本金的最稳定、最可靠的资金来源。很多人需要偿还住房抵押贷款的月供，工资收入的多少就是个人盈利能力的高低的体现，如果有正常的工资收入，人们会用工资收入来偿还住房抵押贷款的月供，而非把自己的车子等资产卖掉来支付月供，工资收入越多，支付月供的能力越强。企业也一样，在正常经营的情况下，企业的盈利能力越强，利润越多，偿还债务的能力越强。

影响长期偿债能力的因素之二是企业非流动资产的规模。长期来看，企业的资产与所有者权益是偿还债务的最终保障，因为如果企业无法以其他方式筹集资金来偿还债务，可以将自己的资产卖掉，偿还债务。例如，恒大集团、海航集团、万达集团等都用出售资产的方式筹集过资金，以便偿还债务。由此可见，企业的非流动资产越多，偿还债务的能力越强。当然，在正常经营的情况下，企业会用自己的利润来偿还债务，不会通过出售资产来偿还债务。只有在无法以其他方式筹集资金、偿还债务的情况下，企业才可能通过出售资产来偿还债务。

影响长期偿债能力的因素之三是企业非流动负债的规模。非流动负债越多，企业偿还长期债务的压力越大，长期偿债能力越弱。因此，企业非流动负债的规模一定要合理。

二是衡量长期偿债能力的常用指标。

用于衡量长期偿债能力的指标，有企业资产规模方面的指标，如资产负债率、所有者权益比率与权益乘数、产权比率、或有负债比率等；也有企业盈利能力方面的指标，如已获利息倍数、有息负债比率、现金流量利息保障倍数等。

衡量长期偿债能力的常用指标之一是资产负债率。资产负债率是负债总额与资产总额的比率，即资产负债率 = 负债总额 ÷ 资产总额。2021 年发生债务危机的房地产企业的资产负债率都比较高，例如，华夏幸福的资产负债率为 85%、泰禾集团的资产负债率为 90%。

衡量长期偿债能力的常用指标之二是已获利息倍数。已获利息倍数是企业息税前利润与利息费用的比率，即已获利息倍数 = 企业息税前利润 ÷ 利息费用，用于衡量企业支付借款利息的能力。息税前利润是利润表中未扣除利息费用与所得税的利润，可以用利润表中的利润总额加利息费用测算得到。我国利润表中没有"利息费用"一项，通常用利润表中的"财务费用"代替。

三是要留意财务报表中未充分披露的项目。

财务报表中可能未充分披露的项目包括债务担保、或有负债等，这些都可能导致企业负债的增加。

运营能力分析：一年"三跨界"的富祥药业

企业的运营能力是企业利用资产获得收益的能力，衡量标准是企业对自己拥有的资本、人力等各种资源的管理水平与使用效率，能反映企业的经营效率与效益水平。企业的运营能力强，就可以利用尽可能少的资产，获得尽可能多的收益。企业的运营能力越强，企业的效率与效益越高。

运营能力分析包括流动资产运营能力分析、非流动资产运营能力分析与总资产运营能力分析。

流动资产运营能力分析

流动资产运营能力分析主要是通过计算相关指标，衡量企业利用流动资产的效率。衡量流动资产运营能力的指标主要有以下 3 个。

一是应收账款周转率。应收账款周转率是营业收入与平均应收账款的比率，即应收账款周转率 = 营业收入 ÷ 平均应收账款。一般来说，应收账款周转率越高，企业货款的回收速度越快，应收账款占用的资金量越少，占用资金的时间越短。此外，应收账款周转率高，说明企业的产品供不应求，面对客户时有很强的谈判筹码。应收账款周转率计算公式中，分母"平均应收账款"是期初应收账款余额与期末应收账款余额的平均值（其他比率计算公式中的平均余额都以同样的方式计算）。

二是存货周转率。存货周转率是营业成本与平均存货金额的比率，即存货周转率 = 营业成本 ÷ 平均存货金额。存货包括原材料存货、尚未完工的在产品存货，以及已完工可供出售的产成品存货。一般来说，存货周转率越高，存货占用的资金量越少，占用资金的时间越短，即存货可以迅速转化为现金。此外，存货周转率越高，说明企业在原材料采购、产品加工生产与产品销售等各个环

311

节的工作效率越高。

三是流动资产周转率。流动资产周转率是营业收入与平均流动资产余额的比率，即流动资产周转率＝营业收入 ÷ 平均流动资产余额。流动资产周转率用于衡量企业利用流动资产的效率，假设公司 A 与公司 B 的营业收入都是 100 亿元，公司 A 的流动资产周转率为 5，而公司 B 的流动资产周转率为 4，那么，公司 A 利用 20 亿元的流动资产，能获得 100 亿元的营业收入，而公司 B 需要利用 25 亿元的流动资产，才能获得 100 亿元的营业收入。

非流动资产运营能力分析

非流动资产运营能力分析主要是通过计算相关指标，衡量企业利用非流动资产的效率。衡量非流动资产运营能力的指标主要有固定资产周转率、非流动资产周转率、固定资产更新率、固定资产成新率等。

固定资产周转率是营业收入与平均固定资产余额的比率，即固定资产周转率＝营业收入 ÷ 平均固定资产余额。固定资产周转率越高，企业利用固定资产的效率越高。

非流动资产周转率是营业收入与平均非流动资产余额的比率，即非流动资产周转率＝营业收入 ÷ 平均非流动资产余额。非流动资产周转率越高，企业利用非流动资产的效率越高。

使用固定资产周转率与非流动资产周转率的时候，我们需要关注以下几点。

一是折旧摊销的会计政策对固定资产与非流动资产的影响。不同的折旧摊销方法与折旧年限会导致不同的固定资产与非流动资产账面余额，从而影响固定资产周转率与非流动资产周转率。

二是固定资产的投资与更新改造对固定资产周转率的影响。一方面，固定资产的投资与更新改造会导致固定资产的增加，从而降低固定资产周转率与非流动资产周转率；另一方面，固定资产的投资与更新改造会提高企业未来的盈利能力，有些企业的管理层为了维持较高的固定资产周转率，不愿意进行固定资产的投资或者更新改造，这一做法虽然能够增加企业当前的利润，但是，会损害企业长远的盈利能力。

总资产运营能力分析

总资产周转率是衡量总资产运营能力的常用指标。总资产周转率是营业收入与平均总资产余额的比率，即总资产周转率 = 营业收入 ÷ 平均总资产余额。总资产周转率用于衡量企业利用所有资产的效率。

行业性质、企业所处发展阶段等因素都可能影响总资产周转率，因此，在使用总资产周转率评价企业的运营能力时，需要综合考虑这些因素。

富祥药业（300497）：运营能力持续下降

富祥药业（300497）的主营业务是原料药、医药中间体及相关产品研发、生产与销售。在 2015 年 12 月 22 日以 15.33 元 / 股的发行价在创业板上市之后，富祥药业迅速成为十倍大牛股，2016 年 8 月 10 日，其股价创下历史最高纪录，达到 153.88 元 / 股。

2016 年至 2022 年第三季度，富祥药业的营业收入分别为 7.64 亿元、9.58 亿元、11.63 亿元、13.54 亿元、14.93 亿元、14.3 亿元与 12.32 亿元，净利润分别为 1.74 亿元、1.78 亿元、1.95 亿元、3.06 亿元、3.19 亿元、0.49 亿元与 0.46 亿元。

根据以上数据，可以看出，富祥药业的营业收入与净利润在 2020 年达到顶峰，然后开始有明显下降。2021 年度，其净利润同比下降 84.71%，2022 年前 3 个季度，又同比下降 71.5%。虽然同行业中，有些公司也在 2021 年出现净利润大幅下降的情况，但是大部分公司的净利润在 2022 年前 3 季度出现了显著增长。

除了净利润下降，富祥药业的运营能力也有所下降。自 2017 年起，富祥药业的运营能力全面下降。2017 年至 2022 年第三季度，其存货周转率分别为 3.3435、3.6674、3.4416、3.3965、2.8221 与 2.0676。随着存货周转率下降，富祥药业的存货金额有明显增加，从 2017 年的 1.86 亿元增长到 2021 年的 4.16 亿元，再增长到 2022 年前 3 个季度的 5.5 亿元。同期，富祥药业的应收账款周转率分别为 8.07、8.62、9.32、8.74、6.57 与 4.66，流动资产周转率分别为 1.026,7、1.031,8、1.026,1、0.794,8、0.611,1 与 0.534,8，固定资产周转率分别为 2.683,7、2.626,2、2.525,2、2.362,3、1.744,4 与 1.279,4，总资产周转率分别为 0.601,1、0.583,8、0.565,1、0.449,6、0.327,7 与 0.252,1。与此同时，富祥药业的管理费用持续增长。2017 年至 2022 年第三季度，其管理费用分别为 0.85 亿元、0.9 亿元、0.95 亿元、1.04 亿元、1.31 亿元与 1.12 亿元。2022 年前 3 个季度，其管理费用同比增长 26.9%。

可能是因为认识到在现有行业中，自己的运营能力在持续下降，自 2020 年 12 月起，富祥药业先后跨界进入 CDMO、锂电池添加剂、有机硅等新领域，被媒体称为一年"跨三界"的药企。

2020 年 12 月 28 日，富祥药业发布公告，表示公司将与上海凌凯医药科技有限公司（以下简称凌凯医药）合资设立上海富祥凌凯药物研究有限公司。通过设立这一合资公司，富祥药业进入 CDMO 行业。2021 年 10 月 13 日，富祥药业发布公告，表示公司将投资建设年产 6,000 吨锂电池添加剂项目，由此进入锂电池行业。2021 年 10 月 27 日，富祥药业发布公告，表示公司将投资 4.62 亿元，建设年产 11,260 吨特种有机硅项目，由此进入有机硅行业。

一些分析认为，无论是跨行业的有机硅与锂电池添加剂业务，还是 CDMO 业务，似乎与富祥药业现有的业务都没有太大的关联，此举效果如何，有待继续关注。

四

盈利能力分析：长期依赖政府补助与税收优惠的比亚迪

盈利能力是企业在一定时期内利用现有资源获取利润的能力，是企业赖以生存与发展的关键能力。盈利能力分析，是财务报表分析的重点与核心。

盈利能力是企业生存与发展的关键能力

盈利能力是企业的关键能力，原因有 3 点。

一是企业运营的目的是创造利润。企业的管理水平与经营效率会最终体现在盈利能力上，企业的经营成果会最终体现在利润上，没有盈利能力、不能创造利润的企业既没有存在的必要，也没有持续存在的可能——市场竞争会淘汰没有盈利能力或者盈利能力低下的企业。

二是盈利能力是企业发展壮大的根本保证。只有在不断创造利润的情况下，企业才可能有足够的资金用于扩大生产规模，从而不断发展壮大。如果忘记了"借钱是要还的"，像恒大集团等公司那样通过大举借债来扩大规模、发展壮大，那么，企业迟早会发生债务危机。通过借债实现的发展壮大是难以持续的，没有企业能够依靠持续不断的借债来实现持续性的发展壮大。

三是盈利能力直接关系到企业的偿债能力。按时偿还到期债务是企业生存的基础，前文讲过，偿还债务所需要的资金来自 3 个方面：企业自身的利润、企业出售资产的收入，以及企业借的新债，其中，出售资产与借新债都是难以持续的，只有依靠自身的利润偿还债务，才是可持续的。

盈利能力分析主要从资产盈利能力分析、经营盈利能力分析与盈利质量分析3 个方面入手。

资产盈利能力分析

资产盈利能力是企业利用现有的所有资产获取利润的能力。反映企业资产盈利能力的指标主要是总资产报酬率（ROA）与净资产收益率（ROE）。

总资产报酬率是息税前利润与平均总资产余额的比率，即总资产报酬率＝息税前利润÷平均总资产余额＝（利润总额＋利息支出）÷平均总资产余额。影响总资产报酬率的因素有两个，一个是总资产周转率，这一因素反映的是企业的运营能力；另一个是息税前利润率，这一因素反映的是企业的盈利能力。

净资产收益率是净利润与平均净资产余额的比率，即净资产收益率＝净利润÷平均净资产余额。

净资产收益率是衡量企业盈利能力的重要指标之一，原因有3点。

原因之一，净资产收益率是一个能够综合地、全面地评价企业盈利能力的指标，因为它受到总资产报酬率、负债率等多个因素的影响。

原因之二，净资产收益率是衡量企业盈利能力的核心指标，因为企业运营的最根本目的是为股东创造尽可能多的财富，将股东利益最大化，而净资产收益率中的净资产是完全由股东投入的资本。净资产收益率主要用于衡量企业利用股东投入的资本获取利润的能力。

原因之三，净资产收益率是一个通用性强、适用范围广的指标，不受行业的限制。将企业的净资产收益率与行业平均净资产收益率进行比较，即可反映企业的盈利能力在行业中所处的地位及其与行业中其他企业的差距。

经营盈利能力分析

经营盈利能力是企业在生产经营的过程中，在增加营业收入的同时控制成本与费用，从而增加企业利润的能力。

衡量经营盈利能力的指标主要分为两类，一类是营业利润率，主要指标有营业毛利率、营业利润率与营业净利润，计算公式分别为营业毛利率＝（营业收入–

营业成本）÷营业收入、营业利润率＝（营业收入－营业成本－期间费用）÷营业收入、营业净利润＝净利润÷营业收入；另一类是成本利润率，主要指标是成本费用利润率，计算公式为成本费用利润率＝利润总额÷（营业成本＋费用＋营业外支出）。

盈利质量分析

盈利质量是企业财务报表中的利润与企业真实业绩的相关程度。如果财务报表中的利润真实地反映了企业的经营业绩，那么，企业的盈利质量比较好；如果财务报表中的利润没有真实地反映企业的经营业绩，那么，企业的盈利质量比较差。

影响企业盈利质量的因素很多，其中的主要因素有会计政策的选择、会计政策的运用、经营风险等。

进行会计核算的时候，企业必须遵守会计准则，而各国的会计准则都给了企业管理层一定的自由选择余地，让企业管理层可以根据自己的需要选择会计政策。例如，在研发支出的处理上，根据我国的《企业会计准则》，管理层可以选择将开发阶段的支出全部费用化处理，也可以选择对其中的一部分进行资本化处理。用两个企业的不同选择做详细说明。2020年，恒瑞医药（600276）的研发支出为49.9亿元，恒瑞医药选择将这49.9亿元的研发支出全部费用化处理，与之不同，贝达药业（300558）2020年的研发支出为7.4亿元，贝达药业选择对其中的3.8亿元进行资本化处理，研发支出资本化比例达到51%。如果恒瑞医药选择将49.9亿元研发支出中的50%资本化处理，那么，2020年，恒瑞医药的净利润可以增加大约20亿元。

选择会计政策后，在运用会计政策方面，企业管理层也拥有一定的自由权。例如，管理层可以自由选择研发支出资本化的比例——长城汽车在2018年将研发支出资本化的比例从2017年的0提高到了55.96%，从而让公司的净利润得到大幅增长。

经营风险的高低既与宏观经济环境有关，也与企业管理层的经营战略有关。

经营风险高的企业，经营的稳定性与盈利的稳定性都比较差，盈利质量也会比较差。

进行盈利质量分析，要将资产负债表、利润表与现金流量表结合起来。盈利质量分析的常用指标很多，其中之一是主营业务收入与营业收入的比率，即主营业务收入占比＝主营业务收入÷营业收入，营业收入中主营业务收入占比越高，企业的盈利质量越高。另一个常用指标是净利润现金含量，即经营活动现金流量与净利润的比率，计算公式为净利润现金含量＝经营活动现金流量÷净利润，企业运营的最终目的是获得现金，而不是获得利润，净利润现金含量越高，企业的净利润转化为现金的比例越高，盈利质量越高。

比亚迪：拿了 115 亿元的政府补助

于 2011 年上市的比亚迪（002594）的主营业务为二次充电电池业务、手机部件及组装业务，以及包含传统燃油汽车及新能源汽车在内的汽车业务。

根据比亚迪的财务报表，2013—2021 年，比亚迪的利润总额分别为 8.32 亿元、8.74 亿元、37.94 亿元、65.58 亿元、56.21 亿元、43.86 亿元、24.31 亿元、68.83 亿元与 45.18 亿元，净利润分别为 7.76 亿元、7.4 亿元、31.38 亿元、54.8 亿元、40.66 亿元、27.8 亿元、16.14 亿元、42.34 亿元与 30.45 亿元。2013—2021 年，比亚迪扣除政府补贴后的净利润与净资产收益率见表 15-1。

表 15-1　2013—2021 年，比亚迪扣除政府补贴后的净利润与净资产收益率

年份	净利润（亿元）	获得的政府补贴（亿元）	扣除政府补贴后的净利润（亿元）	净资产收益率（%）
2013	7.76	6.77	0.99	0.4
2014	7.4	7.98	-0.58	-0.2
2015	31.38	5.81	25.57	7.1
2016	54.8	7.1	47.7	8.6
2017	40.66	12.76	27.9	4.65
2018	27.8	20.73	7.07	1.16

续表

年份	净利润（亿元）	获得的政府补贴（亿元）	扣除政府补贴后的净利润（亿元）	净资产收益率（%）
2019	16.14	14.84	1.3	0.2
2020	42.34	16.78	25.56	3.97
2021	30.45	22.63	7.82	0.75
合计	258.73	115.4	143.33	/

数据来源：比亚迪历年年报

看起来，比亚迪的业绩不错，因为利润总额与净利润都很高。然而，分析比亚迪的利润构成后，可以发现，2013—2021 年，比亚迪的利润质量并不高。

原因之一，比亚迪的净利润中包含大量的政府补助。2013—2021 年，比亚迪计入当期损益的政府补助分别为 6.77 亿元、7.98 亿元、5.81 亿元、7.1 亿元、12.76 亿元、20.73 亿元、14.84 亿元、16.78 亿元与 22.63 亿元，共计 115.4 亿元。由此可见，2013—2021 年，虽然比亚迪的净利润累计为 258.73 亿元，但政府补助占比达到 44.6%。

扣除政府补助后，2013—2021 年，比亚迪的净利润分别为 0.99 亿元、–0.58 亿元、25.57 亿元、47.7 亿元、27.9 亿元、7.07 亿元、1.3 亿元、25.56 亿元与 7.82 亿元，同期，比亚迪的净资产分别为 248.56 亿元、288.94 亿元、360.29 亿元、554.09 亿元、599.57 亿元、606.94 亿元、626.01 亿元、644.53 亿元与 1042.44 亿元。计算可得，2013—2021 年，比亚迪的净资产收益率实际分别为 0.4%、–0.2%、7.1%、8.6%、4.65%、1.16%、0.2%、3.97% 与 0.75%。根据净资产收益率，2013—2021 年，比亚迪的盈利能力非常差。

事实上，上述政府补助只是比亚迪获得的补贴中的一部分，如果将比亚迪获得的其他补贴计算进来，比亚迪的净利润会更低。根据比亚迪的财务报表，2020 年与 2021 年，比亚迪获得的新能源补贴收入分别为 23.02 亿元与 58.67 亿元，扣除这些补贴，比亚迪 2020 年与 2021 年的净利润分别只有 19.32 亿元与 –28.22 亿元。2020 年以前的补贴总额数据，比亚迪并没有在其财务报表中披露。

原因之二，比亚迪是高新技术企业，其部分子公司长期享受高新技术企业的

15% 企业所得税优惠税率。

根据比亚迪的财务报表，2021 年，比亚迪有 22 家子公司享受 15% 的企业所得税优惠税率，其中，比亚迪汽车工业有限公司、惠州比亚迪电子有限公司与比亚迪汽车有限公司对比亚迪的净利润影响超 10%。

原因之三，比亚迪的研发支出资本化比例偏高。2014—2021 年，比亚迪研发支出资本化的金额分别为 18.15 亿元、16.77 亿元、13.5 亿元、25.27 亿元、35.47 亿元、27.92 亿元、10.91 亿元与 26.36 亿元，资本化比例分别为 49.33%、45.62%、29.85%、40.32%、41.55%、33.15%、12.75% 与 24.8%。在汽车行业中，25% 左右的研发支出资本化比例是比较合适的。不过，在 A 股上市公司中，有些汽车企业的研发支出资本化比例长期为 0，也有些汽车企业的研发支出资本化比例高于 50%。

需要明确的是，A 股（特别是科创板与创业板）的上市公司中，还有很多公司与比亚迪一样，长期严重依靠政府补助与税收优惠。同时，也有一些上市公司，不仅随意调整研发支出资本化的比例，而且研发支出资本化的比例高达 70%，甚至更高。

比亚迪的财务报表中，还有两个值得关注的地方。

一是从比亚迪 2022 年前 3 个季度的财务报表看，比亚迪的盈利质量与净资产收益率有明显的改善。2022 年前 3 个季度，比亚迪的利润总额为 121.19 亿元、净利润为 93.11 亿元，同期，其计入当期损益的政府补助为 11.4 亿元——扣除政府补助后，比亚迪的净利润仍然高达 81.71 亿元，净资产收益率显著上升到 7.26%。但是，2020—2021 年，比亚迪核心业务的毛利率，即汽车及相关产品的毛利率从 2020 年的 25.2% 下降到了 2021 年的 17.39%，降幅明显——随着政府对新能源汽车补助的退出与新能源汽车行业竞争的加剧，比亚迪核心业务的盈利能力值得关注。

二是从 2021 年开始，比亚迪的财务费用大幅度下降。2020 年至 2022 年第三季度，比亚迪的财务费用分别为 37.63 亿元、17.87 亿元与 –13.4 亿元。2020 年，比亚迪的财务费用在达到公司上市以来的最高点 37.63 亿元后开始下降，在 2022

年下降到前 3 个季度共计 –13.4 亿元，而 2021 年前 3 个季度，比亚迪的财务费用为 13.72 亿元。比亚迪财务费用的下降源于其利息支出的减少、利息收入的增加与汇兑损失的减少。例如，2020—2021 年，比亚迪的财务费用从 37.63 亿元减少到了 17.87 亿元，其中，利息支出从 31.77 亿元减少到了 19.15 亿元，减少了 12.62 亿元；利息收入从 2.14 亿元增加到了 6.32 亿元，增加了 4.18 亿元；汇兑损失从 8.06 亿元减少到了 5.33 亿元，减少了 2.73 亿元。比亚迪财务费用下降的可持续性值得关注。

发展能力分析：华宝股份土豪式分红的影响

发展能力分析是分析企业的发展趋势与发展潜力。企业经营活动的根本目的是在激烈竞争的市场环境中生存下来，并不断发展壮大，这需要企业有良好的发展能力。

发展能力分析的目的

对于企业管理层来说，分析企业的发展能力，可以帮助他们发现影响企业增长（特别是可持续增长）的关键因素，从而根据企业的实际经营情况，制定合理的发展战略，确定增长目标，努力实现企业的可持续增长。

对于投资者（特别是长期投资者）来说，企业发展空间的大小及其发展的可持续性是他们进行投资决策时需要考虑的关键因素。长期投资者关注的是如何从企业的成长中获得投资收益。

衡量企业发展能力的指标包括可持续增长能力、营业收入增长率、总资产增长率、营业利润增长率、净利润增长率等。

可持续增长能力

在衡量企业发展能力的诸多指标中，可持续增长能力是一个值得特别关注的指标。企业的可持续增长能力表现为在企业不进行新的权益融资，即不需要股东从外部增加投入资本，仅依靠内部资源的情况下，能够实现的最高增长率。

企业发展的资金来源主要有两个，一是企业内部的资金，即企业在不增加新的债务的情况下，通过日常经营活动积累资金、实现增长；二是外部资金，即企业通过增加债务或股东投入的资金实现增长。

展开说说外部资金来源。企业可以通过举借更多的债务，实现增长；可以通过增发股票，让股东投入更多的资金，实现增长；也可以通过同时举借新的债务和增发股票，筹集更多的资金，实现增长。依靠外部资金实现增长存在严重的缺陷，一方面，大量增加负债会增加企业的财务风险，甚至导致企业发生财务危机；另一方面，股东大量投入资金，可能分散企业的股权，并导致每股收益的下降。而且，股东不可能无尽地往企业里面投入资金。

可持续增长是指企业不发行新股，即不增加股东从外部投入的新的资本，保持现有的资产负债率，根据企业内部收益的留存状况相应地增加负债，获得企业发展所需要的资金。可持续增长的资金来自两个方面，一是企业通过自身经营获得的利润，企业可以确定一个收益留存比例，将当年获得的利润的全部或者部分用于企业的发展；二是企业根据内部收益的留存状况，相应地举借新的债务。在企业保持经营效率的情况下，以上述资金能够实现的最高增长率，就是可持续增长率。

可持续增长率有几个不同的计算公式，其中，最简单、最常用的计算公式为可持续增长率＝净资产收益率 × 收益留存率＝净资产收益率 ×（1–股利支付率）。公式中，净资产收益率＝净利润 ÷ 净资产；股利支付率为支付给股东的股利与净利润的比率，或者每股股利与每股收益的比率。

假设某企业 2021 年的净利润是 1,000 万元，该企业将其中的 600 万元作为股利支付给股东，留下 400 万元在企业中作为留存收益，用于未来的发展，那么，该企业的股利支付率为 60%，收益留存率为 40%。在此基础上，假设该企业的净资产收益率为 20%，则该企业的可持续增长率为 8%。

根据可持续增长率的计算公式和以上实例，我们可以看到，在净资产收益率不变的情况下，收益留存率越高，企业的可持续增长率越高。换句话说，企业的股利支付率越高，收益留存率越低，企业的可持续增长率越低。因此，企业进行高比例的现金分红可能降低企业的可持续增长率，不利于企业的可持续增长。

华宝股份：4 年净利润约 46 亿元，分红约 56 亿元

我国 A 股市场上，有些上市公司自上市起，一毛不拔，一分钱的现金红利都不曾支付给股东，也有些上市公司，在现金分红上非常"土豪"。

例如，江铃汽车（000550）2020 年的每股收益为 0.64 元，但给股东的现金分红为 3.476 元 / 股，股利支付率高达 543%。也就是说，2020 年，江铃汽车不仅将 2020 年赚的钱一分不剩地分给股东了，还将以前赚的利润中的一部分分给股东了。

华宝股份（300741）比江铃汽车更豪气。华宝股份于 2018 年 3 月在创业板上市，其主营业务为香精的研发、生产和销售。2018—2021 年，华宝股份的每股收益分别为 1.94 元、2.01 元、1.92 元与 1.63 元，每股分红分别为 4、1.98 元、1.6 元与 1.32 元，股利支付率分别为 206%、98.5%、83.3% 与 81%——2018—2021 年，华宝股份总共为股东赚了 7.5 元 / 股，却给股东分了 8.9 元 / 股的红利。自 2018 年上市起，华宝股份的净利润总额为 45.95 亿元，但分红总额约 56 亿元，股利支付率高达 122%，这种清算式分红，让人很难不怀疑，华宝股份是不是不想继续经营下去了，准备清算解散了！

从可持续发展能力的角度看，对股东来说，如此高的现金股利支付率并不一定是好事。

前文讲过，影响企业的可持续发展能力的因素之一是收益留存率。股利支付率越高，收益留存率越低，企业的可持续增长率就越低，因此，华宝股份的清算式分红可能降低企业的可持续增长率。事实正是如此，2019 年至 2022 年第三季度，华宝股份的营业收入增长率分别为 0.75%、−4.16%、−7.3% 与 0.2%，净利润增长率分别为 5.06%、−4.45%、−14.9% 与 −29.07%。

高比例的现金分红，很可能说明企业已经意识到自己没有太大的发展空间了，与其将资金留在企业内部，去投资一些低回报率的项目，不如将资金以红利的方式分配给股东，让他们去投资。

此外，高比例现金分红也有可能是企业的大股东以现金分红的方式从企业中

套取资金。

对于华宝股份的清算式分红，2022 年 5 月 11 日，深圳证券交易所向华宝股份发出了问询函。

在问询函中，深圳证券交易所列出了华宝股份的一些基本情况。一是华宝股份的控股股东华烽国际投资控股（中国）有限公司持股比例为 81.1%；二是2018—2021 年，公司合计发放现金股利 54.81 亿元；三是 2018—2021 年，华宝股份存在多名董事、高级管理人员、独立董事辞职的情况。

基于以上情况，深圳证券交易所提出了两个问题。一是如此之高的分红金额与分红比例是否符合公司长远发展的战略，是否会对公司持续经营造成不利影响。深圳证券交易所要求华宝股份说明实施高比例现金分红的原因及必要性、是否存在通过现金分红向主要股东输送利益的情形，以及高比例现金分红是否有利于保护中小投资者利益等。二是董事、监事、高级管理人员、独立董事辞职有何具体原因。

不过，在 A 股市场，交易所对上市公司发出问询函只是一个形式，几乎没有任何实际意义。在分红这样的问题上，上市公司的董事会几乎拥有绝对的决策权，上市公司随便做个回复，交易所通常就不再过问了，结果就是不了了之。

运用财务逻辑，识别企业财务造假

第十六讲

企业财务造假：动机与手段

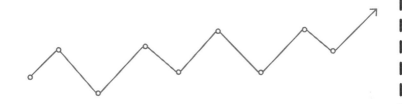

　　自我国 A 股在 1990 年创建以来，上市公司财务造假的现象不仅层出不穷，而且非常严重，其中，康得新、康美药业等上市公司造假的行为极其恶劣，给投资者造成了巨大损失。

　　对于 A 股投资者来说，股市投资最大的风险是上市公司财务造假。避免买到进行财务造假的上市公司的股票，就规避了 A 股投资中最大的风险。

　　要识别企业是否存在财务造假行为，我们需要了解企业财务造假的动机与手段。

案例：康美药业野蛮粗暴的造假案

康美药业造假案是一个典型的财务造假案例。康美药业的财务造假被证监会认定为"有预谋、有组织、长期系统实施的财务造假"，其造假金额之高，创下A股历史之最。

康美药业曾经是A股的"明星"。2018年5月15日，康美药业的股价达到25.55元/股，公司总市值为1,270.92亿元，股价和总市值均创下上市以来的新高。不到4年后，2022年3月28日，康美药业的股价下跌到2.65元/股，总市值只有367.35亿元。

康美药业的财务造假被查处后，康美药业造假案的主要责任者受到处罚。2019年8月16日，证监会公布了康美药业财务造假案的调查结论。根据证监会的调查，2016年至2018年6月，康美药业合计虚增营业收入275.15亿元，占同期公告营业收入的40%以上；虚增营业利润39.36亿元，占同期公告营业利润的三分之一。为了配合虚增的营业收入，康美药业通过财务不记账或虚假记账、伪造或变造大额定期存单或银行对账单、伪造销售回款等方式虚增货币资金。2016年年报中，康美药业虚增货币资金225.49亿元；2017年年报中，该数据为虚增299.44亿元；2018年半年报中，该数据为虚增361.88亿元。2016年至2018年6月，康美药业累计虚增货币资金高达886.81亿元。

2021年7月27日，广州市中级人民法院公开审理康美药业证券虚假陈述集体诉讼案。2021年11月12日，法院做出判决，康美药业等相关被告承担总金额为24.59亿元的投资者损失；公司实际控制人马兴田夫妇及邱锡伟等4名原高管人员组织策划、实施财务造假，属故意行为，承担100%的连带赔偿责任；另有13名高管人员，按过错程度分别承担20%、10%、5%的连带赔偿责任；审计机构正中珠江会计师事务所（以下简称正中珠江）未实施基本的审计程序，承担100%的连带赔偿责任；正中珠江合伙人和签字会计师杨文蔚在正中珠江的承责范围内承担连带赔偿责任。

货币资金主要是库存现金与银行存款，康美药业虚增货币资金 886.81 亿元，造假手法可以说是简单、粗暴。对于这种简单、粗暴的巨额货币资金造假行为，注册会计师只要向康美药业的开户银行核实一下，就可以发现。显然，康美药业的注册会计师事务所正中珠江连基本的审计工作都没有认真做。

康美药业等相关被告被判处承担总金额为 24.59 亿元的投资者损失，这一金额是我国 A 股上市公司被处罚的最高金额。但是，这一金额看起来很多，实际上，同康美药业造假金额之高、造假性质之恶劣相比，特别是同马兴田夫妇等人从造假中获得的利益相比，是小巫见大巫的。

什么是财务造假

企业的财务报表是用来向外界披露企业经营业绩与财务健康状况等方面的信息，帮助外界人士进行决策的，财务报表应该全面、完整、真实、准确地反映当前会计期间企业的经营业绩与财务健康状况。因此，严格地说，任何导致财务报表没有或者不能全面、完整、真实、准确地反映当前会计期间企业的经营业绩与财务健康状况的行为，都属于财务造假。

在实践中，财务造假仅限于违反国家法律、法规、制度的规定，采用各种欺诈手段，在会计账务中进行弄虚作假，伪造、变造会计事项，掩盖企业真实的财务状况、经营成果与现金流量情况，从而为小团体或个人谋取私利的违法犯罪行为。

按照财务造假的定义，很多本质上属于财务造假的行为并没有被当作财务造假看待，究其原因，主要有以下两个方面。

一是监管过于宽松。监管部门对这些行为往往视而不见，或者只是发一个问询函，就不再过问了。这样的问询函就好像学生考试作弊时，老师说了一句："那位同学，认真考试，不要东张西望哦。"没有任何实际意义。

二是会计准则给予了企业可以操纵利润的空间。一方面，会计准则在很多方面给了企业自由选择会计政策的余地，而企业有时会利用这些余地来操纵利润。另一方面，会计准则越来越多地允许企业按公允价值计量资产的价值。公允价值是买卖双方在公平交易的条件下确定的公平合理的价格，现实中，很多资产并没有在市场上交易，企业不可能知道它的公平合理的价格是多少，这导致公允价值在很大程度上取决于企业管理层的判断，成为一个具有很强主观性的东西。

会计准则之所以给予企业操纵利润的空间，一个重要的原因是会计准则的制定往往有会计师事务所及其注册会计师的参与，而会计师事务所与注册会计师往往是企业（特别是上市公司）的利益代言人，依赖企业（特别是上市公司）的业务生存。这一方面，亟待加强监管。

盈余管理本质上是财务造假

无论是在国内还是在国外，盈余管理非常普遍。盈余管理，即在会计准则允许的范围内，企业管理层通过对会计政策、会计方法的选择及使用，通过对交易发生的时间与方式进行选择等，对企业财务报表中的信息进行有目的、有计划的控制或调整，以达到有利于企业管理层或企业的目的。

简单地说，盈余管理就是企业管理层在会计准则允许的范围内，有目的、有计划地增加或者减少营业收入与利润，让财务报表中的信息有利于自身，即有利于企业管理层或者企业。

我们可以从以下几个方面来深入理解什么是盈余管理。

首先，在会计政策与会计方法的选择及使用上，会计准则给予了企业很多自由的空间。例如，在折旧上，企业可以选择直线折旧或加速折旧，而加速折旧又有不同的方法，企业可以自由选择有利于自己的折旧方法；在研发支出的处理上，企业可以选择费用化处理或资本化处理；在计提减值准备上，什么时候计提与计提多少，企业有很大的自由选择的空间；对于交易的时间与方式，企业管理层也拥有几乎完全的自主权，以经销商模式进行销售的企业，甚至可以通过强迫经销商尽量多地购买企业的产品来增加销售收入与利润，因为企业只要将产品卖给了经销商，其收入就成为企业的销售收入，无论经销商能否将产品卖给最终的消费者。

其次，盈余管理是企业管理层有目的、有计划的行为，是企业管理层有目的、有计划地选择对自身最有利的会计政策与方法，并以最有利于自身的方式加以运用。

再次，企业管理层进行盈余管理的目的是让企业财务报表披露的信息尽可能有利于自身，即有利于企业管理层或企业。盈余管理即根据企业管理层或企业的需要，通过使用各种手段，有意地增加或者减少企业当前会计期间的收入与利润。

最后，也是最重要的，通过对会计政策与会计方法的选择及使用，通过对交易发生的时间与方式的选择，企业管理层在事实上对财务信息进行了人为的加工处理，呈现给外界的并非真实、完整、全面、准确、客观的会计信息。

为什么盈余管理本质上是财务造假呢？主要有两个原因。一是盈余管理是企业有目的的、故意的行为；二是盈余管理是根据企业管理层或企业的需要，有意地增加或者减少企业当前会计期间的收入与利润的行为。通过盈余管理的加工处理，财务报表中的信息没有也不可能完整、真实、准确、全面、客观地反映企业的经营业绩与财务健康状况。

"财务大洗澡"本质上也是财务造假

无论是在国内还是在国外，"财务洗澡"很常见，但过于投机的"财务大洗澡"本质上是财务造假。我国 A 股的网宿科技（300017）、东阿阿胶（000423）、万科（000002）等企业，都曾涉嫌"财务大洗澡"。

"财务洗澡"本来是正常的企业财务活动。企业经营时间长了，自然会出现一些财务上的小问题，需要也应该进行处理。例如，一些账期很长、已无法收到货款的应收账款成为呆账，应该核销；一些长期闲置不用的固定资产应该被处置；一些正常范围内的会计差错需要被纠正……这些财务活动，被称为"财务洗澡"。

按照会计准则，企业应该随时随地地进行这些资产的核销与处置，即只要出现需要核销与处置的资产，就应该及时进行处理。

但是，几乎没有企业会按照会计准则的要求，随时随地地进行资产的核销与处置，原因在于，第一，资产的核销与处置必然导致当年净利润的减少，如果随时随地地进行资产的核销与处置，那么，每年的净利润都会减少，无论是董事长还是总经理，都不愿意看到净利润减少；第二，企业有各式各样拉升股价的需求，而要拉升股价，就不能让净利润减少。企业需要拉升股价的理由很多，例如，企业签订了对赌协议，对赌双方往往在营业收入、净利润等方面有业绩承诺，存在对赌协议的时候，企业绝对不能让营业收入或者净利润减少；在企业的高管、原始股东与大股东减持股份、套现的时候，企业也需要拉升股价，以便套取尽可能多的现金等。

因此，很多企业会选择在最合适的时机进行资产的核销与处置。那么，什么时候最适合干这种事情呢？

多数企业会选择有亏损的年份。哪一年企业的业绩不行了，要亏损了，就在哪一年进行资产的核销与处置。为什么选择有亏损的年份呢？因为反正业绩不行了，股价会下跌，亏损几百万元或几千万元是亏损，亏损几亿元、十几亿元或者几十亿元也是亏损，那么，干脆把所有需要核销与处置的资产集中在一起，在有亏损的年份全部核销与处置，这就是"财务大洗澡"。

有人可能会担心，这么一亏，不担心股价一跌不振吗？

不用担心，原因在于，第二年，甚至随后几年，企业的业绩很可能大涨，净利润翻倍，甚至翻几倍、几十倍地涨，股价会迅速回升。为什么会大涨呢？一是因为"财务大洗澡"之后，业绩基数很低，第二年的净利润很容易出现翻倍，甚至翻几倍、几十倍、上百倍地增长。例如，东阿阿胶被怀疑在 2019 年进行"财务大洗澡"，因为 2019 年，它的净利润从 2018 年的 20.85 亿元突然下跌到 -4.55 亿元。2020 年，东阿阿胶的净利润仅为 4,329 万元，但因为 2019 年亏损 4.55 亿元，基数极低，2020 年，其净利润增长率高达 109.5%。2021 年，东阿阿胶的净利润为 4.4 亿元，净利润增长率高达 917%。二是因为无论是机构投资者，还是散户，往往不看净利润总额，只看是不是扭亏为盈了，以及净利润增长率。例如，虽然东阿阿胶 2020 年的净利润只有区区 4,329 万元，但是，其净利润增长率高达 109.5%，于是，投资者蜂拥买入东阿阿胶的股票，把它的股价拉了起来。

有人可能会说，企业管理层能够保证第二年业绩大涨吗？当然能够保证，企业管理层有很多手段可以保证第二年，甚至随后几年业绩大涨。

"财务大洗澡"通常是通过计提商誉减值、固定资产减值、存货减值与预计负债等方式进行的，而是否计提减值、计提多少减值等基本上取决于"管理层预期"以及"减值测试"。因此，实际上，是否计提减值、计提多少减值都是企业管理层说了算，企业管理层进行操纵的空间非常大。只要企业管理层的操纵不是太离谱，注册会计师通常会睁一只眼闭一只眼，交易所与证监会也不会过问。

　　经过"财务大洗澡"，财务报表中的信息基本不可能完整、真实、准确、全面地反映企业的经营业绩与财务健康状况，因此，"财务大洗澡"本质上是财务造假。

财务造假的动机之一：保壳

人们做任何一件事情，特别是做违法违规的事情，通常会有一定的动机，即出于某种目的。很少有人会无缘无故地去做某件事，特别是不会无缘无故地去做违法违规的事。发生违法犯罪案件后，警察寻找犯罪嫌疑人的一个重要突破口就是犯罪动机，如果一个人有很强的犯罪动机，那么，他成为犯罪嫌疑人，甚至罪犯的可能性非常大。

与个人一样，企业会有财务造假这种违法违规的行为，通常也是出于某种目的。了解企业财务造假的动机，就是了解企业财务造假的目的。企业的财务数据非常庞杂，了解其财务造假的动机后，我们可以更有目的、有针对性地分析企业的财务报表，更容易发现其财务造假行为。

企业财务造假的重要动机之一是上市及上市后保壳。在我国，对于企业来说，上市有很多很重要的好处（关于上市的好处，我们在后续内容中进行讲解）。我国 A 股市场不乏为了上市而造假的企业，例如，万福生科（现名为佳沃股份，300268）于 2011 年 9 月 27 日在创业板上市，后证监会调查发现，2008—2010 年，即上市之前，万福生科虚增营业收入约 4.6 亿元，虚增利润约 1.2 亿元。万福生科造假的目的显然是上市，它被视为创业板造假上市第一股。

本书只讲上市公司财务造假的动机，即只讲上市之后，公司为什么造假——为了保壳。对于为上市而造假的动机，本书不再详细分析。

被 ST 与被强制退市

要了解什么是"保壳"，首先要了解什么是"ST"与"退市"。

ST 是 Special Treatment 的缩写，"ST 股票"是"特别处理的股票"。ST 制度是我国 A 股市场特有的制度，按照上海证券交易所与深圳证券交易所在 1998

年4月发布的规定，ST制度针对的是出现财务状况异常或其他状况异常的上市公司的股票。按照当时的规定，如果一家上市公司出现财务状况异常或其他状况异常，要在这些上市公司的股票简称前面加上"ST"，以向投资者发出风险警示，提醒投资者该上市公司的股票存在较大风险。股票简称前被加上了"ST"，投资者就知晓该股票"被ST"了，久而久之，这些股票被称为"ST股"。根据当时的规定，"财务状况异常"包括几种不同的情况，其中之一是上市公司的经营连续2年亏损，即连续2年净利润为负。如果某上市公司连续3年亏损，那么，该上市公司的股票简称前要被加上"*ST"，以警示投资者，该上市公司的股票存在退市风险。

那么，什么是退市呢？要了解什么是退市，首先要了解什么是上市。上市，即已经公开发行的股票在证券交易所挂牌交易。上市之后，证券交易所会给每个股票一个简称与一个代码，例如，格力电器的股票是在深圳证券交易所挂牌交易的，它的简称为"格力电器"，股票代码是000651。

退市，即本来在证券交易所挂牌交易的股票不再在交易所挂牌交易了。退市包括主动退市与被强制退市两种，主动退市是上市公司主动终止其股票在证券交易所挂牌交易，被强制退市是上市公司及其股票因为不再满足证券交易所的上市条件而被强制终止上市。证券交易所对股票上市设立了一定的条件，符合这些条件才能在证券交易所上市，例如，证监会发布的《首次公开发行股票并上市管理办法》与上海证券交易所、深圳证券交易所发布的《股票上市规则》都做出了在上海证券交易所、深圳证券交易所主板上市必须满足的条件；《深圳证券交易所股票上市规则》第三章第一节规定了在深圳证券交易所上市必须满足的条件。

当一个上市公司及其股票不再满足证券交易所的上市条件时，该上市公司的股票会被证券交易所强制退市，例如，《深圳证券交易所股票上市规则》第九章就是关于强制退市的规定。

《深圳证券交易所股票上市规则》将强制退市分为交易类强制退市、财务类强制退市、规范类强制退市和重大违法强制退市四类情形，其第九章第三节是关于财务类强制退市的规定。财务类强制退市是因为上市公司的财务指标无法达到上市的条件而被强制退市，例如，按照《深圳证券交易所股票上市规则》第九章第三节的规定，如果上市公司当前会计年度营业收入低于 1 亿元，且扣除非经常性损益后的净利润为负值，公司就要被 *ST；如果上市公司最近一个会计年度经审计的期末净资产为负值，公司就要被 *ST。

为什么公司尽力保壳

了解被 ST 与被强制退市之后，我们就可以讲讲什么是"保壳"了。在股市里，"壳"是"上市公司"这一身份，上市公司尽力避免被强制退市，尽力保护住自己的"上市公司"这一身份与地位，这就叫"保壳"。

在我国，几乎没有公司不想上市，凡是有点希望能够成功上市的，几乎都想上市。最多的时候，有 1,000 余家公司在证监会门口排队等候证监会的上市审批。

为什么在我国，绝大部分公司想上市？因为在我国，公司能够上市，往往被视为经营成功的表现，"上市公司"常常被当作一种身份与地位。这种身份与地位如同一个"壳"，而这个"壳"是有价值的，有时候甚至是非常值钱的，而且，这个"壳"是可以转卖给别人的。

那么，"上市公司"这一身份到底为什么值钱呢？无论是对公司来说，还是对公司的原始股东来说，"上市公司"这一身份都有很多好处。在这里，我们简单地介绍两个好处。

第一，同非上市公司相比，上市公司有更多的筹集资金的方式，可以更方便、更容易地筹集到资金。例如，上市公司更容易获得银行贷款、更容易通过发行债券的方式筹集资金，还可以通过增发新股与配股的方式筹集资金。

在更容易获得银行贷款方面，康美药业是一个神奇的例子。虽然康美药业因为财务造假而臭名昭著，但是，这并不妨碍它获得巨额银行贷款。2019 年 11 月 28 日，已经因为财务造假而被 ST 的康美药业发布公告，表示由几家银行组成的银团准备给康美药业提供大约 100 亿元的贷款，年利率为 4.27%。

一个因为财务造假而臭名昭著的上市公司居然能以 4.27% 的低利率获得高达

100 亿元的银行贷款，这是一件很神奇的事情。要知道，当时的货款市场报价利率高达 4.85%，而货款市场报价利率是银行给自己最优质的客户的贷款利率。这个银团给康美药业的贷款利率居然只有 4.27%，比当时的货款市场报价利率还低。这意味着，这个银团在把因财务造假而臭名昭著的康美药业当作优质客户。

在通过增发新股与配股的方式筹集资金方面，我国的上市公司每年能以增发新股与配股的方式从市场上抽走数千亿元甚至数万亿元的资金。1992—2022 年，我国 A 股上市公司通过 IPO 筹集的资金总额与在股市中筹集的资金总额如图 16-1 所示，其中，"A 股筹资额"包括用 IPO、定向增发、配股等各种方式筹集的资金。显然，上市公司从股市中圈走的资金中，用 IPO 方式圈走的仅仅是一部分，甚至是很小的一部分。

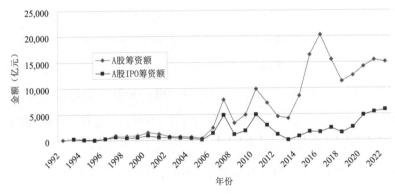

图 16-1　1992—2022 年，A 股股票筹资额

数据来源：《中国统计年鉴》

2022 年，A 股上市公司以增发新股与配股的方式从市场上抽走的金额达 1.18 万亿元。配股，实际上就是从公司现有股东的身上抽血。前文讲过，上市公司配股的时候，公司现有股东只有两个选择，一是乖乖听话，交钱给公司，二是把股票卖掉，退出股东行列。由此可见，配股实际上具有强制性。

第二，上市公司让公司的创始人与其他原始股东能够更容易、更方便地套现。

公司有很多原始股东，这些原始股东之所以在公司创建之初投资公司，绝大部分是希望以后能够把公司的股份卖掉，完成套现。一些公司的创始人其实也并非真心想把公司做成"百年老店"，而是想在合适的时候把公司卖给别人，自己完成套现。那么，怎么才能迅速、方便地把手里的股份或者自己的公司卖掉，完成套现呢？最方便、最简单的途径就是先在证券交易所上市，上市之后再把手里的股份卖掉。

为什么上市是卖掉股份、完成套现最方便、最快捷的方式呢？设想，如果我们想卖掉某个东西，我们得找买家，而如果我们想购买什么东西，我们得找卖家，有时候，寻找买家、卖家是很麻烦的事情。股票的买卖也一样，特别是对公司创始人与其他原始股东来说，想把手里的股份甚至公司迅速地卖掉，是很麻烦的事情，原因之一是他们手里的股份太多了，找到有足够多的钱又愿意接手的买家并不容易。

证券交易所帮他们解决了这个问题。大家都逛过超市，超市里，各种商品都摆在货架上，顾客可以很方便地买到自己想要的东西。证券交易所就如同一个股票超市，是一个可以非常方便地买入、卖出股票的地方。在证券交易所上市后，上市公司的股票就如同摆在货架上的商品，买入、卖出非常方便。例如，某人想购买格力电器的股票，只要在证券公司开个账户，在证券公司的交易系统中输入格力电器股票的简称或者代码，下个买单，一两分钟之内就可以完成买入；同样，下个卖单，一两分钟之内就可以完成卖出。

对于公司创始人与其他原始股东这些卖家来说，公司在证券交易所上市之后，他们就不需要自己去寻找买家了——只要按照法律法规的要求，发布一个准备出售股份的公告，就会有买家主动找上门来，帮助他们完成方便、快捷地套现。

例如，2020 年 7 月 23 日，为期一年的禁止股票出售期结束的第二天，首批在科创板上市的光峰科技、新光光电、乐鑫科技、瀚川智能、沃尔德、西部超导、嘉元科技、容百科技等 8 家公司发布了大规模的股东减持计划。减持，即公司的股东通过将股票出售，减少自己持有的股份数量。以 2020 年 7 月 23 日收盘价计算，这 8 家公司的股东通过减持，套现了 67.92 亿元，其中，西部超导（688122）的股东合计减持的股份数量达到公司股份总数的 14%，套现金额为 20.96 亿元。

为保壳而财务造假

如前文所述，在我国，"上市公司"这一身份能够给上市公司带来很多且很大的好处，具有很高的价值，因此，上市公司会想尽办法保住自己的这一身份，甚至不惜进行财务造假，以避免被强制退市。

圣莱达（*ST圣莱，002473）、国药科技（现名为华嵘控股，600421）、金亚科技（金亚退，300028）等公司都曾为保壳而财务造假。其中，金亚科技已于2020年8月3日被强制退市；*ST国药因为在2010年与2011年连续两年亏损而被证券交易所实行退市风险警示。为避免退市，*ST国药虚构了营业收入与利润。

哪些公司可能为保壳而进行财务造假呢？上海证券交易所与深圳证券交易所发布的主板、创业板与科创板《股票交易规则》中都有关于强制性退市的规定。对照《股票交易规则》中退市的相关规定，我们可以发现，哪些公司存在相关情形、有保壳的必要，哪些公司就有财务造假的动机。

例如，按照《股票交易规则》中财务类强制退市的规定，如果一个上市公司"最近一个会计年度经审计的净利润为负值且营业收入低于1亿元"，就可能被强制退市。"最近一个会计年度"指最近一个已经披露经审计财务会计报告的年度。如果一家上市公司最近一个会计年度的净利润与营业收入符合上述条件，那么，它会被加上"*ST"，公司就可能有财务造假的动机。前文讲过的大连圣亚（*ST圣亚，600593）就是为了避免因为这一规定而被加上*ST，才将出售企鹅产生的非经常性损益当作正常经营的营业收入计算。

因此，在进行财务报表分析以及购买股票决策的时候，需要关注这类公司的财务报表的真实性。

四

财务造假的动机之二：操纵股价

几乎所有上市公司都有操纵股价的动机，因此，仅就操纵股价而言，几乎所有上市公司都有财务造假的可能。当然，不同的上市公司，为了操纵股价而进行财务造假的动机在强弱程度上会有所差异。

操纵股价，既可能是拉高股价，也可能是打压股价。不过，大部分情况下，财务造假的目的是拉高股价。上市公司为什么要操纵股价呢？当然不是为了散户，上市公司操纵股价主要是出于以下几个方面的原因。

向特定投资者进行利益输送

定向增发的时候，上市公司可能事先打压股价，让股价跌下来，从而达到向定向增发的投资者进行利益输送的目的。要理解这句话的意思，需要了解两个概念。

一是利益输送。在资本市场中，上市公司的利益输送行为，是上市公司利用与关系人的交易，将公司的利益输送给关系人，或将关系人的亏损转移到公司的行为。上市公司与关系人之间的利益输送有很多形式，比较常见的是上市公司以过高的价格从关系人手里买入某项资产，或者以过低的价格将公司的资产卖给关系人。例如，张三与李四是读书时睡上下铺的同学，张三是一家上市公司的董事长，李四创业，创建了一家公司，李四的公司只值 1 亿元，但是，张三用了 5 亿元收购李四的公司，这就是一种利益输送。也就是说，张三以高价收购关系人资产的方式，将上市公司的财产送给了李四。

二是定向增发。公司发行股票有多种方式，其中之一是定向增发，即向某些特定的投资者增发新股。按照证监会发布的《上市公司证券发行管理办法》（2020年修订版）的规定，定向增发时，第一，投资者人数不得超过 35 人，即上市公司在进行定向增发的时候，只能向不超过 35 个投资者发行股票，35 个投资者包括个人投资者与机构投资者；第二，定向增发的股票发行价格不得低于定价基准日前 20 个交易日公司股票均价的 80%，即假设以 2022 年 4 月 1 日为基准日，2022 年 4 月 1 日之前 20 个交易日公司股票的均价为 50 元 / 股，那么，定向增发的股票发行价格不得低于 40 元 / 股。

在定向增发过程中，公司的董事会，甚至有时可能是董事长一个人可以掌控全局。一方面，选择 35 个增发对象，几乎完全是公司的董事会说了算，公司的董事会，或者董事长可以选择向跟自己有关系的投资者增发股票。另一方面，基准日是由公司的董事会决定的，公司可以通过使用财务手段，先让股价跌下来，例如，通过使用财务手段减少利润，甚至故意造成亏损，让股价从 50 元 / 股跌到 40 元 / 股，再按照 40 元 / 股的 80%，即 32 元 / 股的价格，向跟自己有关系的定向增发投资者发行股票，从而向这些定向增发投资者进行利益输送。

帮助高管与大股东减持套现

前文讲过，在我国，几乎所有公司都想上市，因为上市有很多好处。上市的一大好处是可以让公司创始人、高管、原始投资人与其他大股东能够比较简单、快捷地出售股票、完成套现。公司创始人、高管、原始投资人与其他大股东等希望在股价很高的时候套现时，上市公司很可能为了帮助这些人套现而进行财务造假，以拉高股价。

前文讲过的西藏药业（600211）就是一个被广泛怀疑炒作概念、拉高股价，以配合大股东减持套现的公司。西藏药业的主营业务为生产和销售红景天诺迪康系列药品（口服液冲剂、胶囊、酊水剂）、藏药天然药物制剂、医疗器械、卫生保健品。可以看出，该公司几乎没有疫苗研发、生产与销售的经验。但是，2020年，新冠病毒大规模传播时，毫无相关经验的西藏药业马上进入疫苗行业。2020年 6 月 16 日，西藏药业发布投资公告称，公司将分阶段向斯微生物支付 3.51 亿元，获得新冠 mRNA 疫苗等 3 种产品的全球独家开发、注册、生产、使用及商业化权利。

2020 年 5 月之前，西藏药业的股价只有大约 25 元 / 股，2020 年 5 月底，其股价一路上涨。受西藏药业于 2020 年 6 月 16 日发布的投资公告的影响，其股价更是从 2020 年 6 月 16 日的收盘价 61.49 元 / 股开始飙升，于 2020 年 8 月 4 日创下该公司股票的历史最高价纪录，182.07 元 / 股。

巧合的是，就在该重磅利好消息发布前 1 个月左右，西藏药业于 2020 年 5 月 6 日迎来 4,764 万股定增限售股解禁上市，解禁对象共有 6 位，包括私募巨头葛卫东。根据定期报告数据，葛卫东在解禁后迅速将所持全部股份转给其姐姐葛贵兰，而葛贵兰随后一路减持，2020 年第三季度末的持股比例由第二季度末的4.41% 骤降至 1.64%。至 2020 年编制年报时，葛贵兰彻底退出该公司十大股东之列。据估算，葛卫东通过西藏药业赚了至少 10 亿元。

西藏药业于 2020 年 5 月限售股解禁，2020 年 6 月就发布重磅利好，被市场广泛质疑管理层在配合参与定增的投资者在解禁之后进行套现。

西藏药业的 mRNA 疫苗的实际进展进一步印证了市场的质疑。西藏药业曾经声称，mRNA 疫苗很快就可以开展临床试验，但直至 2021 年 1 月 5 日，公司才发布公告，表示该疫苗获得《药物临床试验批件》。此后，西藏药业的 mRNA 疫苗再无进展消息，股民们似乎已将其遗忘，甚至西藏药业自己似乎也忘记了这个疫苗。

直到 2022 年 12 月 13 日，西藏药业才再次提及此事。2022 年 12 月 9 日，有人在投资者互动平台上向西藏药业提问，大意是斯微生物的二代 mRNA 疫苗已经在老挝获得紧急使用授权，国内已进入二期临床，贵司与斯微生物有股权合作，那么，贵司的 mRNA 疫苗怎么样了？西藏药业这才于 2022 年 12 月 13 日在回复中再次提及 mRNA 疫苗，回复称，公司"暂不具备代工 mRNA 疫苗条件"。

与此同时，西藏药业的股价一路下跌，2022 年 12 月底，其股价下跌到大约35 元 / 股。

虽然目前并没有确凿的证据表明西藏药业存在以财务造假的方式拉高股价的行为，但是，西藏药业确实有公告披露不实的嫌疑。2020 年 11 月 6 日，中国证券监督管理委员会西藏监管局对西藏药业发出警示函，警示函中说，西藏药业对

mRNA 疫苗投资事项并无正式的尽职调查报告，公司仅用了两天的时间，就完成了专利分析报告，公司公告披露的内容与实际情况存在不一致的情况等问题。但是，这样的警示函不痛不痒，毫无强制措施。

2020 年 6 月 16 日，西藏药业发布公告称，公司将获得 mRNA 疫苗的全球独家开发、注册、生产、使用及商业化权利。2022 年 12 月 13 日，西藏药业表示，公司"暂不具备代工 mRNA 疫苗条件"。两年半过去了，在 mRNA 疫苗业务上，西藏药业没有取得任何进展，大家说，西藏药业这种行为算不算财务造假？

帮助高管从员工持股计划与股票期权中获利

近年来，国内上市公司非常流行以员工持股计划与股票期权等股权激励方式来吸引、保留与激励公司的高管与员工，例如，我国 A 股上市公司中，每年宣布实施员工持股计划的公司有 1,000 余家。

员工持股计划与股票期权等股权激励是公司为了吸引、保留和激励公司员工，通过让员工持有公司股票，让员工能够从公司股价上涨中获得收益的一种特殊的薪酬方案。

虽然员工持股计划名为"员工"，但很多上市公司的员工持股计划主要参与者是公司的高管。例如，格力电器的第一期员工持股计划中，虽然有多达 12,000 名格力电器的员工参与该计划，但格力电器董事长董明珠一个人就拿走了 27.68% 的份额。

2021 年 6 月 20 日（星期日）晚上，格力电器公布了第一期员工持股计划。格力电器第一期员工执股计划的核心内容如下：第一，参与本期员工持股计划的员工总人数为不超过 12,000 人；第二，本期员工持股计划的股票规模为不超过 10,836.58 万股；第三，本期员工持股计划中，购买公司股份的价格为 27.68 元 / 股。

将这三方面的意思加以总结，即将有不超过 12,000 名格力电器的高管与员工参与第一期员工持股计划，他们可以以 27.68 元 / 股的价格向格力电器购买不超过 10,836.58 万股的股票。2021 年 6 月 18 日（星期五），格力电器股票的收盘价为 53.68 元 / 股，也就是说，参与员工持股计划的员工可以以当时股票市价一半的价格购买格力电器的股票。

格力电器第一期员工持股计划中一个被舆论关注的问题是在该持股计划中，格力电器董事长董明珠拟出资 8.30 亿元，认购不超过 3,000 万股，占格力电器第一期员工持股计划股票总数的 27.68%。这意味着按照 2021 年 6 月 18 日的格力电器收盘价计算，董明珠认购的股票市值已经达到 16.6 亿元，即她此举能在账面上盈利 8.3 亿元。

无论是员工持股计划，还是股票期权，都不一定保证参与的员工能够最终盈利。例如，在 2021 年 6 月 20 日格力电器公布第一期员工持股计划后，格力电器的股价一路下跌，到 2022 年 7 月 21 日，下跌至 33.95 元 / 股。虽然这个股价仍然高于 27.68 元 / 股的买入价，参与员工持股计划的格力电器高管与员工仍然有盈利，但盈利已经不多了。

为了保证参与员工持股计划与股票期权计划的高管与员工能够最终盈利，上市公司很可能通过财务造假拉高股价。因此，凡是实施员工持股计划、股票期权计划的上市公司，都存在财务造假的动机。

帮助公司与股东融资

公司的日常经营活动需要资金，筹集资金的方式包括向银行贷款、发行债券、增发股票、股权质押融资等。在筹集资金时，公司自然希望能够以尽可能低的成本筹集到尽可能多的资金。

在定向增发过程中，一方面，如本讲前面所讲，上市公司可能通过使用财务手段减少利润、打压股价，从而向关系方输送利益；另一方面，上市公司也可能通过使用财务手段虚增利润、拉高股价，从而通过定向增发筹集更多的资金，例如，通过财务造假，将股价从 50 元 / 股拉高到 80 元 / 股，按照 80 元 / 股的 80% 的价格（64 元 / 股）进行定向增发。

在我国，股权质押融资是常见的融资方式之一，很多上市公司的股东会进行股权质押融资。股权质押融资本质上是抵押融资，即上市公司的股东将手里的股权抵押给银行、券商，或者其他金融机构，从银行、券商，或者其他金融机构手里获得资金，约定到期归还资金，赎回质押的上市公司的股权。例如，著名的私募基金高瓴资本旗下的珠海明骏在 2019 年收购格力电器 15% 的股份后，将这 15% 的格力电器的股份全部质押给了招商银行等 7 家银行，从而从这 7 家银行手中获得了 208 亿元的资金。如果上市公司的股东违约了，那么，银行等金融机构有权对质押的股权进行处理。

在股权质押融资中，质押率通常不超过 60%。股权质押，即将股票按市值进行折算，完成贷款。假设某股东有 10 万股格力电器的股票，股价为 50 元 / 股，10 万股股票的总市值为 500 万元，该股东想用这些股票向中国工商银行进行质押融资，按照 60% 的质押率，中国工商银行最多只能按股票市价的 60%，即 30 元 / 股的价格给该股东贷款。也就是说，该股东把这 10 万股格力电器的股票全部质押给中国工商银行，中国工商银行最多能给该股东 300 万元的贷款，而不是 500 万元。

在其他变量不变的情况下，假设格力电器将股价拉到 80 元 / 股，该股东将这 10 万股股票质押给中国工商银行时，可以获得 480 万元的贷款。

显然，股价越高，大股东在进行股权质押融资时，能获得越多的资金。因此，上市公司有动机通过财务造假拉高股价，帮助大股东以股权质押的方式从银行等金融机构手中套取更多的资金。

财务造假的动机之三：完成业绩承诺

近年来，在我国公司的商业经营活动中，对赌很常见。对赌，很可能导致一些公司进行财务造假。

什么是对赌

很多人说，对赌是国际上常见的商业行为。但是，实际上，对赌是我国特有的一种商业合约，在其他国家，几乎不存在对赌。对赌通常发生在公司的投资融资活动中，特别是公司的收购活动中。

在公司的投资融资过程中，接受投资的一方往往会对投资方做出某种承诺，如果接受投资的一方到期无法实现承诺，需要对投资方进行某种补偿；在公司的收购过程中，被收购方会对收购方做出某种承诺，如果到期被收购方无法实现承诺，需要对收购方进行某种补偿，双方之间的这种约定被称为对赌。

例如，据报道，2017 年前后，恒大集团引进了山东高速（600350）等 30 多个投资者，这些投资者总共向恒大集团投入了大约 1,300 亿元的资金。在这些投资者对恒大集团进行投资时，恒大集团承诺在 2021 年 1 月 31 日之前实现在我国 A 股上市的目标，否则，恒大集团不仅要将这 1,300 亿元的资金全部归还给这些投资者，还必须支付 130 亿元的利息给这些投资者。恒大集团与这 30 多个投资者之间的这个约定就是对赌。众所周知，恒大集团没有能够实现在 2021 年 1 月 31 日前在 A 股上市的承诺，需要对投资方进行补偿。

在对赌中，比较常见的是业绩方面的承诺，例如，接受投资的一方或者被收购的一方承诺在未来的 5 年中，每年营业收入的增长速度不低于 50%。显然，在可能实现不了承诺的情况下，接受投资的一方或者被收购的一方就有了财务造假的动机。

雅百特：为实现业绩承诺而造假

2015 年 8 月，江苏雅百特科技股份有限公司（以下简称雅百特，现名为 *ST 雅博，002323）以收购上市公司中联电气的方式在 A 股上市。在收购中，中联电气与瑞鸿投资、纳贤投资、智度德诚等签署了业绩补偿协议，即通常所说的对赌协议[1]。根据对赌协议，雅百特承诺 2015 年度、2016 年度与 2017 年度的净利润分别达到 2.5 亿元、3.61 亿元与 4.76 亿元，如果不能实现这一业绩承诺，那么，作为雅百特的大股东，瑞鸿投资、纳贤投资将以股份及现金补偿的方式对公司进行补偿，智度德诚将以股份的方式对公司进行补偿。

2012—2014 年，雅百特的净利润分别只有 0.13 亿元、0.2 亿元和 1.02 亿元。

雅百特当时的主营业务是金属屋面工程，属建材行业。一个建材公司的净利润要用一年的时间，从 2014 年的 1.02 亿元增长到 2015 年的 2.5 亿元，即增长 145%，即使不是不可能的，也是非常困难的。

但是，雅百特做到了。2015 年，雅百特的净利润约为 2.66 亿元，增长了 160.78%，成功实现了业绩补偿协议中的业绩承诺。

由于业绩优异，雅百特股价被爆炒，于 2016 年 4 月 8 日达到 57.78 元 / 股；2017 年 2 月 23 日，雅百特股价再创新高，达到除权后的最高点，23.92 元 / 股，相当于复权后的 71.85 元 / 股。在股价飞涨期间，雅百特的董事、监事、高管与大股东纷纷减持套现，有统计数据显示，从 2016 年年初到 2017 年 9 月雅百特被调查，其重要股东减持近 20 笔，其中，第一大流通股东季奎余累计减持近 1,500 万股。

纸终究是包不住火的，雅百特财务造假的行为在 2017 年 5 月被曝光。证监会的调查表明，为实现对赌协议中的业绩承诺，2015 年至 2016 年 9 月，雅百特通过虚构境外工程项目、伪造工程合同和销售回款等方式，虚增营业收入合计约 5.8 亿元，虚增利润约 2.6 亿元。雅百特甚至伪造了巴基斯坦政要的信函，以表明公司在巴基斯坦有工程项目。

1　完成收购后，瑞鸿投资、纳闲投资、智度德诚成为雅百特的大股东，合计持有雅百特 56.72% 的股份。

财务造假的手段之一：资产负债表造假

财务造假的手段之一是在资产负债表上造假。资产负债表造假的常见方式有3种，一是虚增资产，二是存货造假，三是隐瞒负债。

虚增资产

虚增资产是常见的财务造假方式之一，很多财务造假的公司会以各种方式虚增资产。虚增资产，即公司本来没有那么多资产，但通过财务造假的方式，多计资产。资产负债表中的资产部分包括货币资金、存货、固定资产、在建工程等很多科目，公司虚增资产的方式多种多样。

虚增资产的方式之一是虚增货币资金。货币资金包括库存现金、银行存款等，虚增货币资金通常是虚增银行存款。

虚增货币资金极恶劣的公司之一是康美药业。据证监会调查，2016—2018年，康美药业累计虚增货币资金886亿元。

金亚科技（目前已退市，为金亚退，300028）因长期财务造假而臭名昭著，其财务造假的方式包括虚增货币资金。金亚科技2014年的财务报表显示，该公司在中国工商银行成都高新西部园区支行的账户余额为2.19亿元，但实际上，该公司在该工行支行的账户余额仅为0.01亿元。两者之间2.18亿元的差额完全是金亚科技伪造的，这2.18亿元的虚增金额占2014年金亚科技资产总额的比例达到16.46%。证监会调查发现，金亚科技为了实现上市，从2008年开始财务造假，几乎是年年财务造假，直到2018年被查处。2020年5月14日，金亚科技被深圳证券交易所终止上市。2020年8月3日，金亚科技股票被交易所摘牌。

存货造假

A 股上市公司中，在存货造假方面，如果獐子岛（002069）说自己排名第二，大概没有哪家公司敢说自己排名第一。獐子岛在存货上的造假行为简直匪夷所思。

獐子岛是我国 A 股市场中一个非常神奇的存在。首先，虽然由于 2014 年、2015 年连续两年亏损，獐子岛于 2016 年 5 月被加上"*ST"，被实施退市风险警示，但因为在 2016 年神奇地扭亏为盈，其于 2017 年 3 月被撤销退市风险警示。其次，虽然在 2017—2020 年的 4 年中，獐子岛的财务报表审计意见都是"保留意见"，但它至今仍然在 A 股逍遥自在。

獐子岛集团股份有限公司（以下简称獐子岛）注册在辽宁省大连市长海县獐子岛镇沙包村，公司的主营业务为虾夷扇贝、海参、鲍鱼等海珍品的育苗、养殖、加工和销售。獐子岛于 2006 年 9 月 28 日在深圳证券交易所挂牌上市，被称为"水产第一股"，股票代码为 002069。

2014 年 10 月 30 日晚间，獐子岛发布公告称，因北黄海遭到几十年一遇的异常冷水团，公司在抽测时发现部分海域的 2011 年与 2012 年播撒的 100 余万亩、价值 7.35 亿元的虾夷扇贝全部冻死，完全绝收。与此同时，公司对其他海域的虾夷扇贝存货计提减值准备 2.83 亿元。这意味着，獐子岛成本高达 10.18 亿元的虾夷扇贝全部"冻死了"。

然而，过了不到 1 年，2015 年 6 月，獐子岛发布公告称，对 2012—2014 年播撒但未收获的 160 余万亩海域进行了抽测，公司的虾夷扇贝不存在减值风险。消息一出，立刻引发市场质疑："难道 2014 年冻死的虾夷扇贝复活了？"

2018 年年初，獐子岛发布公告称，2017 年降雨量大幅下降，导致海域内营养盐补充不足，虾夷扇贝饿死了，公司要对价值 5.78 亿元的虾夷扇贝存货进行核销处理，对价值 1.26 亿元的底播虾夷扇贝存货计提减值准备 5,110 万元，合计 6.29 亿元，因此，2017 年，公司净亏损 7.23 亿元。问题是，2017 年 10 月底，獐子岛发布的秋季底播虾夷扇贝抽测结果显示，虾夷扇贝不存在减值风险，前后不到 4 个月，价值超过 6.29 亿元的虾夷扇贝就饿死了。

2019 年，獐子岛的虾夷扇贝再次遭遇大规模死亡灾害，公司核销的虾夷扇贝价值及计提的存货减值准备合计约为 2.91 亿元，导致公司 2019 年的净利润为 –3.92 亿元。

獐子岛这样一而再，再而三地在存货上折腾，存在存货造假的重大嫌疑。甚至可以说已经不是造假嫌疑，而是实实在在的造假了。这样的公司，急需彻查。

对于农林牧渔企业财务报表的审计，难度一向较大，原因之一是它们的存货难以核查。面对獐子岛这样将投资者、审计机构玩弄于股掌之中的上市公司，投资者一定要慎之又慎。

隐瞒负债

佳兆业集团（深圳）有限公司（以下简称佳兆业，01638）是一家在中国香港上市的房地产企业，于 1999 年注册成立。

2016 年，佳兆业财务造假案被曝光。独立第三方的调查结果显示，2012—2014 年，佳兆业与非银行金融机构签订了 41 项借款协议，借款总额为 352 亿元，截至 2014 年年底，有 308 亿元尚未还清。这 308 亿元的债务被佳兆业以各种方式隐藏了起来，其中，220 亿元被归类为 "其他应付款"、44 亿元被归类为 "所有者权益"，另有 44 亿元款项没有入账。

隐瞒债务的常见方式之一是名股实债。名股实债，即一笔资金名义上是以股份的方式投入某企业，实际上是该企业借的一笔债。我们知道，投资者以股权投资的方式将资金投入企业，企业既不需要偿还投资者本金，也不需要向投资者支付利息，而对于有息债务，企业必须按时支付利息，并在债务到期的时候偿还本金。通过名股实债的方式，上市公司可以把需要支付利息并偿还本金的有息负债伪装成不需要支付利息也不需要偿还本金的股东权益，这样财务造假的结果是公司账面上的有息负债总额减少了，股东权益总额增加了，公司的资产负债率降低了。例如，张三借给某上市公司 100 亿元资金，该上市公司把这 100 亿元处理为张三购买公司的股票（张三为公司的股东），而非借给公司（张三为公司的债权人）。

那么，如何判断上例中张三的 100 亿元到底是不是借给上市公司的债呢？假设张三投入 100 亿元到该上市公司，并且占有该上市公司 10% 的股份，是该上市公司的少数股东，同时，假设该上市公司 2021 年度的净利润总额为 100 亿元，那么，由于张三占有该上市公司 10% 的股份，其作为少数股东，应占有公司 2021 年度净利润中的 10 亿元。若该上市公司的财务报表显示，少数股东权益与净利润总额的比率是 0，即少数股东没有获得一分钱的净利润，同时，公司的融资活动产生的现金流量有 20 亿元的利息支出，那么，张三投入的这 100 亿元很可能是借给该上市公司的债，而不是股权投资，而这 20 亿元的利息支出很可能是该上市公司付给张三的利息。

七

财务造假的手段之二：利润表造假

利润表造假是财务造假中极其常见的现象。利润表造假的常用手段有 4 种，一是销售收入或营业收入造假，二是成本费用造假，三是非经常性损益造假，四是"财务大洗澡"。

销售收入或营业收入造假

销售收入或营业收入造假是常见的财务造假，非常容易操作。企业在销售收入或营业收入上造假的手段非常多。

手段之一是伪造销售收入或营业收入。例如，皖江物流（现名为淮河能源，600575）2012 年虚增收入 45.51 亿元，2013 年虚增收入 46.03 亿元，两年共虚增收入 91.54 亿元，虚增利润 4.9 亿元。另一家公司，雅百特在 2015 年至 2016 年 9 月间通过虚构境外工程项目、伪造工程合同和销售回款等方式虚增营业收入合计约 5.8 亿元，虚增利润约 2.6 亿元。

手段之二是给销售渠道压货。虽然给销售渠道压货的行为与伪造销售收入或营业收入的行为有区别，没有伪造销售收入或营业收入那么恶劣，但本质上也是财务造假，因为商品并没有被真正卖掉，而是积压在销售渠道里。

给销售渠道压货的行为常见于以经销商模式进行销售的企业。

企业的销售模式有两种，一种是企业直销模式，即企业直接将产品卖给消费者；另一种是经销商模式，即企业将产品卖给经销商，由经销商将产品卖给消费者。按照会计准则，只要企业将产品卖给了经销商，其销售金额就可计为企业的销售收入，因此，有些企业为了增加销售收入与利润，会将大量的产品卖给经销商，不管经销商是否能够将产品卖给消费者。这样做可能导致大量的产品并没有被真正卖掉，而是积压在经销商手中。

例如，长期以来，市场上一直有格力电器为了增加销售收入，强行给经销商压货的传言。在 2022 年 5 月 31 日举行的格力电器 2021 年度业绩说明会上，格力电器董事长董明珠首次公开承认格力电器确有给经销商压货的做法。她说，在经销商模式下，格力电器每年有 200 亿 ~ 300 亿元的空调机压在经销商手里。换句话说，压在经销商手里的这 200 亿 ~ 300 亿元的空调机其实并没有卖掉，但已经计为格力电器的销售收入。

手段之三是提前或推迟确认销售收入。虽然提前或推迟确认销售收入的做法与虚增销售收入的做法有所区别，但本质上也是收入造假。按照会计准则，企业销售产品，产品的收益权与风险都转移到了买家身上后，销售才算正式完成，企业才可以，也应该确认销售收入。但是，实际工作中，有些企业会通过提前或者推迟确认销售收入来调节利润。

恒顺众昇（现名为青岛中程，以下按业务发生时的公司名简称为恒顺众昇，300208）是注册在山东青岛的上市公司，主营业务为电容器、电抗器等电能质量优化产品的生产、销售。2014 年 7 月，恒顺众昇与四川电力签订了设备销售合同，且在 2014 年确认了该销售收入，但截至 2014 年 12 月，该批设备始终由恒顺众昇保管，四川电力在 2015 年才实际验收。这一提前确认销售收入的做法显然违反了会计准则，2015 年 8 月，恒顺众昇被证监会调查。

手段之四是借助关联交易操控利润。关联交易，即公司与公司的关联方进行的交易，公司的关联方是与公司存在利益关系的个人与机构。比如，上市公司的控股股东、实际控制人等是上市公司的关联方。又如，甲是公司 A 的董事长，甲的儿子乙是公司 B 的董事长，甲与乙是关联人，公司 A 与公司 B 之间的交易是关联交易。按照规定，企业必须在财务报表中披露关联方于当年发生的关联交易。

广东新大地生物科技股份有限公司（以下简称新大地）的财务造假是通过关联交易进行的。新大地因为在申请创业板上市的过程中财务造假而被称为"创业板财务造假第一股"（有时，万福生科也被称为"创业板财务造假第一股"，两者的不同之处在于万福生科是在创业板上市后才被发现财务造假的），其通过关联交易操纵利润的做法很简单：先通过虚构原材料采购或在建工程业务将自有资金转出到关联公司 A，再虚构销售业务，将流入公司 A 的现金以销售收入的方式回流到新大地，形成扩大投资、收入增加的假象。

成本费用造假

有些企业会通过成本费用造假的方式进行财务造假。成本费用造假的方式有很多，企业可能少计成本费用以增加利润，也可能多计成本费用以减少（隐瞒）利润。

成本费用造假的方式之一是少计成本费用以增加利润。在原材料等生产要素的价格没有大幅度涨跌的情况下，企业销售产品的平均成本与库存品的平均成本应该大致相当。如果一个企业销售产品的平均成本与库存品的平均成本之间存在显著差异，而且库存品的平均成本远高于销售产品的平均成本，那么，该企业很可能少计了成本。

会计准则对研发支出资本化处理有严格的限制，只有符合条件的开发阶段的支出才可以资本化，但有些企业会随意进行研发支出资本化并调整资本化的比例，从而随意调节利润。

成本费用造假的方式之二是少计折旧摊销以增加利润。例如，有些企业会将设备的有效寿命从 5 年延长到 10 年，从而达到每年少计折旧的目的，这是极不规范且可能造成安全隐患的操作。

此外，按照规定，对于在建工程，企业应该按照完工进度，将在建工程转为固定资产，并相应地计提折旧。但是，有的企业在在建工程已基本完工的情况下，仍迟迟不将在建工程转为固定资产，以避免计提折旧。

除了少计成本费用，企业也可能出于各种目的多计成本费用以隐瞒利润。例如，企业可能为了少缴企业所得税而隐瞒利润，通过多计折旧摊销等方式多计成本。

非经常性损益造假

利用非经常性损益造假也是常见的财务造假手段。例如，前文讲过，大连圣亚在 2020 年将非经常性损益计为正常的营业收入，以增加当年的营业收入，避免被强制退市。

有些企业会通过少计提或者多计提坏账准备的方式操纵利润。

在少计提坏账准备方面，TCL 通讯（000542）是一个例子。2003 年 3 月 29 日，TCL 通讯发布名为《关于对公司 2000 年度会计报表所反映问题整改报告》的报告，根据该报告，TCL 通讯在 2000 年少计提坏账准备 4,392 万元，少计提存货减值准备 2,813 万元，少计提长期投资减值准备 685 万元，导致 TCL 通讯 2000 年的净利润多了 4,952 万元。TCL 通讯将此事解释为会计处理不当、会计估计不当与会计信息沟通不及时等，但是，公众普遍怀疑 TCL 通讯涉嫌以少计提坏账准备的方式虚增利润。原因之一是 TCL 通讯有虚增利润的动机——1999 年，TCL 通讯亏损 17,984 万元，如果 2000 年继续亏损，TCL 通讯会被加上 "*ST"，面临退市；原因之二是 TCL 通讯少计提坏账准备、少计提存货减值准备、少计提长期投资减值准备是全面、系统的行为，而不是单个、偶发的行为。

2004 年 1 月 6 日，TCL 通讯被 TCL 集团收购，TCL 通讯不复存在，而 TCL 集团（现名为 TCL 科技，000100）于 2004 年 1 月 30 日在深圳证券交易所上市。

"财务大洗澡"

多计提坏账准备，进行"财务大洗澡"的现象也经常发生。

金城医药（300233）曾被广泛怀疑通过计提巨额商誉减值的方式进行"财务大洗澡"。2020 年，金城医药亏损 4.89 亿元，净利润同比增长率为 –340.47%——2019 年，金城医药的净利润为 2.03 亿元。2020 年，金城医药巨亏的原因是对金城泰尔和金城索智计提了 7.42 亿元的商誉减值。经过 2020 年的计提，金城泰尔和金城索智的商誉余额均为 0。2015—2017 年，金城医药以 18.80 亿元的金额收购朗依制药（后更名为金城泰尔），金城泰尔的账面净资产为 3.68 亿元，该收购溢价高达 411%。由于这一收购，金城医药的商誉在 2017 年年底达到 11.53 亿元。2021 年 1 月 11 日晚间，金城医药在其 2020 年业绩预告中表示，因为计提商誉减值，预计 2020 年亏损 4.5 亿 ~ 5 亿元。对此，深圳证券交易所向金城医药下发关注函，要求金城医药说明本次集中计提大额商誉减值准备的原因，以及是否存在通过计提大额商誉减值准备调节利润的情形。经过 2020 年的巨额商誉减值，金城医药在 2021 年扭亏为盈。2021 年，金城医药的净利润为 1.08 亿元，净利润增长率高达 122.1%，虽然其营业收入从 2020 年的 29.62 亿元增长到 2021 年的 31.38 亿元，增长率仅有 5.94%。

A 股的"大白马"东阿阿胶（000423）被怀疑在 2019 年进行"财务大洗澡"。2018 年，东阿阿胶的净利润为 20.8 亿元，2019 年下跌到亏损 4.5 亿元，净利润增长率为 -121.6%。经过"财务大洗澡"，2020 年，东阿阿胶扭亏为盈，净利润总额为 4,329 万元，净利润增长幅度达到 109.6%。

2022 年，万科企业股份有限公司（以下简称万科 A，000002）被怀疑进行了"财务大洗澡"。2022 年 3 月 31 日，万科 A 发布了 2021 年度业绩报告，报告显示，2021 年度，万科 A 的净利润为 225.24 亿元，同比下降 45.7%。业绩报告发布后，市场普遍怀疑万科 A 在进行"财务大洗澡"，因为按照报告，万科 A 2021 年第四季度的净利润同比下降高达 73.05%。万科 A 将 2021 年的业绩下降，特别是 2021 年第四季度的业绩大幅下降解释为投资收益下降、项目计提等，事实上，项目计提正是"财务大洗澡"的常用手段。

八

财务造假的手段之三：现金流量表造假

总体来说，与资产负债表造假、利润表造假相比，现金流量表造假相对困难，也比较容易被发现。但是，某些企业仍然会对现金流量表进行造假。

虚假还款的蛛丝马迹

现金流量表造假的常见手段之一是虚假还款，即期初借款期末还循环。虚假还款这一造假方式虽然会留下造假的蛛丝马迹，但外界很难发现造假的事实。

什么是虚假还款呢？用一个例子来说明。张三是公司 A 的控股股东，在 2021 年 1 月 1 日，即 2021 会计年度的第一天，张三从公司 A 以不需要支付任何利息的条件借走 100 亿元的资金（实际上是张三无偿挪用公司 A 的资金）。2021 年 12 月 31 日是 2021 年的最后一天，也是 2021 年度财务报告的编制日，张三在 2021 年 12 月 30 日将这 100 亿元资金全部归还给公司 A。如此操作后，这 100 亿元的资金不仅会完好无损地出现在公司 A 2021 年度的资产负债表、现金流量表上，也会完好无损地出现在公司 A 的银行账户里。2022 年 1 月 1 日，张三再次将这 100 亿元的资金全部无偿借走，到 2022 年 12 月 30 日归还，如此循环期初借款期末还，即为虚假还款。

虽然外界难以找到虚假还款的事实，但仔细观察，可以发现虚假还款的蛛丝马迹。一个重要的线索是，这种情况的借款通常不会支付利息。如果公司 A 的资产负债表上有巨额的货币资金，利润表上却没有相应的利息收入，那么，这是一个足以引起外界警惕的异常现象。

永煤控股的财务造假是如何暴露的

永煤控股财务造假案实际上是永煤控股的资金被其控股股东挪用导致的。

2020 年 11 月 10 日，永煤控股无法按期足额偿付大约 10 亿元的本金与利息，发生违约，但是，此时，它的账面上有多达 469 亿元的货币资金。为什么永煤控股账面上有多达 469 亿元的货币资金，却无法足额偿付大约 10 亿元的本金与利息呢？我们尝试探其源头。

永煤控股的控股股东为河南能化，该控股股东持有永煤控股 96% 的股份。

河南能化设立了一个财务公司，要求在集团内部进行资金的统一归集管理，即将集团内部子公司的资金全部集中到集团的财务公司，由集团的资金管理中心负责调度，子公司需要资金时经集团审批后使用。按照集团的要求，永煤控股的资金被自动归集到集团财务公司开立的账户中。该违约事件发生的原因是永煤控股存放在集团财务公司的资金被集团挪用了，所以永煤控股没钱按时偿付本息。

如果在永煤控股需要资金偿付大约 10 亿元的债务的时候，河南能化能按时归还部分资金给永煤控股，那么，通过资产负债表，很难发现永煤控股的财务造假。

2015 年前后，中央财经大学 MBA 学生的毕业论文中，很多学生写到企业集团资金集中管理的问题。当时，在论文答辩中，我提出一个问题：如果集团挪用子公司的资金怎么办？如何防止集团挪用子公司的资金？学生们回答不出来。

2020 年，永煤控股就遇到了集团挪用子公司资金并导致子公司违约的问题。其他企业集团中，或许也存在集团挪用子公司资金的问题，只是没有被发现而已。

2022 年 5 月 31 日，证监会发布《关于规范上市公司与企业集团财务公司业务往来的通知》。该通知要求财务公司加强关联交易管理，不得以任何方式协助成员单位通过关联交易套取资金，不得隐匿违规关联交易或通过关联交易隐匿资金真实去向、从事违法违规活动；财务公司与上市公司发生业务往来应当签订金融服务协议，并查阅上市公司公开披露的董事会或者股东大会决议等文件。

证监会的这个通知，针对的便是此类财务问题。

第十七讲

企业财务造假：如何识别

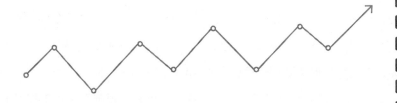

　　了解企业财务造假的动机与手段之后，我们继续学习如何识别企业的财务造假行为。

　　企业财务造假的迹象非常多，本讲只分析其中的几个主要迹象。选择这些主要迹象进行分析，一是因为这些迹象比较常见，也比较明显，容易通过财务报表分析察觉；二是因为大量事实表明，存在这些迹象的企业进行财务造假的可能性比较大。

财务造假为什么没有被发现

因为我国 A 股市场经常发生上市公司财务造假案，所以很多人认为企业进行财务造假很容易。但其实，财务造假要做到天衣无缝是非常困难的，很多专业财务人士甚至认为做假账比做真账更难。

财务造假要做到不被发现，其实并不容易。我们常说，一个谎言需要至少十个谎言来圆，在财务造假上也是这样。虽然企业的财务数据众多，看起来眼花缭乱，但实际上，各种数据之间是存在内在逻辑关系的，企业想篡改一个财务数据，必须随之篡改很多相关的财务数据。例如，要伪造销售收入，必须同时伪造与销售收入有关的存货、银行周转、应收账款、应付账款等各种数据。通过伪造所有的相关数据，让伪造的销售收入看起来合理，其实是非常难的。

如果注册会计师尽职尽责，应该能够发现绝大部分，甚至是所有的财务造假行为，特别是能够发现诸如康美药业、康得新等企业进行的极其恶劣的造假行为。

那么，为什么 A 股这么多上市公司长期财务造假却没有被发现，特别是康美药业这样极其恶劣、简单粗暴的财务造假也没有被发现，直到造假者最终无法持续造假而自己暴露才被发现呢？

原因之一是很多负责审计的会计师事务所及其注册会计师没有尽职尽责。会计师事务所与注册会计师需要依赖企业（特别是上市公司）的业务生存，因此，在我国 A 股市场中，一些注册会计师不仅没有尽职尽责，甚至与上市公司勾结，帮助上市公司财务造假。

原因之二是我国法律法规、监管部门对财务造假行为的"宽容"。我国 1998 年制定的《中华人民共和国证券法》（以下简称《证券法》）规定，对造假处以罚款的上限为 60 万元。南纺股份（600250）因为在 2010—2015 年持续造假，被证监会按照 1998 年《证券法》的规定，处以 50 万元的罚款。罚款金额与违法所得金额差异巨大。直到 2018 年，我国才修改《证券法》，将罚款的上限提高到 2,000 万元。

财务报表分析能发现上市公司财务造假吗

外部投资者，特别是散户投资者，能否通过财务报表分析，发现上市公司的财务造假行为呢？

前文讲过，财务报表分析是以财务报表是真实的这一假设为前提的，也就是说，我们是在假定财务报表不存在造假问题的基础上进行财务报表分析的。理论上，上市公司财务报表的真实性是由注册会计师来保证的，注册会计师应对上市公司的财务报表进行审计，并对财务报表的真实性发表自己的审计意见。

而且，财务报表分析的目的不是判断上市公司是否造假，而是以财务报表是真实可靠的这一假设为基础，评估上市公司的管理效率与经营效益。

因此，对于投资者，特别是对于散户投资者来说，仅依靠上市公司财务报告与其他公告中的信息，想确定性地发现上市公司的财务造假行为并不容易。分析财务报表是否造假需要将财务报表中的数据与企业的各种原始单据与经营记录进行对比，散户投资者几乎不可能获得这些资料。机构投资者通过投资调研活动，可能能够获得一些相关信息，从而有相对较大的概率发现上市公司是否存在财务造假问题。

虽然散户投资者难以通过财务报表分析得出企业是否财务造假的结论，但是，通过财务报表分析，散户投资者不仅有可能发现企业财务造假的直接迹象，还有可能发现企业可能存在财务造假问题的间接迹象。此外，通过财务报表分析，散户投资者有可能发现大量对于投资者决策有积极作用的其他信息。

接下来，我们详细了解财务报表分析的四大作用。

作用之一：发现企业涉嫌财务造假的迹象

通过财务报表分析，投资者有可能发现企业涉嫌财务造假的各种迹象，从而对企业财务报表的真实性保持警惕。

企业涉嫌财务造假的迹象包括以下两个方面。

第一，企业的经营行为不符合常识与正常逻辑，或者财务报表中数据之间的关系不符合常识与正常逻辑。

通过财务报表分析，我们可以发现企业的经营行为与其财务报表中的数据之间是否存在不符合常识与正常逻辑的地方。

正常情况下，企业的经营行为会符合常识与正常逻辑，而经营活动的结果以财务数据的形式呈现在财务报表中，财务报表中的数据之间的关系也应该符合常识与正常逻辑。财务造假的企业的经营行为与财务数据之间的关系往往会违背常识与正常逻辑。

例如，存贷双高是一种违背常识与正常逻辑的经营行为。存贷双高，即一个企业在持有大量的货币资金（库存现金与银行存款）的情况下，借大量的有息负债。试想，假设你在银行有 100 亿元的活期存款，你会以 5% 的年利率向银行借 120 亿元的贷款吗？在没有足够必要性的情况下，正常人显然是不会这么做的。如果一个企业的资产负债表显示它存贷双高，那么，它的存款很有可能是假的。例如，金亚科技（金亚退，300028）、信威集团（*ST 信威，600485）、康美药业（*ST 康美，600518）等因为财务造假而被调查的企业，都有存贷双高的问题。

再举一个例子。在原材料等生产要素的价格没有大幅度上涨或者下跌的情况下，企业销售产品的平均成本与库存品的平均成本应该大致相当。如果一个企业销售产品的平均成本与库存品的平均成本之间存在显著差异，而且库存品的平均成本远高于销售产品的平均成本，那么，该企业很有可能少计了成本。

第二，财务造假企业常具有某些共同点，财务造假行为也常具有某些规律性的问题。

通过财务报表分析，我们可以发现企业是否存在这些共同点与规律性的问题，例如，企业的大股东或者实际控制人股权质押的比例极高，甚至几乎将所有的股权进行了质押；企业的高管与大股东纷纷减持股份、进行套现，且高管频繁辞职，特别是财务部门负责人（财务总监、首席财务官等）纷纷辞职；企业的经营活动现金流量与净利润长期严重不匹配；企业持续盈利，但从不进行现金分红或者很少进行现金分红；企业隐瞒关联交易或企业的营业收入与净利润严重依赖关联交易；企业的营业收入中，海外收入占比极高等。

如果企业存在上述某个（某些）现象，那么，投资者就应该对该企业财务报表的真实性提高警惕。

作用之二：发现会计政策与方法的选择及其运用对财务数据的影响

前文讲过，企业通过对会计政策与会计方法的选择及其运用来调节利润的做法，本质上也是财务造假，因为调节后的利润无法真实、全面、准确、客观地反映企业的经营业绩与财务健康状况。

通过财务报表分析，投资者（包括散户投资者）可以发现企业在会计政策方面的选择及其运用，以及对会计方法的选择及其运用对财务数据的影响，从而更好地判断企业财务报表的可靠性。

在会计政策的选择及其运用方面，会计准则给了企业比较大的空间。虽然调整会计政策的选择及其运用并不意味着企业财务造假，但是，调整会计政策的选择及其运用确实会影响企业的财务业绩。企业可以选择对自己有利的会计政策，并以有利于自己的方式加以运用，以增加自己的利润，但对于这种依靠选择对自己有利的会计政策得到好看的财务业绩的企业，我们需要对其财务数据的可靠性保持警惕。

例如，根据会计准则，企业可以选择是将研发支出资本化还是费用化，并且，企业可以自主确定将研发支出资本化的比例。2020年，我国医药行业的一些具有代表性的上市公司研发支出资本化的比例情况如下：贝达药业（300558）2020年度研发支出资本化的比例为51.12%，复星医药（600196）的这一数据为30.18%，长春高新（000661）的这一数据为30.36%，君实生物（688180）的这一数据为1.1%，恒瑞医药（600276）的这一数据为0。2020年，恒瑞医药的研发支出大约为 49 亿元，如果恒瑞医药在 2020 年选择对研发支出中的 30% 进行资本化处理，那么，2020 年，恒瑞医药的净利润将增加大约 15 亿元。如果仅从研发支出资本化的角度来分析这些上市医药公司净利润的可靠性，那么，最可靠的是恒瑞医药的净利润——恒瑞医药 2020 年的净利润数据是 100% 真实的，第二可靠的是君实生物的净利润。

除了可以选择会计政策，企业还可以以有利于自己的方式运用会计政策。例如，企业可以通过改变研发支出资本化的比例来调节利润。在上一讲中，我们讲过，根据中科创达（300496）2021 年度的利润表，公司的净利润从 2020 年的 4.434,6 亿元增长到 2021 年的 6.472,7 亿元，2021 年的净利润增长率为 45.96%。但是，2020 年与 2021 年，中科创达资本化的研发支出分别为 7,735 万元与 3.13 亿元，资本化比例分别为 16.11% 与 37.91%。2021 年，中科创达研发支出资本化的比例是 2020 年的两倍多，如果其仍然按 2020 年的资本化比例进行研发支出的资本化，那么，中科创达 2021 年的净利润比 2020 年仅增加了大约 2,381 万元，增长率只有大约 5.4%。

作用之三：发现企业经营中异于行业常规的行为

企业经营过程中，可能有一些值得警惕的异常行为，这些行为虽然不违法违规，但是往往明显异于行业通常做法，会对企业的经营效率与经营业绩产生负面影响。换句话说，这些异于行业常规的行为可能成为潜在的投资风险。

比较常见的情形之一是企业的营业成本过高，其背后的原因往往是成本费用结构分配明显不符合行业通常做法。

例如，在上海证券交易所上市的西藏药业（600211）2021 年的营业收入为 21.39 亿元，同比增长 55.75%，但是，净利润只有 2.09 亿元，同比下降 50.03%。在营业收入明显增长的情况下，为什么净利润会大幅下降呢？原因之一是它的销售费用过高。西藏药业 2021 年度的财务报表显示，公司 2021 年的销售费用为 11.55 亿元，同比增长 68.71%，显著高于营业收入的增速，且其销售费用率（销售费用与营业收入的比率）高达 54%，即西藏药业的营业收入中，超过一半用于营销。同行业上市医药公司中，复星医药、长春高新、罗欣药业、百克生物 2021 年的销售费用率分别为 23.33%、28.51%、28.81%、37.69%——西藏药业的销售费用率显著高于行业内其他公司的水平。

更值得关注的是，西藏药业巨额的销售费用几乎全部流入了关联方，即自家人的口袋。西藏药业 2021 年年报的关联交易信息披露显示，西藏药业向关联方采购药品推广服务、药品商务服务、依姆多产品相关服务等的金额合计 10.5 亿元，占全部销售费用（11.55 亿元）的比例高达 91%。以销售费用的形式将巨额资金支付给自家人，这一做法有明显的利益输送嫌疑。

作用之四：发现公司治理的质量状况

自 2002 年美国的能源巨头安然公司（Enron）几乎在一夜之间破产，公司治理在世界各国受到重视。虽然公司是属于股东的，但是，公司的日常经营管理权几乎完全掌握在公司管理层手中，公司管理层既有动机，也有机会以某种或者某些方式为自己谋取个人利益，导致公司与股东的利益受到损害。

公司治理，即通过一系列的公司内部与外部制度，对公司管理层进行有效的激励与约束。公司治理的目的是在激励公司管理层尽职尽责地努力为股东创造财富的同时，防止公司管理层以各种手段损害公司及股东的利益。公司治理的质量不仅会影响其经营业绩，而且会影响其财务造假的可能性。治理质量高的公司，不仅经营业绩会更好，对股东利益的保护也会更好，发生财务造假的可能性更低。相反，治理质量差的公司，不仅经营业绩更差，而且更可能发生公司管理层损害股东利益的事情，进行财务造假的可能性也更高。

在公司内部，独立董事制度是公司治理的重要组成部分之一。独立董事，即独立于公司及其管理层的董事。制定独立董事制度的目的是让独立董事对公司管理层进行监督，不过，大量的事实表明，在部分公司，独立董事制度几乎不起作用，独立董事只是管理层的橡皮图章而已。有些上市公司的董事长会让自己的"闺密"或"兄弟"担任自己公司的独立董事，虽然我国的相关规定并没有明确禁止上市公司的董事长的"闺密"或"兄弟"担任上市公司的独立董事，但是，"闺密"或"兄弟"这一关系让独立董事很难在精神上独立于公司管理层。大家可以想一下，如果你的"闺密"或"兄弟"是上市公司的董事长，而你在其公司担任独立董事，在董事会上，你会投反对票吗？显然，你几乎不可能投反对票，否则，你们的友谊小船立刻就翻船了。因此，"闺密"或"兄弟"独立董事的"独立性"是值得怀疑的。

通过财务报表分析，投资者（包括散户投资者）可以评估公司的治理质量。

在公司治理中，一个重要的问题是高管薪酬问题。治理质量高的上市公司通常会在董事会中设立"薪酬与提名委员会"，该委员会的负责人往往由独立董事担任，以保证高管的薪酬是合理、公平的。

在我国的 A 股市场中，有些上市公司的经营业绩一般，但高管的薪酬高得离谱。上市公司的这种行为有以高额薪酬的形式向高管进行利益输送的嫌疑。

在 A 股科创板上市的创新药公司百济神州（688235）就是一个例子。2017年至 2022 年第三季度，百济神州累积亏损大约 440 亿元。

巨额成本开支是造成百济神州连年巨亏的重要原因。通过分析营业成本的构成，我们可以发现，百济神州的薪酬支出远高于行业内其他公司的薪酬支出——据《证券市场周刊》2022 年 3 月 23 日报道，百济神州的高管薪酬远高于行业内其他公司的高管薪酬，2020 年，百济神州的联合创始人欧雷强和王晓东的薪酬分别为 1.01 亿元与 4,419.3 万元。据百济神州 2021 年年报，公司联合创始人兼公司科学顾问委员会主席王晓东为公司提供顾问服务，其 2020 年的薪酬总额为 4,419.3万元，包括 69 万元的顾问服务报酬、103.5 万元的绩效现金奖励，以及 4,246.8万元的股权激励；2021 年的薪酬总额为 4,873.5 万元，包括 68.6 万元的顾问服务报酬、96.8 万元的绩效现金奖励，以及 4,708.1 万元的股权激励。

百济神州是一家在中国 A 股、中国香港与美国纳斯达克三地上市的公司，在经过多次融资之后，其已经成为一家既没有控股股东，也没有实际控制人的上市公司。在 A 股上市公司中，没有实际控制人或者控股股东的公司往往是治理质量比较差的公司，因为在没有实际控制人或者控股股东来对公司管理层进行有效约束的情况下，高管的薪酬多少基本上是高管自己说了算。

涉嫌财务造假的迹象之一：股权质押比例极高

上市公司涉嫌财务造假的迹象之一是公司的控股股东股权质押比例极高，即公司的控股股东将他们所持有公司股份的大部分，甚至绝大部分进行了质押。

什么是控股股东呢？根据《公司法》的规定，控股股东是出资额占公司资本总额 50% 以上的股东；或者持有的股份占公司股本总额 50% 以上的股东；或者出资额或持有股份的比例虽然不到 50%，但是所享有的表决权足以对股东大会的决议产生重大影响的股东。

在实践中，通常将持股超过 50% 的股东称为绝对控股股东，将持股不超过 50% 但是为公司第一大股东的股东称为相对控股股东。

股权质押：快捷而隐秘的减持套现方式

在第十六讲中，我们讲过股权质押。质押本质上是抵押，股权质押，即将公司的股权抵押给银行、证券公司等，以从银行、证券公司等金融机构手中套取资金。

股东进行股权质押的目的之一是融资。例如，2019 年，高瓴资本旗下的珠海明骏收购格力电器 15% 的股份后，将它持有的格力电器的股份全部质押给了招商银行等 7 家银行，从而从这 7 家银行手中获得了 208 亿元的资金。

股东进行股权质押的另一个极其重要的目的是减持套现，即出售股票，套取现金。

公司创始人、原始股东、高管，以及其他大股东减持套现的途径之一是在二级市场上出售股票。虽然这些大股东在二级市场上减持的方式很多，但是，对于这些大股东来说，在二级市场上出售股票进行套现是非常麻烦的，一个重要的原因是，他们必须遵守相关的监管规定。例如，根据上海证券交易所的《上海证券交易所上市公司股东及董事、监事、高级管理人员减持股份实施细则》（以下简称《实施细则》），上市公司控股股东、持股 5% 以上的股东及董事、监事、高级管理人员拟通过集中竞价交易减持股份的，应当在首次卖出股份的 15 个交易日前向上海证券交易所报告减持计划，并予以公告。《实施细则》的第四条规定，"大股东减持或者特定股东减持，采取集中竞价交易方式的，在任意连续 90 日内，减持股份的总数不得超过公司股份总数的 1%"，意思是如果在二级市场上，大股东以与散户买卖股票一样的方式进行减持，那么，在任何连续的 90 天之内，减持的比例不得超过 1%。想一想，如果张三持有公司 A 20% 的股份，那么，他需要多长时间，才能将股份减持到 5% 以下？至少需要 4 年。

这时，股权质押是一种更方便、更快捷、更隐秘的减持套现方式。

一方面，以股权质押方式减持套现更方便、快捷。例如，张三持有公司 A 20% 的股份，总市值为 100 亿元，按照 60% 的质押率，他可以一次性将全部股份质押给某个银行或者证券公司，从而一次性套取 60 亿元的资金。

另一方面，以股权质押的方式减持套现更隐秘。虽然按照规定，大股东进行股权质押与解除股权质押要发布公告，但实际上，在股市中，很少有人关注股权质押与解除股权质押。

为什么股权质押比例极高是涉嫌财务造假的迹象

为什么大股东股权质押比例极高的公司存在财务造假的可能呢？我们可以从以下两个方面来理解这个问题。

第一，股权质押是一种变相的减持套现方式，而且是一种更方便、更快捷、更隐秘的减持套现方式。

假设张三持有公司 A 20% 的股份，在公司 A 没有财务造假的情况下，这 20% 股份的总市值为 100 亿元。现在，张三想把股份全部卖掉，进行套现，那么，他可以按照 60% 的质押率，一次性将全部股份质押给某个银行或者证券公司，从而一次性套取 60 亿元的资金。如果张三根本就没打算偿还资金以赎回股份，那么，此举相当于他彻底离开了公司 A。所以，股权质押是一种变相的减持套现方式。

有人可能会问，如果张三真的不打算偿还资金以赎回股份，银行或者证券公司等金融机构拿这些股份怎么办？银行或者证券公司等金融机构会按照法律法规以及与张三签订的合同来进行处理，最终，很可能将张三质押的股份处理掉，换回现金。银行等金融机构通常会设立警戒线，一旦公司 A 的股价下跌到某个价位，且张三不追加保证金，它们就可以自行把张三的股份处理掉。所以，银行等金融机构遭受损失的可能性并不大。

第二，通过财务造假拉高股价，能让投资者通过股权质押套取更多的资金。

在上面的例子中，张三持有公司 A 20% 的股份，总市值为 100 亿元。假设在张三的指使与操纵下，公司 A 通过财务造假让股价翻倍，张三持有的 20% 股份的总市值从 100 亿元上涨到 200 亿元，按照 60% 的质押率，张三可以从银行等金融机构中套取 120 亿元的资金。

有人可能会问，若过了一段时间，公司 A 财务造假的事情暴露，股价跌下来了，怎么办？答案是，对张三没有任何影响，因为他已经完成套现了。

在这个例子中，张三把自己的股份 100% 质押给了银行等金融机构，造假案发后，股价下跌，对张三没有任何影响。而如果张三只将自己持有的 20% 股份中的一小部分质押给银行等金融机构，那么，他就没有什么动机进行财务造假了。

因此，控股股东将自己持有股份的大部分甚至绝大部分进行了股权质押的公司，有可能是这样的情况：首先，控股股东预先谋划股权质押，准备套现；其次，控股股东进行财务造假，拉高股价；最后，在股价处于高位的时候，控股股东进行股权质押，完成套现。

股权质押比例极高的公司造假的案例

在我国 A 股市场，财务造假极恶劣、手段极野蛮的公司，常常是控股股东股权质押比例极高的公司。在这些财务造假的公司中,控股股东股权质押的比例通常超过90%,即这些公司的控股股东几乎将所有股份都质押出去了,近似于全部套现。

例如,我国A股4个上市公司——康美药业、乐视网、康得新、暴风集团的控股股东股权质押比例如图17-1所示,这4个公司都被证监会认定为进行了重大财务造假。

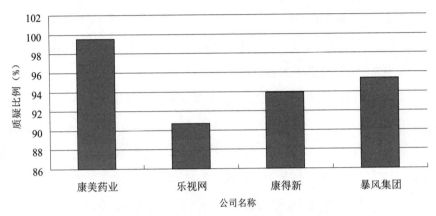

图 17-1 A股部分造假公司控股股东股权质押比例

数据来源:表中各公司的公司年报

2016—2018年,康美药业(*ST康美,600518)累计虚增货币资金886亿元,与此同时,其控股股东康美实业投资控股有限公司(以下简称康美实业)累计质押的股份高达其持股比例的99.53%,即康美实业几乎将所有股份质押出去了。康美药业总市值最高时曾超过1,200亿元,康美实业持有康美药业大约30%的股份,因此,康美实业所持康美药业股份的总市值约360亿元,按照60%的质押率计算,康美实业通过股权质押可以套取大约216亿元的资金。

乐视网(乐视退,300104)因为财务造假而在2021年4月13日被证监会处罚。根据证监会的调查,2007—2016年,乐视网进行了持续近10年的财务造假。乐视网通过财务造假上市,上市之后继续财务造假。乐视网股价曾在2015年5月12日达到179.03元/股,总市值达到1,700亿。乐视网的控股股东为贾跃亭,贾跃亭持股23.07%,总市值最高达到392亿元。贾跃亭累计质押的股份占其持股比例的 90.7%，按照 60% 的质押率计算，贾跃亭套取了大约 213 亿元的资金。

康得新（康得退，002450）是我国 A 股历史上迄今为止利润造假金额最大的公司。2019 年，康得新财务造假案发。根据证监会的调查，2015 年 1 月至 2018 年 12 月，康得新通过虚构销售业务，虚构采购、生产、研发、产品运输费用等方式，虚增营业收入、营业成本、研发费用和销售费用，累计虚增利润多达 115.3 亿元。2015 年 5 月 29 日，康得新的股价曾高达 68.12 元 / 股，总市值高达 950 亿元。康得新控股股东为康得投资集团有限公司（以下简称康得投资），持有康得新 10.93% 的股份，而其实际控制人为康得新创始人钟玉，持有康得新 8.74% 的股份。康得投资累计质押的股份高达其持股比例的 93.93%，按照 60% 的质押率计算，其套取了 58.5 亿元的资金。

四

涉嫌财务造假的迹象之二：存贷双高

金亚科技（金亚退，300028）在 2014 年被发现存在存贷双高的现象，随后被发现财务造假。A 股上市公司中，很多财务造假的公司存在存贷双高的现象。

存贷双高是违反正常的财务常识与逻辑的，如果一个公司长期存在存贷双高的现象，同时几乎没有任何利息收入，那么，它很可能存在财务造假的问题。

什么是存贷双高

"存贷双高"中的"存"指货币资金（库存现金与银行存款），"贷"指借款。"存贷双高"，即公司在手里有大把现金的同时有大量的借款（特别是大量的短期借款）。

存贷双高主要有两个表现，表现之一是货币资金余额和贷款余额都很高，表现之二是货币资金余额和贷款余额占总资产的比例都很高。一般来说，第二个表现更能说明问题，即如果一个公司货币资金余额占总资产的比例很高，贷款余额占总资产的比例也很高，那么该公司大概率存在财务问题。

那么，货币资金余额占总资产的比例与贷款余额占总资产的比例为多少算是高呢？没有明确的界限，一般来说，这两个比例都达到 20%，就可以确认为存贷双高了。

例如，根据金亚科技 2014 年度的财务报表，金亚科技当年的货币资金余额为 3.45 亿元，占总资产的比例达到 26%，各类借款（短期借款、长期借款、长期债券等）余额为 4.07 亿元，占总资产的比例达到 30%，均超过 20%，可确认为存贷双高。

为什么存贷双高是涉嫌财务造假的迹象

存贷双高之所以被视为财务造假的重要迹象，是因为它违背了财务常识与财务逻辑。

无论是个人，还是公司，在正常情况下，都是尽力将自身的利益最大化的。试想，假设你有 100 亿元的资金存放在银行里，银行给你的年利率为 1.75%，你会以 3% 的年利率向银行借 120 亿元的贷款吗？一般情况下，你不会这样做，公司也不会。

存贷双高违背基本的财务常识与财务逻辑，因为公司不需要在支付高额的财务费用（利息）的同时在账面上保留大量的现金。为什么不用现金来偿还债务呢？或者说，为什么不用自己的资金，而要借钱呢？以如此之低的效率使用资金，显然不是正常人能干出来的事。因此，存贷双高的解释之一是财务造假，在借款不太可能造假的情况下，很可能货币资金是假的。

在存贷双高的情况下，货币资金造假的一种可能是利润、货币资金完全是虚构的；另一种可能是货币资金被挪用了，或者货币资金因某种原因而无法使用。

存贷双高的公司财务造假的案例

金亚科技（金亚退，300028）在 2014 年被发现存在存贷双高的问题，随后，该公司被发现财务造假。金亚科技于 2009 年上市，于 2015 年 6 月被证监会立案调查。2018 年，证监会调查发现，金亚科技为了达到上市条件，通过虚构客户、虚构业务、伪造合同等方式虚增收入和利润，骗取上市核准。根据金亚科技2014 年度的财务报表，金亚科技当年的货币资金余额为 3.45 亿元，占总资产的比例达到 26%，各类借款（短期借款、长期借款、长期债券等）余额为 4.07 亿元，占总资产的比例达到 30%。

康美药业（*ST 康美，600518）的存贷双高问题是从 2010 年开始出现的。2010 年，康美药业的货币资金余额和有息负债（短期借款、长期借款、应付债券、其他负债等）余额均为 28 亿元，占当年净资产的比例均为 56%，此后，两项占比同时一路上涨，2018 年上半年，康美药业的货币资金余额为 399 亿元，与此同时，有息负债余额为 347 亿元，占净资产的比例分别为 119% 和 104%。根据康美药业的财务费用估计，康美药业的借款利率在 5% 以上，而 2012—2014 年，其借款利率高达 7% 左右。根据利息收入估算，其存款收益率只有大约 0.8%。康美药业为什么要以超过 5% 的借款利率借款 347 亿元，而以大约 0.8% 的存款利率将399 亿元存入银行呢？显然是不合逻辑的。

宜华生活（*ST 宜生，600978）也是账面上长期存在巨额货币资金，却没有任何利息收入的实例。2022 年 4 月 1 日，证监会披露 2021 年证监稽查的 20 起典型违法案例，其中之一的主角就是虚增利润 20 多亿元的宜华生活。2021 年 3月 15 日，宜华生活被终止上市，成为我国 A 股市场上第一个因为"连续 20 个交易日股票收盘价低于 1 元"而被强制退市的上市公司。宜华生活长期存在存贷双高问题，例如，2017 年，宜华生活账面上的货币资金为 42 亿元，非流动负债为32.6 亿元；2018 年，其账面上的货币资金为 33.9 亿元，非流动负债为 26.8 亿元，虽然宜华生活账面上有几十亿元的资金，但它几乎没有任何利息收入。

五

涉嫌财务造假的迹象之三：经营活动现金流量与净利润长期不匹配

在第十六讲中，我们讲过企业如何进行利润表造假。利润表可以造假的地方非常多，也非常容易造假，因为管理层有很多手段可以虚增利润。

判断净利润是否造假，一个很重要的标准是经营活动产生的现金流量（经营活动现金流量）状况是否正常。如果净利润与经营活动现金流量长期不匹配，那么，净利润很可能是假的。

经营活动现金流量与净利润应该匹配

前文讲过，企业的现金流量来自3个方面，分别为经营活动产生的现金流量、投资活动产生的现金流量、筹资活动产生的现金流量，其中，经营活动产生的现金流量是企业通过正常的生产经营，生产并销售产品获得的现金流量。

"经营活动现金流量与净利润应该匹配"是什么意思呢？意思是在金额上，经营活动现金流量与净利润应该大致相等，即1元净利润应该对应1元左右的经营活动现金流量。

为什么经营活动现金流量与净利润应该匹配呢？因为净利润主要来自企业生产与销售产品，经营活动现金流量也来自企业生产与销售产品，如果卖出去的产品都收到了货款，那么，1元净利润应该大致产生1元经营活动现金流量。

举个简单的例子，公司A生产了一件产品，以现金支付的成本为60元，公司A以100元的价格把产品卖掉，其净利润为40元。把产品卖掉时，公司A收到买家100元现金，其经营活动现金流量为100元现金流入–60元现金流出 =40元。由此可见，A公司的净利润与经营活动现金流量是匹配的。

实际工作中，企业的经营活动现金流量净额通常会稍高于净利润总额。为什么呢？因为在计算净利润的时候，折旧摊销等作为成本，会被从销售收入中扣除，而折旧摊销这些项目虽然是成本，但企业并没有支付现金——折旧摊销被称为非付现成本，即不需要支付现金的成本。假设一个企业2021年的成本为1,000万元，其中包括200万元的折旧费，那么，企业实际上以现金形式支付的成本大概只有800万元。从现金流量的角度来看，企业在计算利润的时候多扣除了成本，因此，企业的经营活动现金流量净额通常会稍高于净利润总额。

企业的应收账款与应付账款科目里通常都有余额，应收账款计入了企业的净利润，但企业还没有收到买家的货款；应付账款计入了企业的生产成本，但企业还没有将货款付给卖家。虽然随着企业经营规模的扩大，企业的应收账款金额与应付账款金额都会有所增加，但是，在企业的经营比较稳定的情况下，应收账款和应付账款都会比较稳定，不会对经营活动现金流量产生重大影响。

对于净利润与经营活动现金流量的关系，我们可以总结如下：第一，短期内，企业的经营活动现金流量可能明显低于净利润，这是正常现象，例如，在某个会计年度中，研发支出比较大，且研发支出全部费用化处理，那么，经营活动现金流量可能会比较少，甚至为负；第二，长期看，比如在3～5年或者更长的时间里，企业的经营活动现金流量一定要与净利润大致相当，或者高于净利润。

如何衡量经营活动现金流量与净利润是否匹配

用什么财务指标来衡量经营活动现金流量与净利润是否匹配呢？

指标之一是净现比，即经营活动现金流量净额与净利润的比率，净现比＝经营活动现金流量净额 ÷ 净利润。净现比用来衡量净利润的现金含量，即衡量企业获得的每1元净利润中实际有多少现金。将时间长度放至3～5年，企业的净现比应该大约为1，而从更长的时间来看，净现比应该大于1。

指标之二是收现比，即经营活动现金流量中的流入金额与营业收入的比率，收现比＝经营活动现金流量中的流入金额 ÷ 营业收入。收现比衡量的是企业每1元营业收入中实际有多少现金。一般情况下，收现比应该大约为1或者高于1。

由此可见，一般情况下，净现比和收现比都应该大约为1或者高于1，但是，很多企业实际上做不到。根据经验，如果一个企业的净现比低于0.5，收现比低于0.8，那么，我们就可以认为该企业的经营活动现金流量与净利润存在不匹配的问题。

此外，经营活动现金流量也不应该存在大幅度波动的情况。如果一个企业在没有大量增加研发支出的情况下，经营活动现金流量出现大幅度波动，也值得关注。

为什么经营活动现金流量与净利润长期不匹配涉嫌财务造假

前文讲过，同利润表造假相比，现金流量表造假比较困难，也比较容易被发现。现金流量表造假比较容易被发现的一个很重要的原因是现金是实实在在的东西，其流入与流出是可以追踪的。

如果一个企业的经营活动现金流量净额为负数，或者远小于净利润，抑或者该企业连续数年经营活动现金流量净额均小于净利润，那么，很显然，利润并没有流入企业。

利润为什么没有流入企业呢？

回到前文讲过的简单例子。公司A生产了一件产品，以现金支付的成本为60元，公司A以100元的价格把产品卖掉，其净利润为40元。把产品卖掉时，公司A收到买家100元现金，其经营活动现金流量净额为40元。如果公司A的账面上有40元净利润，却没有相应的40元经营活动现金流量净额，那么，公司A的40元净利润是怎么来的？或者说，那40元经营活动现金流量净额去哪了？

原因之一是公司A的应收账款管理能力极差，或者公司A对客户的议价能力极低，产品卖出去了，但货款收不回来，公司A拿客户没办法。例如，公司A的产品根本就没销路，公司A求着客户买产品，什么时候付货款都可以。

如果是这个原因，那么，企业会相应地存在大量的应收账款。如果一个企业的产品根本没销路，对客户没有足够的议价能力，这样的企业会是一家好企业吗？

原因之二是这 40 元的净利润是假的、虚构的。公司 A 支出 60 元现金购买原材料等生产要素，生产了产品，但是产品没卖掉，还在公司 A 的仓库里，公司 A 虚构了 40 元的净利润。

如果是这个原因，那么，企业会相应地出现大量的原材料存货、在产品存货或者产成品存货——企业支出很多现金购买原材料等生产要素，但根本没有开工生产，形成大量原材料存货；企业开工生产产品了，但产品没有卖掉，形成大量在产品存货或者产成品存货。

信威集团：现金流与利润不匹配的案例

信威集团（*ST 信威，600485）是 A 股市场上的又一个神奇的公司，其已于 2021 年 6 月 1 日被终止上市。

最初，信威集团是大唐电信的子公司，主营业务是电信行业的技术开发等。2010 年以前，信威集团几乎年年亏损，2010 年，王靖以 8,800 万元获得信威集团 41% 的股权，成为信威集团的第一大股东，并担任董事长。直到信威集团退市，王靖一直是信威集团的控股股东与实际控制人。

于 2010 年接管信威集团后，王靖开始了一系列炒作。2010 年，信威集团宣布与清华大学共同发起"清华—信威空天信息网络联合中心"项目，并于 2014 年 9 月 4 日宣布卫星成功发射，该卫星被誉为"中国民企第一星"。2013 年 6 月 14 日，王靖宣布准备投资 500 亿美元，与尼加拉瓜政府达成合作，在尼加拉瓜境内开通一条连接太平洋与大西洋的运河，按照发展计划，该运河在 2014 年年底正式开工，2020 年后投入使用。2014 年，信威集团又宣布计划引进乌克兰航空发动机，让中国航空技术进步 10 年。

非常神奇的是，在信威集团的炒作过程中，有一些证券分析师推波助澜。例如，2016 年 9 月 6 日，东吴证券研究员徐力发表题为《大国崛起的侧面（二）：人中龙凤》的研究报告，在报告中，徐力这样评价王靖，"大国崛起的侧面正在逐步构建，王总真是人中龙凤：上面的每一个项目，都难度极大，超出绝大多数人的想象"。

在不断炒作中，信威集团的股价在 2015 年 6 月 30 日达到了 68 元 / 股，信威集团的市值随之高达 2,000 亿元。

但是，新华社记者曾到达尼加拉瓜运河工地现场，发现该项目的施工人员还不到 30 人，从 2014 年开始施工的项目，仅完成了一条道路的修整。而且，2015 年，这个仅投入了 20 万美元的道路项目，因为拖欠工人工资，被尼加拉瓜政府讨债。

2017—2020 年，*ST 信威分别亏损 17.54 亿元、28.98 亿元、184.36 亿元与 33.84 亿元，2021 年第一季度，继续亏损 3.46 亿元——累计亏损额超过 268 亿元，而且，会计师事务所连续 3 年对其财务报表出具了"无法表示意见"的审计报告。2021 年 7 月 18 日 10 时起，信威集团北京总部大厦在阿里拍卖会上被拍卖，起拍价为 3.84 亿元，到 7 月 19 日 10 时，拍卖结束，无人出价，该拍卖流拍。

信威集团曾发生经营活动现金流量与净利润严重不匹配的问题，例如，2015 年和 2016 年，信威集团的净利润分别为 20 亿元和 16 亿元，但是，经营活动现金流量不仅为负，而且金额巨大，分别为 –20 亿元和 –37 亿元。信威集团的主业属于电信业，一般情况下，电信企业的经营活动现金流量与净利润高度匹配，而且非常稳定，因此，信威集团经营活动现金流量与净利润的巨额背离完全不符合电信企业的特征。2016 年 12 月，信威集团被质疑财务造假。

2016 年 12 月 23 日，信威集团在 2016 年发行的债券"16 信威 01"和信威集团股票双双停牌，信威集团的财务问题爆发。2018 年年底，信威集团的年报显示，公司账面资金高达 111.46 亿元，然而，2019 年 1 月，信威集团宣布无力按期支付"16 信威 01 债"的本金与利息，正式违约，违约金额约 20 亿元。

一个账面上有 111.46 亿元资金的企业，无力偿还 20 亿元的到期债务，大家说，它有没有财务造假？

六

涉嫌财务造假的迹象之四：严重依赖 关联交易

关联交易，即公司与公司的关联方进行的交易。关联方，是与公司存在利益关系的个人与机构。关联方包括自然人和法人，主要指上市公司的发起人、主要股东、董事、监事、高级行政管理人员和他们的家属，以及上述各方控股的公司。

例如，甲是公司 A 的董事长，甲的儿子乙是公司 B 的董事长，甲与乙是关联人。即使公司 A 与公司 B 之间不存在任何股权关系，因为甲与乙是父子关系，公司 A 与公司 B 之间进行的交易也是关联交易。

为什么要重视关联交易

按照上市公司信息披露的规定，上市公司必须在财务报告中披露公司的关联方与当年发生的关联交易等信息。

之所以要重视关联交易，是因为投资者不仅可以通过关联交易判断公司的经营管理是否规范，也可以通过关联交易判断公司是否涉嫌财务造假。

首先，通过关联交易，公司可以向关联方进行利益输送，从而损害公司的利益。

通过关联交易进行利益输送的手段非常多。例如，甲是公司 A 的董事长，甲的儿子乙是公司 B 的董事长，公司 A 生产的产品的市场价格为 100 元 / 个，但是，甲以 60 元 / 个的价格卖给乙，或者，甲卖给乙总价 100 亿元的产品，虽然是以 100 元 / 个的公平市场价格卖的，但是，乙迟迟不付货款，拖欠几年，甲也不找乙。这实际上就是甲让乙无偿占用资金，对乙进行利益输送。

其次，公司可以通过关联交易进行财务造假，虚增营业收入与利润。

云南绿大地生物科技股份有限公司（以下简称绿大地，现为 ST 交投，002200）是通过关联交易伪造营业收入的典型实例。2007 年 12 月 21 日，绿大地在深圳证券交易所中小板上市，2011 年，绿大地因为欺诈上市而被调查。证监会调查发现，绿大地在招股说明书中披露，2004 年至 2007 年 6 月，其累计营业收入为 6.26 亿元，其中，虚增收入达到 2.96 亿元。上市之后，2007—2009 年，绿大地累计虚增营业收入 2.51 亿元。绿大地就是通过关联交易进行财务造假的——通过其实际控制的 35 家关联公司，绿大地编造着自己所需要的财务数据。这 35 家公司中，一些公司是绿大地以公司员工的名义注册成立的，完全处于绿大地的实际控制中。

最后，公司过度依赖关联方及关联交易，不仅会导致公司存在失去独立性的风险，而且会增加公司通过关联方与关联交易进行财务造假的可能。

一些上市公司营业收入的大部分，甚至绝大部分来自关联方，会导致其逐渐形成对关联方的高度依赖，一旦关联方经营出现问题，这些上市公司几乎不可避免地会陷入困境。例如，神雾环保（神雾退，300156）上市期间的营业收入高度依赖关联方乌海洪远，随着乌海洪远的经营陷入困境，神雾环保的财务问题很快暴露。

如果某公司高度依赖关联方，那么，该公司通过关联方进行财务造假的可能性很高。其原因在于，如果某公司除了关联方，没有其他买家，那么，该公司想实现营业收入与利润的增长，很可能通过关联方来伪造营业收入。

我们可以换个思路来推理：如果某公司的营业收入高速增长，那么，肯定是因为它的产品很好，既然产品很好，应该有很多买家购买它的产品，而不会只有几个关联方购买它的产品。因此，如果某公司的营业收入高速增长，但这些营业收入主要来自几个关联方，该公司有很大的可能是在财务造假。

特别是，如果某公司对关联方的销售收入巨大，却没有相应的现金流入，那么，销售收入极可能是伪造的。

乐视网：以关联交易撑起 1,700 亿元市值

乐视网（乐视退，300104）于 2010 年 8 月 12 日在创业板上市。自 2012 年起，乐视网踏上疯狂的炒作之旅。2012 年 11 月，乐视网宣布公司超级电视项目获得

创新工场的投资，而创新工场是由曾经红遍全国的李开复创办的。在 2014 年 12 月至 2015 年 5 月的短短半年内，天马行空的"See 计划"、网罗娱乐明星的超级手机、引入明星机构的乐视体育等横空出世。乐视网的股价自 2014 年 12 月 31 日的 31.44 元 / 股起，一路飙升，至 2015 年 5 月 29 日，达到 179 元 / 股，涨幅为 469%，乐视网的总市值随之达到 1,700 亿元。

2016 年 11 月，仍在疯狂炒作的乐视手机供应链出现资金问题，波及的供应商及代理商有数十家，涉的货款金额达数十亿元。随后，乐视网的各种财务问题陆续暴露。最终，因为查出以造假手段上市，乐视网于 2020 年 7 月 21 日被深圳证券交易所摘牌。

在乐视网的疯狂炒作与财务造假中，关联交易起了关键作用——乐视网的营业收入主要依靠关联交易支撑。

2015 年，乐视网实现营业总收入 130.17 亿元，其中，关联交易总金额为 43.48 亿元，占年度销售总额的 33.4%。

2016 年，乐视网全年的营业收入为 219.51 亿元，与关联方的销售金额为 128 亿元，关联销售收入占全年营业收入的比例高达 58.31%。其中，乐视网与 4 家主要关联公司交易产生的销售收入合计为 111.09 亿元，占全年营业收入总额的比例为 50.61%。与此同时，在乐视网高达 86.86 亿元的应收账款总额中，关联方应收账款为 38 亿元，占应收账款总额的 43.75%。

2017 年，乐视网全年的营业收入为 70.9 亿元，与关联方的销售金额达到 36.99 亿元，占营业收入总额的 52.17%。有意思的是，根据乐视网 2017 年的财务报表，2017 年年底，乐视网应收账款期末余额为 36.1 亿元，其中，关联方应收账款期末余额为 47.57 亿元[1]。同 2016 年相比，应收账款总额从 86.86 亿元大幅减少到 36.1 亿元，但关联方应收账款余额从 38 亿元增长到了 47.57 亿元。此外，2017 年年底，关联方以应收账款、其他应收款、预付款项等各种方式占用了乐

1　关联方应收账款期末余额大于应收账款期末余额的原因是乐视网对应收账款计提了坏账准备，36.1 亿元的应收账款期末余额是对全部应收账款计提了坏账准备后的金额。根据乐视网 2017 年年报，截至 2017 年 12 月 31 日，关联方对乐视网的关联欠款余额共计 72.84 亿元。2017 年，乐视网对这些欠款计提了 35.28 亿元的坏账准备。计提坏账准备后的关联欠款余额为 37.56 亿元，与 36.1 亿元的应收账款期末余额大致相当。

视网大约 73 亿元的资金。

综上所述，乐视网将大量产品卖给了关联方，却没有收到关联方的货款，这完全符合前文所讲的"对关联方的销售收入巨大，却没有相应的现金流入"这一造假迹象。

神雾环保：关联交易制造的环保明星

神雾环保（神雾退，300156）的主营业务为节能技术开发、咨询与服务，销售、安装环保节能成套设备等。神雾环保与神雾节能（*ST 节能，000820）都是神雾科技集团股份有限公司（以下简称神雾集团）的子公司，神雾环保在深圳证券交易所创业板上市，神雾节能在深圳证券交易所主板上市，这两家公司曾被称为 A 股的"神雾双雄"。

神雾环保的股价在 2020 年 4 月 24 日跌破 1 元，随后持续低于 1 元，最终，神雾环保因为股价连续 20 个交易日低于 1 元而于 2020 年 8 月 25 日被深圳证券交易所摘牌。神雾节能则因为 2018—2020 年连续亏损而被加以"*ST"，存在被强制退市的风险。

因为相信神雾集团的技术是被相关政府部门鉴定的"国际领先"技术，且属于原创技术，相信神雾环保宣称的自己拥有环保"黑科技"，A 股市场的投资者曾经极力追捧"神雾双雄"——国内的头部基金公司华夏基金曾经重仓"神雾双雄"，华夏基金旗下有 3 只基金进入神雾环保与神雾节能的前十大流通股股东之列；2017 年 5 月，在公众对神雾环保关联交易的质疑声中，当时任招商证券环保行业首席分析师的朱纯阳公开发文，极力为神雾环保辩护。

在各方的追捧中，神雾环保的股价于 2015 年 11 月 26 日达到 59.02 元 / 股，公司总市值达到约 600 亿元。

然而，大家随后发现，神雾环保是通过关联交易制造出来的环保明星。

神雾环保 2016—2017 年的营业收入很可能存在造假，原因在于其营业收入严重依赖关联方，且净利润与经营活动现金流量不匹配。

神雾环保于 2014 年上市。2015 年，神雾环保的营业收入为 12.15 亿元，其中，关联方新疆胜沃能源开发有限公司（以下简称新疆胜沃）和北京华福工程分别为神雾环保的第一、第四大客户，神雾环保对这两个关联方的销售总额为 6.05 亿元，占当年营业收入的 49.79%。

2016 年，神雾环保的营业收入为 31.25 亿元，同比增长 157%；净利润从 2015 年的 1.75 亿元猛增至 2016 年的 7.08 亿元，同比增长高达 304.57%。

然而，根据神雾环保 2016 年的财务报表，2016 年，神雾环保对关联方乌海洪远新能源科技有限公司（以下简称乌海洪远）的销售额为 12.87 亿元，对关联方新疆胜沃的销售额为 3.91 亿元，对关联方包头博发稀有新能源科技有限公司（以下简称包头博发）的销售额为 1.32 亿元，对上述 3 家关联方的销售总额为 18.1 亿元，占神雾环保 2016 年营业收入的 57.92%。与此同时，2016 年，神雾环保的应收账款为 10.57 亿元，其中，对乌海洪远的应收账款为 2.71 亿元，对新疆胜沃的应收账款为 3.3 亿元，对上述两个关联方的应收账款总额为 6.01 亿元，占 2016 年应收账款总额的 56.86%。

根据上述数据，我们可以得知，2016 年，虽然神雾环保的净利润高达 7.08 亿元，但是其经营活动现金流量只有 2.18 亿元，净利润的现金含量只有 30.79%——净利润与经营活动现金流量并不匹配。

2017 年，神雾环保更加依赖与关联方的交易。

2017 年，神雾环保的营业收入为 28.09 亿元，其中，对乌海洪远的销售额为 15.49 亿元，对新疆胜沃的销售额为 5.02 亿元，对包头博发的销售额为 3.66 亿元，即 2017 年，神雾环保对上述 3 家关联方的销售总额为 24.17 亿元，占 2017 年全年营业收入的比重高达 86.04%。

与此同时，2017 年，神雾环保的应收账款为 20.42 亿元，其中，对乌海洪远的应收账款为 11.27 亿元，对新疆胜沃的应收账款为 3.27 亿元，对上述两个关联方的应收账款总额为 14.54 亿元，占全年应收账款总额的 71.2%。

根据上述数据，我们可以得知，2017 年，神雾环保的净利润为 3.61 亿元，经营活动现金流量为 –13.58 亿元，继 2016 年，神雾环保的经营活动现金流量与净利润再次不匹配，而且比 2016 年更为严重。

由此可见，2015—2017 年，神雾环保严重依赖关联交易。

由于严重依赖关联方，特别是严重依赖乌海洪远，随着乌海洪远的经营陷入困境，2018 年，神雾环保自身的财务问题很快暴露。

涉嫌财务造假的迹象之五：毛利率异常

浑水公司（Muddy Water）是一家以做空知名的美国公司。2012 年，浑水公司在美国大规模地做空"中概股"，一举成名。中概股，即中国概念股，是对在中国大陆以外的地方上市的中国公司的股票的统称。

2016 年 12 月，浑水公司先后两次发表研究报告，指控在中国香港上市的辉山乳业财务造假，并声称辉山乳业的公司价值几乎为 0。2017 年 3 月，辉山乳业爆发债务危机；2017 年 3 月 24 日，辉山乳业的股价在盘中一度暴跌 90%，一个小时内，辉山乳业的市值蒸发 320 亿港元。据媒体报道，当天，辉山乳业股价暴跌的导火索是中国银行在对辉山乳业进行审计时发现，该公司账面上的 30 亿元资金被转出，用于投资沈阳房产，无法收回。

据悉，浑水公司主要用一套财务指标来判断一家公司是否涉嫌财务造假，在这套财务指标中，"毛利率"排在第一位。

什么是毛利率异常

毛利率（又称毛利润率）是毛利与销售收入的比率，其中，毛利是销售收入与销货成本之间的差额。毛利率相关公式为毛利率 = 毛利 ÷ 销售收入 =（销售收入-销货成本）÷ 销售收入。毛利率是衡量企业盈利能力的重要指标之一。

什么是毛利率异常呢？毛利率异常有以下几种表现。

表现之一是公司的毛利率明显高于或者低于同行业上市公司的水平，或者公司毛利率的变动趋势与行业毛利率的变动趋势不一致。例如，同行业中，其他上市公司的毛利率只有 30%，张三公司的毛利率却高达 60%，或者同行业上市公司的毛利率在显著下降，同期，张三公司的毛利率却非常稳定，甚至在上升，这都有点不正常。

表现之二是无论整个国家的宏观经济状况如何、无论所属行业是否景气，公司的毛利率异常平稳。例如，整个国家的 GDP 增长率从 8% 下跌到了 4%，而且持续在 4%，张三公司的毛利率却始终稳定，这就有些奇怪了。此外，很多行业存在明显的周期性，有时候行业景气，怎么做都赚钱，而有时候行业不景气，怎么做都亏损。例如，生猪养殖行业就存在比较明显的周期性，2019—2020 年，养一头猪能赚 1,000 多元，但 2021 年，同样养一头猪，要亏 500 元。如果无论行业是否景气，张三公司的毛利率都非常稳定，也很奇怪。

表现之三是公司的毛利率非常稳定或者持续上升，但是，公司的经营活动现金流量很差、应收账款金额很大（占销售收入的比例很高），或者应收账款在大幅度增长。

为什么毛利率异常是涉嫌财务造假的迹象

有人可能会奇怪，毛利率是衡量公司盈利能力的指标之一，毛利率高，意味着公司盈利能力强，不是很好吗？也许是人家管理水平高、效率高的表现呢，怎么反而成了涉嫌财务造假的迹象呢？

首先，除非某公司有绝对的核心竞争力，否则，竞争会导致所有公司只能获得平均利润率。

根据经济学理论，如果一个公司没有特殊的竞争优势，那么，在竞争性行业里，该公司与其他公司的利润率应该是大致一样的，即每个公司的利润率都近似于行业的平均利润率。为什么会这样呢？因为竞争。在一个可以自由竞争的市场里，如果某公司能够获得超高的利润率，那么，其他公司会尝试生产一样的产品来参与竞争，在激烈的竞争中，利润率会下降，直到最后，大家的利润率类似，即近似于行业平均利润率。

有人可能会说，苹果、贵州茅台等公司为什么能有那么高的利润率呢？手机行业与白酒行业也是竞争性行业呀。确实，自 2017 年起，贵州茅台的毛利率一直保持在 91% 左右，非常高。但苹果公司与贵州茅台的毛利率之所以能够长期远高于行业平均水平，是因为它们确实有自己的核心竞争力，例如，贵州茅台这个品牌就足以让它获得很高的品牌溢价。

因此，在竞争性行业中，如果一个公司的毛利率远高于同行业其他公司的毛利率，且没有能够让人信服的理由，那么，该公司很可能是虚增了销售收入，或者虚减了销货成本。

其次，背离宏观经济形势或者违背行业周期，就是违背财务常识与财务逻辑。

公司的经营状况受整个国家宏观经济形势的影响，也与行业的景气程度基本一致。如果宏观经济形势很差，或者整个行业处于低谷期，但某公司仍然保持超高的毛利率，那必须要有令人信服的原因，否则，很可能是在财务造假。

最后，毛利率高，但是应收账款增加、经营活动现金流量差，是违背财务常识与财务逻辑的。

如果一个公司的毛利率非常稳定或者在升高，说明该公司产品的竞争力很强或者在提升，该公司在产业链上的地位会随之提升，对产业链上下游公司的议价能力会提高。这样，该公司可以尽量延迟向上游供应商支付货款，从而多占用供应商的资金；同时，它可以尽量缩短下游客户的赊账期限，不让下游客户占用自己的资金。结果就是，该公司的应付账款会增加，应收账款会减少，经营活动现金流量净额会提高。

因此，如果一个公司的毛利率很高或者在提高，但它的应付账款很低并且在减少、应收账款很多并且在增加、经营活动现金流量净额也很低，是违背财务常识与财务逻辑的，有一种可能性是它将一部分虚增的销售收入计入了应收账款，从而导致应收账款增加。

贵州茅台：超高毛利率的逻辑

贵州茅台（600519）的财务数据可以用来说明财务常识与财务逻辑。2017年，贵州茅台的毛利率高达89.8%，高于几乎所有其他白酒类企业，但是，贵州茅台的这个毛利润与其他财务数据之间的关系是完全符合财务常识与财务逻辑的。

第一，2017 年，贵州茅台的营业收入为 610.63 亿元，但是，应收账款只有 12.22 亿元，即应收账款与营业收入的比率只有 2%。为什么贵州茅台的营业收入这么多，而应收账款这么少呢？因为贵州茅台供不应求，抢都抢不到货，没有客户敢拖欠它的货款！

2022 年 3 月 31 日，贵州茅台进行官方直销的 i 茅台 App 上线当天，一跃占据苹果应用商店免费 App 榜的榜首，上线初期，平均每天下载量近 30 万人次。贵州茅台公告显示，i 茅台 App 试运行首日（2022 年 3 月 31 日）的 9 时、10 时，超过 229 万人次、622 万人次参与了贵州茅台四款白酒的申购。2022 年 3 月 31 日的公示结果显示，贵州茅台四款白酒的中签率分别为 0.25%、0.4%、0.03%、0.99%。通过这个中签率，不难看出贵州茅台旗下白酒的畅销程度，而且，这四款酒并不包括最畅销的 53 度飞天酒。因此，谁敢拖欠贵州茅台的货款？

第二，2017 年，贵州茅台的净利润为 270.79 亿元，而经营活动现金流量净额为 221.53 亿元。虽然 2017 年，其经营活动现金流量净额低于净利润，但是，2018—2021 年，其净利润分别为 352.04 亿元、412.06 亿元、466.97 亿元与 524.60 亿元，经营活动现金流量净额分别为 413.85 亿元、452.11 亿元、516.69 亿元与 640.29 亿元。可以看到，2018—2021 年，贵州茅台每年的经营活动现金流量净额都远高于净利润金额。

第三，2017 年，贵州茅台的预收账款高达 144.29 亿元，而预付账款只有 7.91 亿元。这是什么意思呢？预收账款是别人提前付给贵州茅台的资金，主要是贵州茅台的客户为了抢到酒，提前付给贵州茅台的货款；预付账款是贵州茅台提前付给别人的资金，主要是贵州茅台提前付给供应商的款项。通过以上数据可以看出，基本上只有别人先付款给贵州茅台，贵州茅台几乎不用提前付款给别人。

贵州茅台各年份的数据几乎都是如此，其毛利率高于同行业其他公司的原因是它的产品太畅销了，可以获得巨大的品牌溢价。

神雾节能：毛利率超高但经营活动现金流量持续为负

前文讲过"神雾双雄"，即神雾集团的两家上市公司——神雾环保（神雾退，300156）与神雾节能（*ST节能，000820）。神雾环保因为股价连续20个交易日低于1元而于2020年8月25日被深圳证券交易所摘牌，神雾节能则因为2018—2020年连续亏损而被加以"*ST"，存在被强制退市的风险。神雾节能于2021年12月3日发布公告，表示因为公司2016年与2017年年报存在虚假记载，公司及相关责任人面临警告及罚款等行政处罚。

神雾节能的主营业务为节能低碳技术开发、技术培训、技术咨询、技术服务、技术转让，以及钢铁、有色行业工程设计等，行业分类为环保业中的环境治理。神雾节能存在毛利率异常的问题，属于前文所讲的第三种异常表现。

首先，神雾节能的毛利率远高于同行业大部分公司的平均水平。2016—2018年，神雾节能的毛利率分别高达61.96%、46.45%与57.28%。同行业其他上市公司的毛利率远低于神雾节能，例如，东江环保（002672）2016—2021年的毛利率分别为22.32%、35.88%、35.29%、36.08%、34.12%与27.48%；中材节能（603126）2016—2021年的毛利率分别为8.5%、24.05%、20.17%、19.65%、19.18%与21.82%。2016—2021年，神雾节能等3家公司的营业毛利率见表17-1。表17-1中的数据显示，2019年及以前，神雾节能的营业毛利率远高于东江环保与中材节能的营业毛利率。

表17-1 2016—2021年，神雾节能、东江环保与中材节能的营业毛利率

年份	神雾节能	东江环保	中材节能
2016	61.96%	22.32%	8.5%
2017	46.45%	35.88%	24.05%
2018	57.28%	35.29%	20.17%
2019	50.05%	36.08%	19.65%
2020	-403%	34.12%	19.18%
2021	15.37%	27.48%	21.82%

数据来源：表中各公司历年年报

其次，神雾节能的营业收入中，绝大部分是应收账款。2016—2018 年，神雾节能的营业收入分别是 8.65 亿元、13.17 亿元与 0.13 亿元，与此同时，应收账款分别高达 6.25 亿元、7.77 亿元与 3.56 亿元——神雾节能的应收账款与营业收入的比率分别为 72.25%、59% 与 2,738%。

最后，神雾节能的净利润与经营活动现金流量净额严重不匹配。2016 年与 2017 年，神雾节能的净利润分别为 3.33 亿元与 3.48 亿元，同期，经营活动现金流量净额分别为 –1.04 亿元与 –4 亿元。

神雾节能的毛利率远高于行业平均水平，且应收账款占销售收入的绝大部分、经营活动现金流量净额与净利润严重不匹配，显然违背财务常识与财务逻辑。因此，神雾节能存在伪造销售收入的嫌疑。

有人可能会说，环保行业中，也有其他公司的毛利率很高，甚至高于神雾节能的毛利率，例如，伟明环保（603568）2016—2018 年的毛利率分别高达 62.06%、61.29% 与 60.3%，那么，是不是说明伟明环保也有财务造假嫌疑呢？

伟明环保的毛利率确实很高，但是，它不存在神雾节能存在的其他问题。第一，伟明环保 2016—2018 年的营业收入分别为 6.93 亿元、10.29 亿元与 15.47 亿元，应收账款分别为 2.16 亿元、2.43 亿元与 3.6 亿元，应收账款与营业收入的比率最高为 31%，远低于神雾节能的这一比率；第二，伟明环保的净利润与经营活动现金流量完全匹配，2016—2018 年，伟明环保的净利润分别为 3.29 亿元、5.07 亿元与 7.4 亿元，经营活动现金流量净额分别为 4.28 亿元、6.65 亿元与 7.44 亿元。由此可见，虽然伟明环保的毛利率非常高，但它的各项财务数据之间的关系符合财务常识与财务逻辑。

当然，A 股市场中，造假的上市公司层出不穷，造假的手段五花八门，不能据此完全排除伟明环保财务造假的可能性。如果伟明环保也财务造假了，只能说它财务造假的手段极其高明。

涉嫌财务造假的迹象之六：高溢价收购形成巨额商誉

上一讲曾提及，企业进行"财务大洗澡"，本质上是财务造假，而计提巨额商誉减值，是"财务大洗澡"的常用手段。

高溢价收购导致的问题

A股的上市公司常高溢价收购，例如，根据爱美客（300896）于2021年2月8日发布的《关于购买控股子公司诺博特生物少数股东权益的公告》，收购标的公司诺博特的全部股东权益价值为6,400万元，而净资产账面价值为 –147.05万元，收购增值率高达4,452.26%。

虽然高溢价收购通常会引起交易所的关注，导致交易所发出问询函，要求上市公司说明高溢价收购的理由，但是，交易所发出问询函基本上只是一个形式工作，没有实际意义。究其原因，一是因为在一定程度上，资产的估值不是"1加1等于2"的确切计算，没有任何人敢说自己对某资产的估值是准确的，别人的估值是错误的，交易所也不敢断言上市公司的估值是错误的；二是因为在上市公司对问询函做出答复后，交易所通常就不会再过问。

高溢价收购会不可避免地产生很多问题，并可能严重损害上市公司股东（特别是少数股东）的利益。

第一，高溢价收购会导致巨额商誉的出现。目前，高溢价收购已导致A股上市公司累积了巨额商誉。

虽然爱美客（300896）收购诺博特的溢价率高达4,452.26%，但放眼A股市场，爱美客高溢价收购导致的商誉金额并不高，只有6,547.05万元。

以数知科技（*ST数知，300038）为例，它进行的收购不仅溢价率高，而且溢价金额巨大。2016 年，数知科技的前身梅泰诺以 63 亿元的价格从关联公司手中收购宁波诺信睿聚投资有限责任公司（以下简称宁波诺信）100% 股权。宁波诺信的主要资产为对香港诺睿 100% 的长期股权投资，而香港诺睿持有 Blackbird Hypersonic Investments Ltd.（以下简称 BBHI）100% 的股权。数知科技这一收购，不仅溢价率高达 2,907.39%，也为其带来了高达 61 亿元的商誉。2017 年，数知科技的商誉高达 63.73 亿元，并在 2018—2019 年维持在 61 亿元以上。

A 股上市公司高溢价收购导致 A 股上市公司累积了大量商誉。2010 年，A 股上市公司的商誉不到 1,000 亿元；2015 年，A 股上市公司的商誉规模为 6,511 亿元；2016 年，该数值首次突破万亿元，达到近 1.05 万亿元；2017 年，该数值为 1.30 万亿元；2018 年，该数值创历史新高，达到 1.45 万亿元。经过 2018 年、2019 年连续两年的商誉"爆雷"之后，2019 年，该数值下降到 1.27 万亿元。2020 年，该数值进一步下降到 1.18 万亿元。

第二，高溢价收购可能导致企业的资产虚高。商誉是企业的非流动资产，因此，商誉的存在可能导致企业的资产虚高，即企业的资产总额高于企业的资产实际金额。

例如，数知科技以高达 2,907.39% 的溢价率收购宁波诺信后，产生了高达 61 亿元的商誉，相应地，数知科技的资产总额从 2016 年的 39.47 亿元大幅增长到 2017 年的 120.39 亿元。因为这 120.39 亿元的资产在很大程度上是加商誉后虚高的资产，2020 年，计提 61 亿元的商誉减值后，数知科技的资产总额大幅下跌到 54.86 亿元。

第三，高溢价收购可能涉嫌利益输送。通过高价收购关联方的资产，上市公司可以将公司的资产转移到关联方手中。

花园生物（300401）涉嫌通过高溢价收购向公司大股东进行利益输送。2021 年 11 月 5 日，花园生物发布公告，公司拟以现金方式收购大股东花园集团旗下的花园药业 100% 股权，收购所需要的资金来自上市公司自有资金或自筹资金。以 2021 年 9 月 30 日为评估基准日，花园药业 100% 股权作价 10.7 亿元，该收购的溢价率高达 826.3%。

更神奇的是国中水务（600187）在 2022 年 3 月 9 日公告的一次收购。2022 年 3 月 9 日，国中水务发布公告，公司准备以 2.74 亿元与 5.83 亿元的价格，通过现金支付，收购公司实际控制人姜照柏控制的上海鹏欣高科技农业发展有限公司（以下简称鹏欣高科）100% 股权与启东鹏腾农业发展有限公司（以下简称鹏腾农业）100% 股权。

之所以用"神奇"一词描述这一收购，原因有以下几点。首先，收购溢价率分别高达 3,061.84% 与 2,695,610.83%，其中，对鹏腾农业的收购溢价率之高，震惊整个市场。其次，两个收购标的公司都是国中水务实际控制人控制的公司，利益输送嫌疑重大。再次，该收购是跨界收购，国中水务的主营业务为污水处理、自来水供应和环保工程技术服务，而鹏欣高科和鹏腾农业均为农业相关资产，与国中水务的主营业务毫无关系。最后，鹏欣高科、鹏腾农业两个公司都尚未开展实际性的经营活动，2019—2021 年，两个公司都没有任何营业收入，基本上是两个空壳。以如此之高的溢价率，收购实际控制人控制的、与自己主营业务毫不相干的、没有任何实际经营活动的两个公司，国中水务居然毫不避嫌。消息传出后，上海证券交易所下发问询函，公众震惊。最终，国中水务在 2022 年 3 月 22 日发布公告，宣布公司撤回上述收购。

第四，巨额商誉减值会导致上市公司遭受巨额亏损，并引发股价大跌。

例如，数知科技在 2020 年计提 61 亿元的商誉减值后，公司的商誉账面价值从 2019 年的 61.86 亿元大幅减少为 2020 年的 2,770.06 万元，相应地，公司的净利润从 5.76 亿元下降为 –79.84 亿元，同比下降幅度高达 1,486.11%，当年，审计机构出具的财务报表审计意见为"拒绝（无法）表示意见"。此外，2021 年 1 月，数知科技因为"向控股股东或者其关联人提供资金且情节严重，预计无法在一个月内解决"而被加上"*ST"，即被实施退市风险警示。

商誉减值意味着什么呢？商誉是因高价收购标的资产产生的，商誉减值即明明白白地表示，当初的收购价格过高。那么，过高的部分资金让谁拿走了？当然是让被收购方拿走了。商誉实际上是收购方的资产被转移到了被收购方手中，遭受损失的是收购方的股东。

我们来看看 A 股上市公司的商誉总额，2018 年为 1.45 万亿元，2019 年为 1.27 万亿元，2020 年为 1.18 万亿元。为什么逐年减少呢？因为计提了商誉减值。2018—2020 年，A 股上市公司计提的商誉减值总额分别为 1,635 亿元、1,569 亿元与 892 亿元，共计 4,096 亿元。也就是说，这 3 年，A 股上市公司的股东因为商誉损失了 4,096 亿元。

与这些减值计提对应的现金去哪了？去了被收购方手中。例如，2016 年，梅泰诺（数知科技的前身）那 61 亿元商誉对应的现金，去了宁波诺信手中。

第五，上市公司可能利用商誉减值进行"财务大洗澡"，操纵利润。

按照会计准则，商誉减值的相关政策与方法由上市公司自主选择，即是否需要计提商誉减值、什么时候计提商誉减值、计提多少商誉减值等几乎完全由上市公司自己决定。因此，上市公司可能充分利用商誉减值来操纵利润，特别是进行"财务大洗澡"。事实上，很多上市公司被怀疑通过计提商誉减值进行"财务大洗澡"。

金一文化：涉嫌计提巨额商誉减值进行"财务大洗澡"

北京金一文化发展股份有限公司（以下简称金一文化，002721）的创始人是钟葱，江西瑞金人。2014 年 1 月，金一文化在深圳证券交易所上市，年仅 29 岁的钟葱因此被誉为 A 股最年轻的董事长。在"胡润百富榜 2017"中，钟葱以 35 亿元的个人资产排在第 1,214 位，一度被称为"瑞金首富"。金一文化的主营业务为贵金属工艺品的研发设计、外包生产和销售。

2020 年，金一文化涉嫌通过计提巨额商誉减值进行"财务大洗澡"。

2019 年，金一文化的净利润为 6,196 万元。2020 年 7 月 14 日，金一文化发布公告称，预计公司上半年亏损 2.2 亿 ~ 2.5 亿元。2021 年 1 月 25 日，金一文化预告公司年度亏损将高达 23.95 亿 ~ 34 亿元，巨额亏损的原因是公司对前期收购形成的商誉进行了系统性减值测试，决定全部计提商誉减值。

金一文化的年度亏损预告当即引来深圳证券交易所的关注函。在关注函中，深圳证券交易所要求金一文化补充披露对几家子公司计提的商誉减值金额，详细说明商誉减值测试方法、参数选取及依据，并说明商誉减值的计提时点是否准确、以前年度商誉减值计提是否充分、本次减值是否符合会计准则的相关规定等。

最终，金一文化 2020 年度的实际亏损为 25.6 亿元，计提了 13.44 亿元的商誉减值。

回顾金一文化的发展路径。2014 年，金一文化上市后，通过持续大规模并购，实现了总资产规模的多次翻倍，也因此产生了巨额商誉。2016 年，金一文化因高溢价收购浙江越王珠宝、南京宝庆尚品、深圳卡尼小贷、广东乐源数字等产生了 15.13 亿元商誉；2017 年，金一文化因高溢价收购深圳臻宝通、深圳金艺珠宝与深圳捷夫珠宝 3 家公司，产生了 12.55 亿元商誉。根据金一文化 2017 年度的财务报表，2017 年 12 月 31 日，其商誉账面价值高达 27.68 亿元，净资产为 46.87 亿元，商誉占净资产的比例高达 59.06%。

2018—2020 年，金一文化分别计提 9.06 亿元、2.91 亿元与 13.44 亿元商誉减值，到 2020 年年底，其商誉的账面价值只剩下 2.27 亿元。如此巨额地计提商誉减值，等于承认此前的收购几乎完全失败。

计提巨额商誉减值后，2022 年，虽然金一文化没有扭亏为盈，但是，其净利润大幅增长。2022 年 2 月 17 日，金一文化发布 2021 年业绩预告，预计 2021 年净利润为 –11 亿 ~ –8 亿元。同 2020 年相比，金一文化 2021 年净利润增长幅度为 57.05% ~ 68.75%。

除了计提巨额商誉减值，金一文化还有一个值得关注的现象，即大股东几乎将持有的股份全部质押。前文讲过，大股东高比例股权质押是企业涉嫌财务造假的重要迹象之一。根据金一文化 2019 年年报，前十大股东持有股份被质押的比例分别是 84.56%、83.28%、0、100%、91.45%、89.26%、99.99%、100%、99.97% 与 100%。除了第三大股东北京海鑫资产管理有限公司（国有法人）未进行股权质押，其他九大股东股权质押比例均高于 80%，甚至高达 100%。第二大股东钟葱是金一文化的实际控制人，持有公司 12.42% 的股份，持股总

数为 103,631,104 股，其中 86,301,578 股被质押，被质押股份占其持股总数的
83.28%。

涉嫌财务造假的迹象之七：无故变更会计政策

九

如果某企业突然变更会计政策，且没有充足的理由，那么，该企业是值得怀疑的，因为企业无故变更会计政策，很可能是为了粉饰财务报表或者调节利润。前文讲过，无论是粉饰财务报表还是调节利润，本质上都是财务造假。

会计政策

会计政策是企业在进行会计核算时所遵循的具体原则，以及企业所采用的具体会计处理方法。会计政策是企业会计制度的一个重要方面。

会计准则给予企业在一定程度上的会计政策自由选择权。比如，对于折旧，企业可以在会计准则允许的范围内选择是直线折旧还是加速折旧，加速折旧包括双倍余额递减法和年数总和法。又如，企业一般都有应收账款，而应收账款中通常会有一部分因无法收回而成为呆账，企业可以根据账龄来确定应收账款中呆账的比例，对于如何确定这个比例，企业有很大的选择权——对于逾期一年仍未收到的货款，有些企业计提 50% 的呆账，而有些企业的计提呆账比例高达100%。

企业选择会计政策，需要遵守一些基本原则，一贯性原则是基本原则之一，即企业选用的会计政策在前后各期应当保持一致性和连贯性，不得随意变更。会计政策的一贯性原则是为了保证企业不同时期的财务数据具有可比性，从而保证企业财务信息的质量。

如果一个企业是遵纪守法的企业，那么，它的会计政策通常是稳定的，即它确定选择某项会计政策后，不会轻易变更。

会计政策变更

必要的时候，企业可以变更会计政策。会计政策变更，即对相同的交易或者事项，企业将原来采用的会计政策变更为另一会计政策。

例如，企业 A 手里有一些位置比较偏僻的房地产作为投资性房地产存在。对于这些投资性房地产的后续计量方法，原本企业 A 一直采用成本模式，原因在于市场上没有同类的房地产交易，企业 A 很难估计自己手中的房地产的公允价值。后来，原来偏僻的地区得到了开发，有类似的房地产开始在市场上公开交易了，企业 A 能够对自己手中的房地产的公允价值作出合理的估计了，此时，企业 A 可以将手中的投资性房地产的后续计量方法由成本模式变更为公允价值模式。

在下述两种情形下，企业可以变更会计政策：一是法律、行政法规或者国家统一的会计制度等要求变更，例如，对于发出存货的计价，《企业会计准则》废除了后进先出法（LIFO），原来使用后进先出法的企业必须随之变更为先进先出法（FIFO）；二是根据实际情况，企业相信会计政策变更能够提供更可靠、更相关的会计信息。

对于第二种会计政策变更的情形，变更时，企业应当说明会计政策变更的理由。

大连圣亚：变更会计政策以避免被 ST

第十一讲中讲过大连圣亚的案例。对于财务报表中公布的营业收入比此前多次预告的营业收入多出大约 2,000 万元的问题，回复上海证券交易所的问询函时，大连圣亚表示，新增的这部分收入主要源于企鹅销售，2020 年，公司共卖掉 52 只企鹅，其中，44 只企鹅的销售收入确认为主营业务收入，共计 1,876 万元；其余 8 只企鹅的销售收入确认为资产处置收益。

对于大连圣亚的上述回复，上海证券交易所再次问询，表示这是无故变更会计政策。

PART

04

第四部分

利用财务数据与股市指标，
判断公司长期投资价值

第十八讲

每股收益、市盈率与市净率

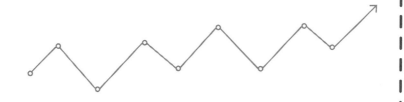

　　每股收益（EPS）、市盈率（PE 比）与市净率（PB 比）是衡量股票的投资收益、投资价值的常用指标。本讲主要介绍这 3 个指标的含义及其在股市投资中的应用。

为什么大连圣亚此举属于无故变更会计政策？因为在 2020 年之前，大连圣亚出售过企鹅，那时，其将企鹅销售收入全部确认为资产处置损益，而非主营业务收入。大连圣亚 2020 年度企鹅销售收入处理的会计政策与以前年度明显不同，而对于为什么做出与以前年度不同的会计处理，大连圣亚并没有给予说明，因此，这属于无故变更会计政策。

为什么大连圣亚要无故变更会计政策呢？

根据《上海证券交易所股票上市规则》，如果上市公司经审计后的净利润（扣除非经常性损益前后孰低）为负值，且营业收入（扣除与主营业务无关的业务收入和不具备商业实质的收入）低于 1 亿元，将被实施退市风险警示。

大连圣亚 2020 年的净利润肯定是负值，为了避免被实施退市风险警示（被加上"ST"），其需要想办法让营业收入达到 1 亿元。大连圣亚无故变更会计政策，很可能是为了让自己 2020 年度的营业收入超过 1 亿元，从而避免被实施退市风险警示。可以说，大连圣亚的这一做法就是财务造假。

案例：卖掉贵州茅台的股票，买入民生银行的股票，你怎么看

董宝珍是北京凌通盛泰投资管理中心（有限合伙）董事长，也是私募基金否极泰基金的经理。在 A 股市场中，董宝珍曾多次因重仓持有贵州茅台（600519）而大赚，也曾因重仓持有贵州茅台而遭受巨大亏损。

2021 年 1 月 12 日，自媒体 EMBA 微金推送文章说，董宝珍自 2008 年起陆续买入贵州茅台直至满仓满融，结果亏到一夜成名，但后来，随着贵州茅台的股价大涨，他得以大赚，又一次名扬天下。这说的是 2013 年，因为重仓贵州茅台而亏损 70%，董宝珍管理的私募基金（按投资收益算）在全国的私募基金中名列倒数第一，但是，2016 年，同样因为重仓贵州茅台，董宝珍管理的私募基金的收益率全年超过 120%，这一收益率在全国股票类私募基金的收益率中排名第二。

2018 年 1 月 15 日，在众多期待中，贵州茅台的市值突破 1 万亿元。据《证券时报》当天报道，对于贵州茅台的市值突破 1 万亿元，董宝珍认为："茅台酒价格和茅台的股价都危如累卵！更可怕的是，和 2012 年的危机不同，这一次是酒价和股价的双泡沫、双乐观、双非理性！如果茅台酒和茅台股价继续上涨，不发生危机只是偶然！"董宝珍还认为，市值高达万亿元的贵州茅台需要 400 亿元左右的净利润才能支持合理估值。要知道，400 亿元净利润对应的市盈率高达 25。

据自媒体 EMBA 微金推送的文章，董宝珍曾公开表示："只要是 30 以上市盈率的股票，我一秒钟都不敢拿。贵州茅台目前的市盈率，属于我惧怕的那个水平，而银行股的市盈率比正常、合理的估值要低一半。"

据媒体报道，2018 年，由于认为贵州茅台的股价和估值都有泡沫，董宝珍逐步减仓贵州茅台。2019 年年初，在贵州茅台的股价上涨到 700 元 / 股之后，董宝珍清仓了贵州茅台，并抄底银行股。有媒体透露，董宝珍重仓抄底的银行股是

民生银行的股票。

那么，2019 年以后，贵州茅台与民生银行股价的走势如何呢？大致如此：贵州茅台在 2019 年以后持续走高，于 2021 年 2 月 10 日达到上市以来的最高点 2,627.88 元 / 股，对应的市盈率大约为 71，此后，贵州茅台的股价起起落落，最低点为 2021 年 8 月 20 日的 1,525.50 元 / 股，对应的市盈率大约为 41；民生银行的股价 2019 年全年大约为 6 元 / 股，于 2020 年 7 月 10 日达到 2019 年以来的最高价 6.72 元 / 股，对应的市盈率大约为 5.5，此后，民生银行的股价一路下跌，于 2022 年 3 月 18 日下跌到 3.52 元 / 股的最低点，对应的市盈率大约为 3。

贵州茅台与民生银行股票的例子给大家提出了一些显而易见的问题：怎么判断某股票的股价是否太高？ 30 的市盈率到底高不高？市盈率高的股票就一定贵且不值得买入，市盈率低的股票就一定便宜且值得买入吗？应该怎样利用市盈率等指标？

在后续内容中，我们详细分析。

每股收益

要了解市盈率，首先要了解每股收益。每股收益（Earning Per Share，EPS）是用来衡量企业盈利能力的一个常用指标，一般来说，每股收益越高，企业的盈利能力越强。

我们要关注每股收益是怎么计算出来的，因为既然企业可以操纵利润，当然有可能操纵每股收益。

什么是每股收益

每股收益是企业净利润与股本总数的比率，计算公式为每股收益 = 净利润 ÷ 股本总数。每股收益是在当前会计周期中，企业为企业的每一份股票赚了多少钱，即普通股股东每持有一份股票所能享有的净利润。如果企业是亏损的，那么，每股收益是普通股股东每持有一份股票所需要承担的净亏损。

例如，2021 年，贵州茅台的净利润为 524.6 亿元，股本总数为 12.562 亿股，计算可得，2021 年，贵州茅台的每股收益为 524.6 亿元 ÷12.562 亿股 =41.76 元 / 股。2021 年，贵州茅台为公司的每一份股票赚了 41.76 元，这账面上的 41.76 元是属于股东的。如果甲持有贵州茅台 10,000 股股票，那么，2021 年，贵州茅台为甲赚了 417,600 元的净利润。

因为公司要留存一部分净利润在公司里用于公司的发展，贵州茅台不可能将这 41.76 元 / 股的净利润全部分给股东。贵州茅台 2021 年的分红方案是支付现金股利 21.675 元 / 股，剩余的 20.085 元 / 股留存在公司里用于公司的发展。

一般来说，每股收益越高，企业为股东赚的钱越多，因此，每股收益可以反映企业的经营成果。公众可以根据每股收益判断企业的盈利能力，进而评估股票的投资收益，判断目标股票是否值得买入。

基本每股收益与稀释每股收益

上市公司会在合并利润表的最后列出公司当年的每股收益，包括两个每股收益，一个是基本每股收益，另一个是稀释每股收益。

基本每股收益是当期的净利润与发行在外普通股的加权平均数之间的比率，其中，净利润是在合并利润表上面列出的净利润，发行在外普通股的加权平均数是公司期初普通股总数与期末普通股总数的加权平均。例如，公司 A 2021 年度的净利润是 25 亿元，2021 年 1 月 1 日，公司 A 普通股总数（总股本）为 10 亿股，2021 年 8 月 1 日，公司 A 增发了 2 亿股，故 2021 年 12 月 31 日，公司 A 普通股总数为 12 亿股。根据以上数据计算每股收益，公司 A 的普通股总数应该是多少呢？用加权平均法计算，结果大概是 11.25 亿股。因此，公司 A 的基本每股收益为 25 亿元 ÷11.25 亿股 =2.22 元 / 股。

除了普通股，公司还可能有其他有价证券，这些有价证券可能导致普通股数量增加。一旦这些有价证券转成普通股，公司的普通股数量会增加，每股收益会下降，即每股收益被稀释。

这些可能导致普通股数量增加的有价证券包括可转换公司债券、可交换公司债券、认股权证和股份期权等。例如，在一定条件下，可转换公司债券（可转债）的持有人可以将可转换公司债券转换成发债公司的普通股。

假设公司 B 2021 年度的净利润是 10 亿元，公司普通股的总数是 5 亿股（2021年度，公司没有增发任何股票），且有可转换公司债券 1,000 万张，每张可以转换成 10 股股票，那么，这些可转换公司债券可以转换成 1 亿股公司 B 的普通股，公司 B 的潜在股票总数为 6 亿股。根据以上数据，公司 B 的基本每股收益为 10 亿元 ÷5 亿股 =2 元 / 股，稀释每股收益为 10 亿元 ÷6 亿股 =1.667 元 / 股。

2021 年，贵州茅台既没有增发股票，也没有可转换公司债券，因此，贵州茅台 2021 年度的基本每股收益与稀释每股收益都是 41.76 元 / 股。

扣非每股收益

本书第十一讲讲过非经常性损益。企业通常会有不等的非经常性损益，因此，需要计算扣除非经常性损益后的净利润，即扣非净利润。由于非经常性损益跟企业的日常经营活动没有关系，扣非净利润更能反映企业实际的经营业绩。非经常性损益既可能是正的，也可能是负的，如果非经常性损益是正的，那么，企业的实际净利润被高估了；如果该数值是负的，说明企业的实际净利润被低估了。

有些企业会利用非经常性损益操纵净利润，当然也有可能利用非经常性损益操纵每股收益。

在一些上市公司的净利润中，非经常性损益占了大部分，甚至是绝大部分，因此，我们要计算扣除非经常性损益后的每股收益，即扣非每股收益。

例如，金融街（000402）是在深圳证券交易所上市的房地产开发公司，主营业务是北京市金融街区域的总体规划、土地开发、房地产项目开发和综合管理。自2016年起，金融街的扣非净利润每年都远低于其净利润总额。2021年，金融街的净利润总额为16.428亿元，但是，扣非净利润只有4.49亿元，其基本每股收益与稀释每股收益都是0.55元，扣非每股收益则只有0.15元。2020年，金融街的净利润总额为24.984亿元，但扣非净利润只有2.881亿元，其基本每股收益与稀释每股收益约为0.84元，扣非每股收益则只有0.1元。

每股收益与净利润的经营活动现金含量

前文讲过，净利润不等于现金。在一些企业中，净利润与现金流量可能发生严重背离。

利用每股收益评价企业的盈利能力时，我们需要关注企业的净利润现金含量，特别是要关注净利润的经营活动现金含量。上市公司的财务报表不会提供这一数据，需要我们自己计算。

市盈率：一个股市陷阱

在股市投资中，人们通常认为，市盈率不仅可以反映股票的投资收益，而且可以反映股票的投资价值，常用来评估股票是被高估了，还是被低估。事实真的如此吗？

什么是市盈率

市盈率是股票的市场价格（Price）与每股收益（EPS）的比率，也被称为PE比。计算市盈率时，每股收益通常使用基本每股收益。

市盈率到底意味着什么呢？我们通常这样理解市盈率：按公司当前的盈利水平（每股收益），投资者购买一份公司的股票，需要多少年能收回成本。

例如，2022年4月14日，贵州茅台的市盈率为43.29，那么，按照2022年4月14日的贵州茅台收盘价1,809元/股，投资者以1,809元购买一股贵州茅台的股票，需要43.29年才能收回成本。

再举一个例子。2022年4月14日，民生银行的股票收盘价为3.82元/股，市盈率为4.85，那么，以3.82元/股的价格购买一股民生银行的股票，需要4.85年才能收回成本。

因此，人们通常认为，市盈率越高，股票越贵，反之，市盈率越低，股票越便宜。

静态市盈率与动态市盈率

股票的市场价格几乎每天都在变动，上市公司会按时发布每个季度与年度的每股收益数据，市盈率是经常变动的。在实际使用中，常常需要计算静态市盈率与动态市盈率。

静态市盈率是当日的股票收盘价格与上一年度每股收益的比率，动态市盈率则是当日的股票收盘价格与下一年度每股收益的预测值的比率。如果某公司下一年度的每股收益增加了，那么，其市盈率会下降。

例如，2022 年 4 月 15 日，宁德时代（300750）的静态市盈率为 180、动态市盈率只有 100，2022 年 4 月 22 日，宁德时代正式发布 2021 年年报，2021 年，宁德时代净利润增长 185%，于是，其静态市盈率下降到只有 61。

如何使用市盈率

使用市盈率时，我们需要关注以下问题。

首先是每股收益的选择问题。在实际使用过程中，对于每股收益，可以有不同的选择，即可以使用上一年度的每股收益、当年的每股收益、下一年度的预期每股收益，或者过去 4 个季度每股收益的移动平均值。使用不同时期的每股收益，会得到不同的市盈率。

其次是不同行业的市盈率不一样。每个行业都有自己的特征，比如行业的不同成长前景等，因此，不同行业的市盈率整体水平很可能不一样，甚至存在很大的差异。例如，在我国，根据历史数据，上市银行的市盈率平均为 10，而计算机芯片公司的历史平均市盈率能高达 100，用银行业的市盈率去判断计算机芯片公司的股票是否具有投资价值，就如同让女生去试穿男性的鞋子一样不合常理。

最后是不同国家与地区的股市的整体市盈率不一样。例如，美国纽约证券交易所的历史平均市盈率大约为 18，纳斯达克（股票电子交易市场）的历史平均市盈率大约为 30，我国 A 股主板的历史平均市盈率大约为 35、创业板的历史平均市盈率大约为 65。因此，同一个在我国 A 股与中国大陆以外的地方两地上市的公司，在中国大陆以外的地方上市的市盈率很可能远低于在 A 股上市的市盈率。例如，2022 年 4 月 15 日，中金公司（601995）在我国 A 股上市的市盈率为 18.7，而中金公司（03908）在我国香港的香港交易所上市的市盈率只有 11.9。

同一个公司在不同的地方上市，市盈率不一样，甚至差距很大，这是一个奇怪的现象。为什么奇怪呢？这就如同在正常情况下，同一辆车，在山东卖 30 万元，但在北京卖 50 万元。为什么同一辆车，在不同的地方卖，价格差这么多？令人费解。

对于同一个公司在不同的地方上市市盈率不一样的问题，金融学家提出了很多理论试图解释，但是，至今没有人能够做出令人完全信服的解释。

因此，如果用美国股市的市盈率来判断中国 A 股上市公司的投资价值，也如同让女生去试穿男性的鞋子一样不合常理。

根据市盈率，能准确判断股票的投资价值吗

市盈率常用来判断目标股票是否具有投资价值。理论上，市盈率越低，股价越低，对应股票越具有投资价值，反之，市盈率越高，股价越高，对应股票投资价值越低。

例如，2022 年 4 月 15 日，民生银行、贵州茅台与宁德时代的静态市盈率分别大约为 4.8、43、180，根据这些数据，理论上，民生银行最具投资价值，宁德时代最没有投资价值。不过，2022 年 4 月 22 日，宁德时代发布 2021 年年报，因为其 2021 年净利润增长幅度高达 185%，其市盈率立即下降为 61，迅速拉近与贵州茅台市盈率的差距。

由此可见，仅根据市盈率的高低来判断股票的投资价值，有可能导致投资者做出错误决策。本讲开篇，董宝珍抛售贵州茅台的股票而买入民生银行的股票就是一个市盈率误导投资者的实实在在的例子。

"市盈率低的股价比较便宜，更有投资价值"，这个想法至少存在两个方面的误区。

一是使用市盈率评价某股票的投资价值时，人们往往是从静态角度看待股票

的，会忽视行业与公司的成长性。关于成长性，我们在后续内容中进行讲解。

二是市盈率低的股票可能确实被低估了，但是，如果你因此买入它们，有可能碰到两个问题。

第一个问题是这个股票的股价会不会涨上去？不一定。在股市中，被低估的股票并不一定会股价上涨，被高估的股票也不一定会股价下跌，因为影响股价的因素太多了。

第二个问题是即使被低估的股票的股价能涨上去，那么，什么时候涨上去呢？没有人知道。也许是三五个月之后，也许是三五年之后，你等得起吗？就算等得起，为此付出的代价会有多大呢？

市盈率与成长性

使用市盈率评估股票的投资价值时，必须关注行业与公司的成长性。

在很大程度上，投资是投预期，而不是投现状。某资产是否值得购买，标准不是它现在能够让投资者赚多少钱，而是它未来能够给投资者带来多少收益，即要以发展的眼光看问题。

成长性是未来潜在的增长空间与增长速度，不同的行业有不同的成长性，同一行业的各公司也有不同的成长性。成长性好的行业与公司，市盈率必然会高一些，也应该高一些。

传统行业的市盈率之所以低，一个很重要的原因是它已经没有多少增长空间了，当前以及未来的增长速度都比较有限。新兴行业的市盈率之所以高，是因为它们潜在的增长空间比较大，当前以及未来的增长速度都比较快。

例如，银行业的净利润每年能够增长15%、白酒业的净利润每年能够增长20%就算是高速，而在高速增长的新兴行业——新能源行业中，50%的年增长率可能都是要被人嫌弃的。

宁德时代属于高速增长的新能源行业，因此，用银行业、白酒业的市盈率评价宁德时代是否具有投资价值，就像前文讲的，如同让女生去试穿男性的鞋子一

样不合常理。2022 年 4 月 15 日，宁德时代的静态市盈率是 180，但在 2022 年 4 月 22 日宁德时代发布 2021 年年报后，其市盈率立即下降为只有 61，原因在于 2021 年，宁德时代的净利润增长率高达 185%。2021 年，贵州茅台的净利润增长率为 12.341%，而民生银行的净利润增长率只有 0.21%。

如果能够满足以下两个条件，宁德时代的市盈率将会持续下降，从而导致其股票显得越来越便宜：条件之一是宁德时代的净利润能够以 100% 的增长率持续增长 2 ~ 3 年，在新能源这个新兴行业中，做到这一点是有可能的；条件之二是宁德时代的股价的增长速度低于其净利润的增长速度，如果宁德时代的净利润增长率达到 100%，那么，它的股价涨幅超过净利润涨幅的可能性并不大，因为宁德时代的股价在目前的基础上翻倍的可能性并不大。

总而言之，使用市盈率评价股票的投资价值时，要结合行业与公司的具体情况，分析目标公司的市盈率为什么高，或者为什么低。

四

市净率：破净股真的便宜吗

在股市投资中，市净率也常用来衡量股票的投资收益与投资价值，即用来评估股票是被高估了还是被低估了。

每股净资产

要明白什么是市净率，首先要明白什么是每股净资产。

每股净资产是公司的净资产与总股本的比率，即每股净资产＝净资产 ÷ 总股本＝股东权益 ÷ 总股本。其中，总股本是已发行的股票总数，净资产等于股东权益，是公司的总资产扣除所有债务后，完全属于股东的那部分资产。每股净资产，是每一股普通股股票所对应的净资产金额，换句话说，是假设公司今天就解散，每一股普通股股票能分到多少资产。

例如，2020 年 12 月 31 日，宁德时代的每股净资产为 27.563 元，即每持有一股宁德时代的股票，对应 27.563 元的净资产。假设在 2020 年 12 月 31 日这一天，宁德时代已把债务全部还清，宣布公司解散，那么，普通股股东每持有一股宁德时代的股票，能分到价值 27.563 元的资产。

需要特别关注的是，这 27.563 元对应的是资产，不是现金。资产的金额是会计账面上的数据，把这些资产拿到市场上去卖，能换成多少现金呢？谁也不知道。可能刚好是 27.563 元，可能高于 27.563 元，也可能低于 27.563 元。

什么是市净率

市净率是股价与每股净资产账面价值的比率，计算公式为市净率＝股价 ÷ 每股净资产。

市净率常用来评价股票的投资价值。通常认为，市净率低的股票可能被低估了，具有比较高的投资价值，而市净率高的股票可能被高估了，投资价值会比较低。

举个例子，来帮助大家理解市净率。2022 年 4 月 15 日，贵州茅台的市净率为 11.97，民生银行的市净率为 0.35，这意味着，在 2022 年 4 月 15 日这一天，投资者得到贵州茅台价值 1 元的净资产需要花 11.97 元，收益率只有 9.11%，但是，只要花 0.35 元就能得到民生银行价值 1 元的净资产，收益率高达 190%。仅看市净率，民生银行的股票确实比贵州茅台的股票便宜很多。

破净与破净股票的投资价值

破净，即市净率低于 1，换句话说，是股价与每股净资产的比率小于 1。破净股票，即价格跌破了每股净资产的股票。

例如，2022 年 4 月 15 日，我国 A 股上市银行总共有 42 家，其中，有 33 家上市银行的股票价格低于其每股净资产。市净率最低的是民生银行，其市净率只有 0.35。民生银行的股价为 3.83 元 / 股，而它在 2021 年 12 月 31 日的净资产账面价值为 11.06 元 / 股。

理论上，破净的股票确实被低估了。假设民生银行在 2022 年 4 月 15 日宣布解散，股东每持有一股股票，可以分到 11.06 元的资产，而当天，民生银行的股价只有 3.83 元 / 股。也就是说，如果甲在当天花 3.83 元买入一股民生银行的股票，可以分到 11.06 元的资产，甲马上就可以赚到 7.23 元的差价，收益率约 190%。理论上，民生银行的股票价格至少应该为 11.06 元 / 股。

不过，市净率低的股票，特别是破净的股票，一定具有投资价值、一定值得买入吗？

答案是不一定。

第一，股票的市净率之所以低，甚至破净，有可能是市场认为这些公司或者公司所处的行业没有多少成长空间。

第二，市净率低的股票的股价什么时候能涨起来？谁也不知道答案。

第十九讲

价值与价值评估：
既是科学，也是艺术

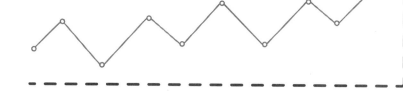

　　在日常生活中，我们可能经常听到"价值"这个词，也经常使用"价值"这个词。在财务中，"价值"这个词更为常用。资产的价值包括账面价值、市场价值、公允价值、内在价值等，这些"价值"各有不同的含义。

　　本讲主要介绍两个方面的问题。

　　一是账面价值、市场价值、公允价值、内在价值等概念到底是什么，它们之间存在什么区别，以及应该如何使用这些概念。

　　二是一般情况下，资产都是有价值的，那么，资产的价值到底是多少，不同资产的价值是如何测算的，以及怎么判断目标资产到底值多少钱。

因此，与市盈率一样，使用市净率评价股票的投资价值时，要结合行业与公司的具体情况，分析目标公司的市净率为什么高，或者为什么低。

账面价值

账面价值（Book Value），即按照会计核算的规则和方法核算得到的资产价值与公司价值。一般情况下，资产的账面价值是取得资产的成本减去累计折旧、累计摊销等项目后的余额。

公司资产负债表上的资产与负债绝大部分是按照账面价值列示的。

账面价值的计算

固定资产的账面价值的计算公式为固定资产的账面价值 = 取得固定资产的原价-已计提的累计折旧-已计提的减值准备。例如，公司有一个设备，购置成本（包括采购价格、运输费用、安装费用等）为 15 亿元，使用年限为 10 年，10 年后，设备完全报废（没有任何剩余价值），公司使用直线折旧法（设备的成本除以设备的使用年限），每年计提 1.5 亿元的折旧费。该设备已使用两年，则该设备的账面价值为 15 亿元（购置成本）-3 亿元（累计折旧）=12 亿元。

商誉的账面价值的计算公式为商誉的账面价值 = 资产的原价-商誉减值。前文讲过，数知科技 2017 年的商誉账面价值高达 63.73 亿元，而 2019—2020 年计提 61 亿元的商誉减值后，其商誉账面价值减少为 2,770 万元。

无形资产的账面价值的计算公式为无形资产的账面价值 = 无形资产的购置原价-已计提的累计摊销与减值损失。例如，公司 A 2019 年购买了一个专利权，价格为 15 亿元，到 2021 年，已经使用了两年并计提了 3 亿元的摊销，2021 年，有人发明了新的专利技术，导致公司 A 的这个专利技术落后了，价值下降到只有 5 亿元，公司 A 因此计提了 7 亿元的减值损失。如此一来，该专利技术的账面价值为 15 亿元（购置成本）-3 亿元（累计摊销）-7 亿元（减值损失）=5 亿元。

按照上面的方法，扣除折旧、摊销、减值损失等各个项目之后，公司的资产账面价值之和就是公司总资产的账面价值，公司总资产的账面价值减去全部负债之后的余额就是公司的账面价值，即公司的净资产，也称作股东权益。

账面价值受会计准则的影响

账面价值是按照会计核算的规则和方法核算得到的价值，因此，账面价值不仅会受会计准则的影响，也会受公司所选会计政策与会计方法的影响。

例如，前文讲过，对于商誉，是否计提商誉减值、什么时候计提商誉减值，以及计提多少商誉减值，几乎都是公司管理层说了算，因此，公司管理层很可能利用商誉减值计提来操纵公司资产的账面价值。

市场价值、公允价值与内在价值

市场价值、公允价值与内在价值是 3 个既有区别，又联系在一起的概念。

市场价值

市场价值（Market Value），是资产在交易市场上的价值，即买卖双方在自愿与理性行事，且未受任何强迫的情况下，通过讨价还价得到的双方都能接受的价格。市场价值往往就是市场价格。

市场价值的形成需要满足一定的条件：一是买卖双方是自愿买卖，并且理性行动的；二是双方进行的是公平交易，买方与卖方都没有受到任何其他人的强迫；三是双方通过自由且充分的讨价还价，得到双方都能接受的价格。

市场价值反映的是某资产在某特定时间点的价值，反映该时点的真实市场情况和条件，一旦市场情况和条件发生变化，市场价值很可能随之改变。

市场价值受很多因素的影响，很容易发生波动，甚至发生比较大的波动。

例如，比特币的市场价值（价格）就一直在剧烈波动，有时在一天之内暴涨20%，而第二天可能暴跌 20%。

公允价值

公允价值（Fair Value），是公平合理的价值，即熟悉市场情况的买卖双方或无关联的双方，在公平交易的条件和自愿的情况下，通过充分讨价还价得到的双方都能接受的价格。公允价值往往就是公允价格。

从定义中可以看出，公允价值的形成要满足一定的条件：一是信息公开，即对于某资产的相关信息，买方与卖方同时、等量拥有，例如，对于一辆二手车，买方与卖方了解到的信息是一样的；二是买卖双方自愿进行交易，并且是理性行动；三是双方进行的是公平交易，买方与卖方都没有受到任何其他人的强迫；四是双方通过自由且充分的讨价还价，得到双方都能接受的价格。

内在价值

内在价值（Intrinsic Value），是资产本身固有的价值，即某资产到底值多少钱。

例如，2022 年 4 月，一个比特币大约卖 4.5 万美元，这 4.5 万美元是比特币当时的市场价格，即其市场价值，但是，比特币到底值多少钱呢？这是比特币的内在价值。绝大部分经济学家认为，比特币一文不值，即比特币的内在价值为 0。

市场价值与公允价值是买卖双方在市场上通过自由、公平的讨价还价形成的价值。与市场价值、公允价值不一样的是，经济学家认为，内在价值是客观存在的价值，是可以估算出来的。当然，对于同一资产的内在价值，不同人估算得到的数值有可能是不同的。

对于资产的内在价值，可以用不同的方法进行估算，这涉及我们要在后续内容中进行讲解的价值评估。

不同价值之间的关系

账面价值、市场价值、公允价值与内在价值之间的关系比较复杂，需要具体情况具体分析。

第一，4 个价值不一定相等。事实上，4 个价值在数值上完全相等的情况几乎不存在，因为对于内在价值到底是多少，不同人的看法不一样。

例如，张三在 2020 年 4 月以 4 万美元的价格买了一个比特币，那么，该比特币的账面价值为 4 万美元。2021 年 10 月，比特币的价格上涨到了 6 万美元 / 个，此时，比特币的公允价值与市场价值都是 6 万美元 / 个。请大家思考一下，比特币的内在价值是多少呢？虽然绝大部分经济学家认为比特币的内在价值为 0，但有 "华尔街女巴菲特" 之称的木头姐（Cathie Wood）认为，比特币值 100 万美元 / 个——其实，没有人准确地知道比特币的内在价值到底是多少。

第二，账面价值是根据会计准则，基于资产的获得成本计算得到的，因此，资产的账面价值与真实价值之间可能有比较大的差异。

第三，资产减值，即在资产的内在价值低于账面价值的情况下，将资产的账面价值调低至与其内在价值一致。

企业的无形资产与商誉等资产通常是按内在价值来计量并列入资产负债表的，按照会计准则，企业需要对无形资产与商誉等资产进行减值测试。所谓减值测试，是先估算资产的内在价值，再将资产的账面价值与估算得到的内在价值进行比较，如果发现资产的内在价值低于其账面价值，则计提减值，即将资产的账面价值调整至与其内在价值一致。

第四，资产的市场价值与公允价值都应该以其内在价值为基础，买卖双方在内在价值的基础上进行讨价还价，得到双方都可以接受的价格。

买卖双方对内在价值的估值有可能不一样。不过，在金融学上，正是因为双方对同一资产的内在价值的估计不一样，才产生了买卖。如果双方对同一资产的内在价值的估值是完全一样的，那么，买卖很难产生。例如，对于宁德时代（300750）的股票，如果所有人都认为它值 1,000 元 / 股，那么，该股票就不会有交易了。为什么呢？原因很简单，如果大家都认为该股票值 1,000 元 / 股，那么，现在手里有该股票的人不会把股票卖掉，想买的人也买不到。

第五，如果某资产在市场上进行交易，交易是自由、公平的，交易双方是理性的，那么，一般情况下，该资产的市场价值与它的公允价值是一致的。

在资产负债表上，交易性金融资产等上市交易的资产的公允价值通常是按其市场价值来计量并列示的，即在资产负债表上，这些资产的公允价值就是它们的市场价值。

非上市股权资产等非上市交易资产的公允价值大多是公司对它们进行评估后得到的该资产的内在价值，即在资产负债表上，这些资产的公允价值就是它们的内在价值。但是，这些资产的内在价值到底是多少呢？答案是，严格地说，谁也不知道。因此，上市公司很可能利用这一点来操纵公司的资产负债表。

估值方法

估值，即评估资产或者公司的价值。前文讲过，资产或者公司的价值有账面价值、市场价值、公允价值与内在价值之分，其中，只有内在价值需要评估。

为什么只有内在价值需要评估

资产的账面价值是根据会计准则，基于获得成本计算得到的；市场价值是买卖双方在市场上讨价还价形成的；而如果某资产是在市场上交易的，那么，一般情况下，它的公允价值就是它的市场价值。所以，大多数情况下，资产的账面价值、市场价值与公允价值都不需要评估。

只有资产的内在价值是需要评估的。内在价值，即某资产或者公司到底值多少钱。虽然某资产或者公司的内在价值是客观存在的，但是，这个内在价值到底是多少呢？没有人准确地知道，每个人都可以进行评估，不同人评估的结果很可能不一样。

评估资产内在价值的方法主要有比较法、收益法与重置成本法3种。

比较法

比较法也叫市场法，下面用一个例子说明比较法是如何使用的。

假设张三的公司准备上市，张三想知道自己的公司在2022年值多少钱。已知该公司是生产新能源电池的，与在我国A股创业板上市的宁德时代属于同一个行业，要用比较法来估算公司的价值，具体操作步骤如下。

第一步，张三需要选择一个与他的公司具有可比性的公司。因为张三的公司与宁德时代属于同一个行业，所以张三选择宁德时代作为比较公司。

第二步，张三需要选择一个财务指标用来估值。比较常用的指标是市盈率，2022年4月，宁德时代的静态市盈率是180，于是，张三决定使用这个180市盈率来估值。

第三步，张三需要选择另一个财务指标来计算公司的价值。比较常用的财务指标是净利润，张三预计自己公司2022年的净利润为1亿元。

第四步，使用上述财务指标，张三完成对公司价值的估算：2022年，张三公司的市值为1亿元×180（市盈率）=180亿元。

使用比较法进行估值的时候，需要关注以下两点：一是两个资产（公司）之间具有可比性，例如，两个公司属于同一个行业、主营业务大致一样等，在上面的例子中，张三的公司与宁德时代都是属于新能源电池行业的公司，主营业务基本一样；二是选用的财务指标与资产（企业）的价值之间具有相关性，在上面的例子中，市盈率与净利润都与企业的价值密切相关。

收益法

收益法估值的核心原理是资产或者公司的价值等于该资产或者该公司未来预期收益的现值之和。可以从以下几个方面入手理解这句话。

首先，资产或者公司之所以有价值，是因为它们能够在未来给其所有者带来收益，即它们有预期收益。

其次，资产或者公司可能会在未来很长时间中持续性地给其所有者带来收益，例如，张三的公司持续性地给他赚钱。

再次，假设张三的公司今年赚100万元、明年赚100万元、后年赚100万元、大后年也赚100万元……虽然看起来都是100万元，但其实是不一样的。由于物价上涨等各种原因，明年赚的100万元可能相当于今年赚的80万元。因此，计算时，不能把这些钱简单地加起来，需要把明年赚的100万元、后年赚的100万元……全部换算成当下的价值，这个换算叫贴现。例如，经过换算，明年、后年、大后年……的100万元分别相当于当下的80万元、70万元、60万元……换算之后的金额叫现值，即未来收入在现在的价值。

最后，把换算后的现值加起来的总金额为该资产（公司）的现值之和，即该资产（公司）目前的价值。

收益法中的收益通常可以使用会计净利润、经济增加值（经济利润）、经营活动现金流量等，其中，最常用的是经营活动现金流量。因此，收益法中最常用的方法是现金流量贴现法。

重置成本法

重置成本法，即在当前条件下，重新购置或建造一个全新状态的评估对象，用所需要的全部成本减去评估对象的各种贬值（实体性贬值、功能性贬值和经济性贬值），得到差额的方法。

例如，中央财经大学位于北京市海淀区皂君庙的本部有一栋高 15 层的教学楼，用重置成本法来评估这栋教学楼现在值多少钱，具体操作步骤如下。

第一步，假设要在中央财经大学本部重新建造一栋一模一样的教学楼，并且估算得到所需要的总成本为 30 亿元。这 30 亿元就是这栋教学楼的重置成本。

第二步，计算这栋教学楼已经发生的各种贬值。贬值主要包括以下 3 个方面。

一是实体性贬值。实体性贬值即自然损耗。中央财经大学本部的这栋教学楼已经使用了 20 多年，经过风吹雨打，发生了折旧等损耗。假设发生的折旧等实体性贬值共计 10 亿元。

二是功能性贬值。功能性贬值是无形损耗引起的价值损失，包括替代设备、替代技术、替代产品等的影响。中央财经大学本部的这栋楼是 20 多年前建造的，教学楼的一些功能已受到限制，有时候无法满足使用需求，这导致该教学楼贬值 5 亿元。

三是经济性贬值。经济性贬值是外部使用环境变化导致的贬值。假设政府的规定导致中央财经大学本部的教学楼 10 层以上的楼层被禁止使用，该教学楼贬值 2 亿元。

计算可得，3 个方面的贬值总额为 17 亿元。

第三步，用 30 亿元的重置成本减 17 亿元的总贬值，得到的 13 亿元就是中央财经大学本部教学楼现在的价值。

估值的科学与艺术

估值既是一门科学，也是一门艺术。某资产到底值多少钱，在一定程度上取决于估值者是更看重它的科学面，还是更看重它的艺术面。

估值是一门科学

估值之所以是一门科学，是因为上述 3 种估值方法都具有科学性。

一方面，市场法、收益法等估值方法都基于经过检验的经济学与金融学理论。这些理论在逻辑上是自洽的（可以自圆其说），也是可以检验的，而且，绝大部分理论经受住了检验。这些理论是科学的，因此，基于这些科学理论的估值方法也是科学的。

另一方面，这些估值方法都是基于严密的数学逻辑的，即这些估值方法都可以用某个数学公式表达，且其背后都有严密的数学逻辑。例如，使用收益法进行估值，要对目标资产的收益进行贴现，从数学角度看，收益法的计算没有任何逻辑问题。

估值是一门艺术

估值之所以是一门艺术，是因为在实际应用中，如何使用这些估值方法，以及使用这些估值方法的结果，在很大程度上取决于不同人的不同主观判断。

一方面，使用这些估值方法，需要选择财务指标，而财务指标的选择是一门艺术。例如，在科创板上市的百奥泰与泽璟制药上市时，均用市场法估计公司价值，且选择的都是研发支出这一财务指标。在我国 A 股市场，选择研发支出这一财务指标进行估值是一种创新，因为以前没有人选择过。

另一方面，使用这些估值方法时，需要很多数据，这些数据几乎都来自估计。对于同一个指标，不同的人可能做出完全不同的估计，这就是艺术。例如，牧原股份是在深圳证券交易所上市的公司，其主营业务为生猪的养殖与销售，2019 年，对牧原股份 2020 年的净利润进行预测时，方正证券的分析师程一胜的预测为 388.9 亿元，中泰证券的分析师刁凯峰的预测为 404.39 亿元，而招商证券的分析师雷轶、陈晗的预测高达 429 亿元。事实上，牧原股份 2020 年的净利润为 274 亿元。

没有人知道目标资产的真正价值是多少

估值既是一门科学，也是一门艺术，而艺术通常具有很强的主观性。对于目标资产而言，它到底值多少钱，不同人的看法很可能不一样。

例如，有"华尔街女巴菲特"之称的木头姐（Cathie Wood）说比特币会涨到 100 万美元 / 个，而真正的沃伦·巴菲特一而再，再而三地说，比特币一文不值。

对于同一资产，不同的人有不同的估值结果，这是完全正常的。事实上，如果大量不同的人得出相同的估值结果，那才不正常。如果对于同一资产，所有人的估值都一样，那么，市场上很难有交易。

因此，目标资产到底值多少钱，谁也不知道。资产的价值，本身就是具有很强主观性的东西。